한국목간학회총서 17

木簡과 文字 연구

17

| 한국목간학회 엮음 |

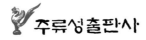

주류성출판사

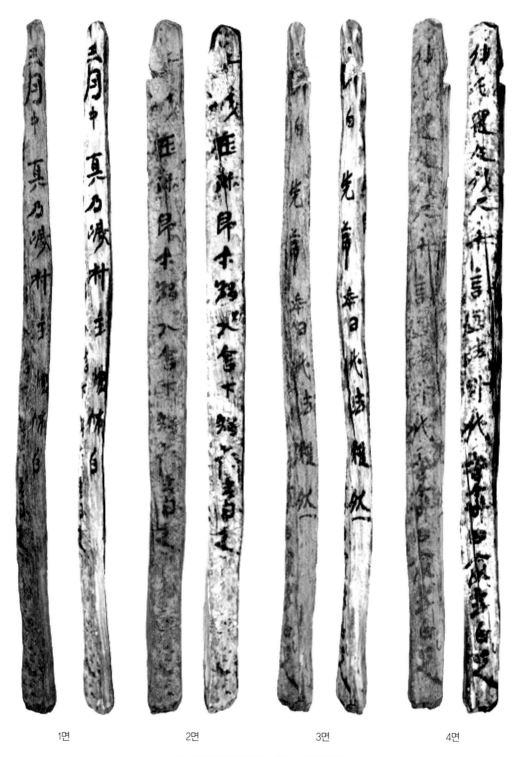

1면   2면   3면   4면

함안 성산산성 17차 발굴조사 출토 23번 목간

함안 성산산성 17차 발굴조사 출토 20번 목간

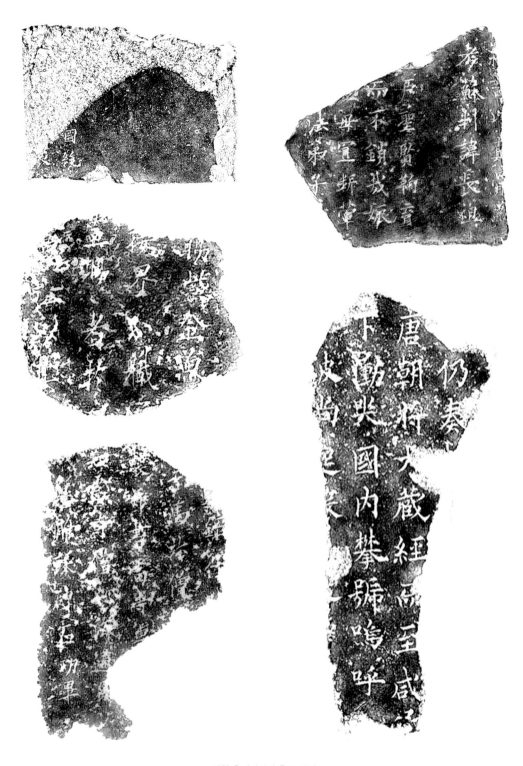

삼척 흥전리사지 출토 비편

山上碑

多胡碑

上野三碑

金井澤碑

埼玉県 川口市의 三ツ和 유적 출토 목간

앞면

뒷면

陶璜廟碑 拓本

정유(丁酉)년 신년휘호
(무곡 최석화, 2017. 1. 4. 제25회 정기발표장에서)

木簡과 文字

第18號

| 차 례 |

논/문

고구려 碑에 대한 고찰

고광의[*]

〈국문초록〉

이 논문은 고구려 碑의 성격, 형태 및 전개 양상 그리고 고구려에서 형성된 石碑 양식의 신라 전파 등에 대해 살펴본 것이다.

고구려에서 비는 廣開土太王대에 이르러 그 목적과 용도에 따라 다양한 형태로 제작되었다. 광개토태왕이 守墓制度의 개선 방안으로 추진한 墓上立碑는 그 주된 내용이 守墓人煙戶의 差錯을 방지하기 위한 명단을 새긴 것으로 紀事碑라 할 수 있다. 최근 발견된 집안고구려비 역시 당시 수묘제도의 개선 내용을 공시하는 紀事碑이다. 이에 비해 광개토태왕비는 입비 목적을 '그 공훈을 기록하여 후세에 전한다(銘記勳績, 以示後世)'고 명확히 밝히고 있어 功德碑의 성격이 짙다.

墓上立碑의 '墓上'에 대해서 그동안 광개토태왕비의 규모와 위치를 직접 연결시켜 墓前 또는 墓域으로 이해하기도 하였다. 하지만 集安高句麗碑의 발견으로 일단 별도의 묘상비의 존재 가능성을 열어두어야 할 것으로 보인다.

고구려의 입비는 중원의 禁碑令에 반한 자주적 정책이며 그 형태에 있어서도 자연석에 가까운 石柱碑로서 고구려의 독창적인 양식이다. 이러한 自然石柱碑 양식은 忠州高句麗碑로 이어지고 고구려 분묘 양

* 동북아역사재단 연구위원

식의 변천과 함께 다양한 형태로 나타나는데 無文字碑를 통해서 알 수 있다.

고구려의 자연석주비 양식은 신라에 전해져 신라의 석비 문화에 영향을 주었다. 그간 신라 진흥왕 이후 출현하는 蓋石과 碑座를 갖춘 전형적인 板狀型碑의 연원을 중국 측에서 찾았는데 국내성 유적에서 발견된 비좌를 통해 고구려의 영향으로 볼 수 있다. 6세기 후반 이후 신라에서 螭首와 龜趺을 갖춘 전형적인 당비 양식이 출현함으로써 고구려 계통의 석비 양식은 점차 퇴조되었음을 알 수 있다.

▶핵심어: 高句麗, 廣開土太王, 墓上立碑, 紀事碑, 功德碑, 石柱碑

I. 머리말

碑의 원래 의미는 '竪石'[1]이다. 비의 기원에 대해서는 장례시 下棺에 사용된 豐碑[2], 고대 궁실이나 종묘에서 시간을 측정하는 日影碑[3] 그리고 제사에 희생을 매어 두던 돌[4] 등에서 유래했다고 한다. 최근 문헌과 고고학적 발굴 등을 통해 보면 풍비설이 유력해 보인다. 고대 목관을 묘혈에 안치할 때 사용한 나무 기둥이 후대에 석재로 대체되고 여기에 망인의 생몰년과 약력 등을 기록하면서부터 비의 형태가 갖추어지기 시작하였다고 할 수 있다. 東漢 시기에 이르러 厚葬 풍속 등으로 인해 立碑가 더욱 성행하게 되었다.

비의 형태는 기본상 碑首, 碑身, 碑座 세 부분으로 구성된다. 비수는 끝이 뾰족한 圭首, 반원형의 暈首, 용문양이 조각된 螭首 등으로 나눌 수 있다. 보통 비수 중앙에는 비의 제목을 적은 題額을 새기고, 비수 혹은 비신에는 穿이라는 둥근 구멍을 뚫는다. 비신은 보통 정방형으로 편평하게 다듬어 앞면을 碑陽, 뒷면을 碑陰, 옆면을 碑側이라고 한다. 비수와 비신은 한 몸으로 구성되고 비좌는 별도의 석재를 사용한 장방형 형태가 통용되었다. 비를 그 형태, 문체 및 용도 등으로 분류해 보면, 墓碑(神道碑 포함), 功德碑, 紀事碑, 經典 및 기타 書籍刻碑, 造像碑, 題名碑, 宗敎碑, 地圖·天文圖·禮圖碑, 書畵碑 등으로 나누어 볼 수 있다.[5]

본 고에서는 高句麗 지역에서 전해지는 碑를 그 형태와 형식을 중심으로 정리해 보고, 각 비석에 나타

---

1) 『說文解字』 "碑, 竪石也".

2) 『禮記注』 檀弓下 "豐碑, 斫大木爲之, 形如石碑, 於槨前後四角樹之, 穿中於間爲鹿盧, 下棺以綍繞." 한국고전번역원, 2003, 「沙溪全書 제24권—家禮輯覽圖說—풍비의 옛 제도에 대한 그림[豐碑古制圖]」, 『한국고전종합DB』. 豐은 크다[大]는 뜻이다. 커다란 나무를 사용하여 碑 모양을 만들고, 비 안의 나무를 파내어서 가운데를 비게 한 다음, 그 사이에 轆轤를 장치하되, 양쪽 끄트머리를 각각 碑木 안에 넣는다. 그런 다음 상여 줄의 한쪽 끝을 관을 묶은 곳에 매달고, 다른 한쪽 끝을 녹로에 두른다. 그렇게 한 다음에 사람들이 각자 碑를 등지고 선 다음 상여 줄의 끄트머리를 등에 대고서 북소리에 맞추어 점차 뒤로 물러나면서 관을 내리는 것이다.

3) 『儀禮注』 聘禮 "宮必有碑, 所以識日景, 引陰陽也".

4) 『禮記』 祭義 "祭之日, 君牽牲, 穆荅君, 卿·大夫序從. 旣入廟門, 麗於碑".

5) 趙超, 1997, 『中國古代石刻槪論』, 文物出版社, pp.17~32 참조.

난 성격 및 석비 형태의 전개 양상, 그리고 고구려에서 형성된 석비 양식의 신라 전파 등에 관한 몇 가지 문제들을 살펴보고자 한다.

II. 고구려 碑의 형태와 형식

지금까지 알려진 고구려의 碑는 銘文의 有無에 따라 크게 文字碑와 無文字碑로 나누어 볼 수 있다. 문자비는 廣開土太王碑, 忠州高句麗碑 및 최근에 발견된 集安高句麗碑이다. 무문자비는 중국 集安의 山城下墓區 M1411호묘와 禹山墓區 M1080호묘 및 四盔墳에서 발견된 것들이 있다.

1. 文字碑

廣開土太王碑(그림 1)는 集安 國內城 유적에서 약 4㎞ 정도 떨어진 곳에 있으며 19세기 말에 발견되었다. 비는 길이 3.35m, 폭 2.7m의 화강암 받침돌 위에 높이 6.39m, 한 면의 넓이가 1.3~2m, 무게 약 37톤의 불규칙한 사각기둥 형태이다. 석질은 연한 녹회색을 띠는 응회암의 일종으로 원래 자연석 상태에서 약간 가공한 흔적이 있다. 비문은 각 면마다 사각형의 구획선을 치고 다시 세로로 界線을 긋고 그 안에 글자를 새겼다. 글자의 가로 선을 맞추고 있어 비문의 전체적인 章法은 단정한 편이다. 각 행의 최대 글자 수는 41자로 제1면 11행, 제2면 10행, 제3면 14행, 제4면 9행으로 약 1,775자에 이른다. 큰 글자는 세로가 약 16㎝, 비교적 작은 것이 11㎝, 대체로는 14㎝ 정도이다.

비문의 내용은 크게 세 단락으로 나눌 수 있다. 첫째 단락은 처음부터 제1면 6행까지로 고구려 왕조의 유래와 광개토태왕의 생애를 기술하였다. 둘째 단락은 7행부터 제3면 8행 15자까지로 정복 활동에 관한 기사이다. 세 번째 단락은 그 다음부터 끝까지로 왕릉의 守墓를 위한 연호와 관련 법령을 기록하였다.

자형은 기본적으로 정방형을 유지하고 있으며, 隸書의 결구를 주로 하지만 楷書, 行書, 草書 및 篆書의 서사법도 보이고 있다. 자형적 측면에서는 예서로 보는 것이 무난하지만 그 결구에 내포된 예술성과 독창성 그리고 당시 고구려에서 이 비가 갖는 특수성을 고려한다면 하나의 독립된 서체 양식으로 완성된 '廣開土太王碑體'라 할 수 있다.[6]

1979년에 발견된 忠州高句麗碑(그림 2)는 화강암 재질의 불규칙한 사각기둥 형태로 광개토태왕비와 많이 닮아 있다. 비면의 높이는 126~144㎝, 폭은 31~55㎝로 각 면의 높이와 폭이 일정하지 않다. 글자 크기는 약 3~5㎝이며, 매 행 23자, 전면 10행, 좌측면 7행, 우측면 6행으로 이루어져 있다. 후면은 글자의 흔적은 있으나 마모가 심하여 판독하기 어렵다. 고구려가 남한강 유역을 공략하여 개척한 후 세운 일종의 기념비적 성격이 짙다.

비의 書體에 대해서는 楷書에 가깝게 보는 견해와 隸書에 가깝게 보는 견해 등 다양하다. 현재 발견되

---

6) 고광의, 2012, 「廣開土太王碑의 書體」, 『白山學報』 94, 白山學會, pp.57~62 참조.

는 문자 유물들을 통해서 보면 당시 고구려 서체의 발전 추세는 隸書가 쇠퇴하고 부분적으로는 여전히 新隸體가 사용되었으며, 점차 楷書로 성숙해 가는 과정이다.[7] 이러한 서체의 발전은 충주고구려비에서도 마찬가지로 나타나고 있다. 자형결구를 살펴보면 隸書의 파책이나 별획에서 수필부분을 말아 올리는 듯한 필법은 거의 보이지 않고 있다. 오히려 가로획의 방향이 우상향을 취하는 것들이 많이 보이고, 별획의 방향도 좌하향으로 고정되었다. 또한 자형이 상하로 길어지는 장방형을 취하는 것들이 많이 나타나고 있어 전체적으로 이미 해서에 가깝게 되었다. 그러나 부분적인 필획이 평형을 유지하고, 간혹 수필 부분에서 파책의 형태가 보이며, 획수가 많은 글자에서 옆으로 길어지는 隸書의 체세가 나타나는 것은 일종의 新隸體의 영향이라 할 수 있다.

集安高句麗碑(그림 3)는 2012년 7월 29일 중국 길림성 集安市 麻線鄕 麻線村 麻線河에서 현지 주민에 의해 발견되어 현재 集安博物館에 보관되어 있다.[8] 비가 발견된 마선하 유역은 國內城 고지에 분포되어 있는 고구려 고분군 중에서 마선묘구로 강 양쪽에는 약 700~800기 정도의 적석총들이 분포해 있다.

비의 재질은 현지에서 생산된 화강암으로 잔존 길이 173㎝,

그림 1. 광개토태왕비

그림 2. 충주고구려비

그림 3. 집안고구려비

---

7) 高光儀, 1999, 「4~7世紀 高句麗 壁畫古墳 墨書의 書藝史的 意義」, 『高句麗研究』 7집, 학연문화사, pp.242~257 참조.
8) 集安市文物局, 2013, 「吉林集安新見高句麗石碑」, 『中國文物報』(2013.1.4. 제2판); 集安市博物館 編著, 2013, 『集安高句麗碑』, 吉林大學出版社.

너비 60.6~66.5cm, 두께 12.5~21cm, 무게는 464.5kg이다. 碑身의 앞면과 뒷면은 편평하게 가공된 판상형이고 아래 부분이 넓고 위로 갈수록 약간 좁아진다. 상단 오른쪽 부분이 떨어져 나가 비의 전체 형태를 정확히 알 수 없지만 현재 남아있는 상태로 보아 碑首가 뾰족한 圭首碑로 보인다. 규수비는 일반적으로 상부가 삼각형이고 하단의 비신이 장방형을 이루며 주로 東漢 중기 이후 유행한 양식이다.[9] 비의 아래 끝 부분에는 길이 15~19.5cm, 너비 42cm, 두께 21cm의 돌출된 부분(榫頭)이 있어 비좌에 세웠던 것으로 생각되나 비좌는 아직 발견되지 않았다.

비의 앞면은 상대적으로 글자가 잘 보여 원래는 218자가 새겨졌을 것으로 추정되는데, 판독 가능한 글자는 140자 이상으로 알려지고 있다. 제1행에서 제9행까지는 각 22자, 마지막 제10행은 20자가 새겨져 있다. 뒷면은 훼손이 심하여 일부 글자와 필획만 확인된다고 한다. 비문에 '元王始祖鄒牟王之創基也', '河伯之孫'이란 구절이나 '守墓者', '烟戶頭', '四時祭祀', '定律', '敎·令', '賣·買', '立碑銘' 같은 표현들이 나타나고 있어 전체적인 내용은 고구려 왕계와 수묘제에 관한 것으로 광개토태왕비와 유사한 면이 많다.

비의 서체는 八分 필의가 있는 隸書로 볼 수 있으나 일부 필획과 결구는 해서, 행서 및 초서의 서사법이 함께 나타나는 등 新隸體의 영향도 살펴 볼 수 있다.

2. 無文字碑

지금까지 고구려 시기의 無文字碑로 알려진 유물은 모두 3기로 주로 봉토묘에서 발견되고 있다.

산성하 M1411호묘의 것은 현재 무덤 앞쪽에 세워져 있다(그림 4). 비의 전체 높이는 116cm, 위로 가면서 가늘어지는 팔각기둥 형태이다. 팔각기둥의 밑 부분의 직경이 85cm이다. 정상 부분은 직경 48cm, 높이 14cm의 팔각뿔 형태로 마무리 되었다. 팔각 변의 길이 차이가 약간씩 나기는 하지만 기둥의 모서리가 비교적 분명하고 비면이 고르게 치석되었다.

우산 M1080호묘에서 수습된 것은 원래 봉토의 정상부에 세워졌던 것이 도굴 구멍으로 흙이 유입되면서 거꾸로 쓰러진 채 발견되었다고 한다(그림 5).[10] 비의 전체 높이는 160cm, 정면 폭 97cm, 측면 폭 73cm의 사각기둥형 원석의 아래 부분을 27cm가량 남겨두고 위쪽으로 네 모서리 부분을 따내어, 몸통의 넓은 면과 좁은 면이 반복되는 팔각기둥 형태이다. 몸통의 중간부터 조금씩 폭을 좁혀가다가 상단을 원형에 가깝게 마무리 하였다. 전체적으로는 정방형의 비좌를 갖춘 위 부분이 좁고 끝이 둥근 팔각기둥의 형태이다.

한편 사회분 3호묘의 것은 언제 어떻게 출토되었는지 아직까지 정식으로 보고되지 않았다. 여기서는 필자가 몇 차례 답사를 통해 조사한 바를 간략하게 소개하고자 한다.[11] 집안 우산묘구 五盔墳 1호묘 뒤쪽

9) 고광의, 2013, 「신발견〈集安高句麗碑〉의 형태와 書體」, 『高句麗渤海研究』 45, 고구려발해학회, pp.58~60 참조.
10) 防起東·林至德, 1983, 「集安洞沟兩座樹立石碑的高句麗古墓」, 『考古與文物』 2; 吉林省文物志編委會, 1984, 『集安縣文物志』, pp.94~96.
11) 조사 결과에 대한 소개는 고광의, 2002, 앞의 논문, pp.40~41 참조.

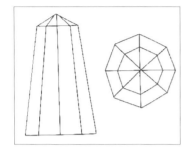

그림 4. 산성하묘구 M1411호묘 석비

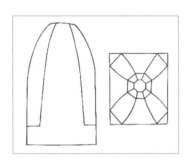

그림 5. 우산묘구 M1080호묘 석비

사회분 제3호묘 석비(상면)

그림 6. 사회분 제3호묘 석비(측면)

으로 4기의 봉토묘가 일렬로 늘어서 있는데 四盔墳이라고 한다. 사회분은 배열된 순서에 따라 서쪽(사회분 전경 사진의 좌측)부터 차례로 1·2·3·4호묘라 부른다(그림 7).

그중 2호묘와 3호묘 사이에서 약간 붉은색이 도는 화강암 석비 하나가 발견된다(그림 6). 비의 형태는 머리 부분이 약간 둥글게 말아지는 사각뿔 형상을 띠고 몸통 아래쪽으로 내려 갈수록 조금씩 좁아지는 사각기둥 모습을 하고 있다. 밑 부분이 땅속에 묻혀 있기 때문에 정확하지 않지만 드러난 높이가 약 140㎝ 정도이다. 네 면의 가장 넓은 면의 폭은 약 68㎝, 몸통의 가장 굵은 부분에서 꼭지점까지의 길이는 약 80㎝이다. 석비의 표면은 비교적 매끄럽게 치석되었으나 글자의 흔적은 발견하지 못하였다.

이 석비와 함께 주목되는 것은 사회분 1·2·3호묘 봉분 정상에 놓여 있는 碑座이다(그림 8·9·10). 사회분 3호묘의 것은 작

그림 7. 사회분 전경

그림 8. 사회분 제1호묘 비좌

그림 9. 사회분 제2호묘 비좌

그림 10. 사회분 제3호묘 비좌

은 자갈로 바닥을 편평하게 고른 뒤 그 위에 놓인 상태이다. 비좌는 윗면이 비교적 편평한 직사각형에 가까운 자연석 형태로 변의 길이는 약 186㎝×160㎝, 두께 약 35㎝이다. 특히 이 비좌의 남쪽 봉분 중턱에 그 아래의 석비와 같은 재질로 보이는 화강암 석편들이 여기 저기 박혀 있어 석비의 원래 위치는 3호묘 위가 아니었을까 생각된다.

　　사회분 1호묘 비좌는 약간 붉은 색이 도는 화강암으로 석질이 석비와 같아 보이기도 한다. 측면의 형태가 사다리꼴로 가장 긴 아래 변의 길이는 약 178㎝이다. 윗면 사각형의 변의 길이는 약 82~86㎝이다. 표면은 매끄럽게 가공되었으며 경사면에는 정으로 쪼은 자국이 선명하다. 사회분 2호묘 비좌는 직사각형에 가까우며 변의 길이는 220㎝×197㎝이고 두께가 약 30㎝이다.

　　집안 지역에는 이들 무문자비 이외에도 2기의 석주가 전하고 있다.[12] 석주는 국내성에서 약 2.5㎞ 떨어진 民主村의 고구려 시대 유적에 위치하고 있다. 석주는 40m의 간격을 두고 동서로 세워져 있으며 화강암이다. 동쪽 석주의 높이는 2.2m, 너비 34~64cm이고, 서쪽 석주는 높이 3.6m, 너비 40~77cm로 인공적으로 다듬었다. 위로 갈수록 좁아지는 사각기둥 형태로 머리 부분이 불규칙한 원형으로 원래부터 가공하지 않은 듯하다. 이들 석주 안쪽에서 4~5m 떨어진 곳에 각각 한 개씩 정치하게 가공한 팔각형 초석이 발견된 것으로 보아 석주와 관련된 건축물이 있었던 것으로 추정된다.

III. 고구려 碑의 성격 및 전개 양상

고구려는 초기 국가의 제도를 정비하는 과정에서 각종 금석문을 제작하고 통치에 활용하였다.

> 봄 3월에 왕은 동쪽으로 柵城을 돌아보았는데, 책성의 서쪽 罽山에 이르러 흰 사슴을 잡았다. 책성에 이르자 여러 신하와 더불어 잔치를 베풀어 마시고, 책성을 지키는 관리들에게 차등을 두어 물건을 하사 하였다. 마침내 바위에 공적을 새기고 돌아왔다. 겨울 10월에 왕은 책성으로부터 돌아왔다.[13]

위 『三國史記』의 기사는 太祖大王이 즉위 46년(98년)에 吉林省 琿春 지역으로 비정되는 柵城에 東巡하고 '紀功於巖'한 사실을 전하고 있다. 태조왕이 책성을 돌아보고 그 곳을 지키는 관리들에게 하사품을 내려 위무한 공적을 암석에 새겼다는 것이다. 여기서 巖은 이동 가능한 바위이거나 山野에 고정된 암벽일 것이다. 만약 이동 가능한 바위라면 그 형태에 따라 다시 碑 또는 碣과 같은 刻石으로 나눌 수 있고, 고정된 암벽이라면 磨崖라고 할 수 있다. 이를 제작 주체와 내용 및 재료의 특성에 따라 명칭을 붙인다면 '柵城 高句麗 太祖大王 巡狩紀功碑' 혹은 '柵城 高句麗 太祖大王 巡狩紀功刻石'(약칭 '柵城 太祖王 巡狩碑' 혹은 '柵城 太祖王 巡狩刻石')이라 할 수 있는데, '巖'이라는 재질을 감안한다면 각석이나 마애의 형태로 제작되었을 가능성이 커 보인다.[14]

고구려에서 碑에 대한 개념이나 立碑 행위 또한 이전부터 있었을 것으로 추정되는데, 특히 광개토태왕대에 그 활용이 더욱 다양해지고 있다.

---

12) 吉林省文物志編委會, 1984, 앞의 책, pp.96~97.

13) 『三國史記』 高句麗本紀 太祖王 46년 "春三月 王東巡柵城 至柵城西罽山 獲白鹿 及至柵城 與群臣宴飲 賜柵城守吏物段有差 遂紀功於巖 乃還 冬十月 王至自柵城".

14) 고광의, 2005, 「廣開土太王碑에 나타난 高句麗 書寫文化의 특징 −廣開土太王碑體와 石柱碑 양식의 獨創性을 중심으로−」, 『고조선·고구려·발해 발표 논문집』, 고구려연구재단, pp.293~295.

A-1 옛적 始祖 鄒牟王이 나라를 세웠는데 (王은) 北夫餘에서 태어났으며, 天帝의 아들이 었고 어머니는 河伯(水神)의 따님이었다. (중략) (그런데) 하늘이 (이 백성을) 어여삐 여기 지 아니하여 39세에 세상을 버리고 떠나시니, 甲寅年 9月 29日 乙酉에 山陵에 모시었다. 이에 비를 세워 그 공훈을 기록하여 후세에 전한다. 그 말씀(詞)은 아래와 같다. ■■ A-2 稗麗가 고구려인에 대한 (노략질을 그치지 않으므로), 永樂 5年 乙未에 王이 친히 군사를 이끌고 가서 토벌하였다. (중략)永樂五年歲在乙未, 王以稗麗不▨▨▨人, 躬率往討. (중략) A-3 (왕릉을 지키는) 守墓人 烟戶(의 그 出身地와 戶數는 다음과 같이 한다) 賣句余민은 國烟이 2家, 看烟이 3家. (하략)[15]

B 先祖 王들 이래로 능묘에 石碑를 세우지 않았기 때문에 수묘인 烟戶들이 섞갈리게 되었 다. 오직 國岡上廣開土境好太王께서 先祖王들을 위해 墓上에 碑를 세우고 그 烟戶를 새 겨 기록하여 착오가 없게 하라고 명하였다. 또한 왕께서 규정을 제정하시어, '수묘인을 이 제부터 다시 서로 팔아넘기지 못하며, 비록 부유한 자가 있을지라도 또한 함부로 사들이 지 못할 것이니, 만약 이 법령을 위반하는 자가 있으면, 판 자는 형벌을 받을 것이고, 산 자는 자신이 守墓하도록 하라'고 하였다.[16]

위 A-1은 광개토태왕비문을 세 단락으로 나누었을 때 첫 번째 단락(처음부터 제1면 6행까지)으로 비 문의 서론에 해당한다. 먼저 天帝之子 河伯之孫으로서 시조 추모왕의 신성한 출생과 건국, 유명을 이어 받은 유류왕과 대주류왕을 거쳐 17세손인 광개토태왕까지의 계보를 함축적으로 기술하였다. 그리고 왕 이 18세에 왕위에 올라 선정을 베풀고 39세에 세상을 떠난 사실과 갑인년 9월 29일 을유일에 산릉에 옮기 고 비를 세워 왕의 훈적을 기록하였음을 밝혔다. 이어 두 번째 단락(A-2, 제1면 7행부터 제3면 8행 15자 까지)에서 대외 정복 기사와 세 번째 단락(A-3, 제3면 8행 16자에서 끝까지)에서는 내치에 해당하는 수 묘제 관련 내용을 적고 있다. 문맥상으로만 보면 두 번째와 세 번째 단락은 대내외적인 광개토태왕의 훈 적으로 본론에 해당한다. 따라서 비문은 내용을 중심으로 보면 세 단락으로 구분할 수 있지만 전체적인 문장은 크게 서론과 본론 두 부분으로 구성되었다고 할 수 있다.[17] 이는 비문 전체에서 '其詞曰' 이하에서

---

15) A-1 惟昔始祖鄒牟王之創基也. 出自北夫餘, 天帝之子, 母河伯女郎. (중략) 昊天不弔, 卅有九, 寔駕棄國, 以甲寅年九月廿九 日乙酉遷就山陵, 於是立碑, 銘記勳績, 以示後世焉. 其詞曰, ■■」A-2 永樂五年歲在乙未, 王以稗麗不▨▨▨人, 躬率往討.(중 략) A-3 守墓人烟戶. 賣句余民國烟二看烟三, (하략) 판독과 해석은 韓國古代社會研究所 編, 1992, 『譯註 韓國古代金石文』 제1권, 駕洛國史蹟開發院, pp.7~21 참조.

16) 自上祖先王以來, 墓上不安石碑, 致使守墓人烟戶差錯. 唯國岡上廣開土境好太王, 盡爲祖先王, 墓上立碑, 銘其烟戶, 不令差 錯. 又制, 守墓人, 自今以後, 不得更相轉賣, 雖有富足之者, 亦不得擅買, 其有違令, 賣者刑之, 買人制令守墓之.(광개토태왕 비 제4면 7행 33자부터 끝까지)

17) 이성시 지음·박경희 옮김, 2001, 『만들어진 고대 -근대 국민국가와 동아시아 이야기』, 삼인, p.38 참조.

만 특별히 두 글자에 해당하는 空格을 두어 구분한 문장 형식을 통해서도 알 수 있다.

그동안 광개토태왕비의 성격에 대해서는 세 단락으로 나누어진 내용을 중심으로 '능비', '훈적비', '수묘연호비' 등 다양한 견해가 제기되어 왔다. 능비설은 비가 발견된 이후 가장 많은 지지를 받고 있으며 각급 역사 교과서에서 '광개토 대왕릉비'라고 명명하고 있을 정도이다.[18] 일반적인 墓碑의 내용이 墓主의 성명, 官歷, 行蹟, 享年, 卒年月日 등의 序와 묘주를 애도하는 銘으로 구성되어 있다[19]는 점에서 광개토태왕비는 일정 부분 墓碑 성격에 부합되는 면이 있다. 하지만 전형적인 묘비문으로 보기에는 銘에 해당하는 부분이 없는 등 어떤 또 다른 의도가 담겼을 것으로 생각된다. 비문에서 '…遷就山陵, 於是立碑, 銘記勳績, 以示後世焉'이라고 한 것은 산릉에 옮겨 매장한 날에 비를 세웠다는 것으로 그 자체로 묘비를 의미한다고만은 할 수 없다. 오히려 입비의 목적을 분명하게 언급한 것은 '銘記勳績, 以示後世焉' 부분으로 기재되는 내용이 훈적이라고 명시하여 일종의 功德碑에 더욱 가깝다고 할 수 있다. 또 비문의 가장 많은 부분[20]을 차지하는 수묘제 관련 내용으로 보면 守墓碑로 파악하는 것도 가능할 것 같다. 따라서 광개토태왕비를 어느 한 가지 성격으로만 단정하기는 어렵고 능비, 훈적비, 수묘비 등의 다양한 의도가 나타나는 특수한 성격의 비석이라고 보는 것이 타당해 보인다.

고구려에서는 장수왕이 세운 광개토태왕비와는 별개로 광개토태왕대에 이미 다양한 성격의 비가 세워졌을 것으로 생각된다. 당시 입비의 구체적인 정황은 B에 잘 나타나 있다. 고구려에서는 祖先王들 이래로 묘 위에 석비를 안치하지 않았는데 광개토태왕이 수묘제를 개선하기 위한 방책으로 수묘인연호를 새긴 석비를 세웠다고 했다. 碑의 재질은 '石'이고 위치는 '墓上'이며 기재한 내용은 '(守墓人)烟戶'라는 점을 분명히 밝히고 있다. 아직 이러한 조건에 완전히 부합하는 석비의 실물은 발견되지 않았지만 그 내용만 보면 紀事碑의 성격이 짙다.

여기서 조금 더 짚어볼 사항이 '墓上立碑'의 위치 문제이다. '墓上'과 관련하여서는 광개토태왕비를 직접 연관시켜 그 규모나 형태로 보아 묘 위에 세울 수 없다고 보고 墓前 혹은 墓域으로 보려는 경향이 있었다.[21] 그런데 비문에는 비를 세우는 위치를 '墓上'이라고 명확히 하고 있다. 이와 관련하여 집안 지역에서 왕릉급으로 분류되는 대형 계단식 적석묘인 將軍塚·太王陵·千秋墓·西大墓·臨江墓[22] 등 유적에서 기와나 磚 등 건축 자재의 발견은 시사하는 바가 크다. 將軍塚의 경우 상부의 덮개돌 네 변에는 일정한 간격으로 직경이 10㎝ 가량 되는 원형의 구멍들이 뚫려 있어 기둥이 세워졌던 것으로 보인다. 장군총 남측

---

18) 이에 대해 김현숙은 "광개토왕비는 능비나 훈적비, 수묘연호비 가운데 어느 하나의 성격만을 가진 비석이라고 하기는 어렵다. 이런 성격의를 모두 종합하고 있는 특수한 성격의 비석인 것이다. 그러므로 광개토왕비, 광개토대왕비, 광개토태왕비, 호태왕비 등으로 부르는 것은 수긍할 수 있으나 광개토왕릉비라고 부르는 것은 맞지 않다고 할 수 있다."고 하였다.(김현숙, 2013, 「광개토왕비의 건립 배경과 수묘제」, 『광개토왕비의 재조명』, 동북아역사재단, p.465).

19) 洪承賢, 2013, 「後漢代 墓碑의 성행과 建安十年 禁碑令의 반포」, 『東洋史學研究』 124집, 東洋史學會, p.72.

20) 세 번째 단락의 자수는 637자로 전체 비문(1,775자일 경우)의 약 35.9%를 차지한다.

21) 韓國古代社會研究所 편, 앞의 책, p.30 주 72) 참조.

22) 魏存成, 1996, 「集安高句麗王陵研究」, 『廣開土好太王碑 研究 100年』, 학연문화사, p.541.

에서 鐵索 22마디가 발견되었으며, 각 마디의 길이는 28cm로 양쪽 끝을 둥글게 말아 서로 연결할 수 있게 하였다.[23] 철삭 중에는 '條一', '條六'이라는 명문을 새겨 고정된 위치를 표시하였는데, 이는 장군총 상부에 일정한 형태의 건축물이 있었음을 말해주는 것이다.[24] 따라서 이러한 묘상 건축물과 배합하여 수묘연호와 각 왕릉을 구분하기 위한 왕호 등을 적은 석비를 일종의 神位의 형태로 안치하였을 가능성도 생각해 볼 수 있다.

최근에 발견된 집안고구려비는 그 내용에 있어 고구려의 개국 및 왕위 계승과 왕릉 수묘 관련 사항으로 대별되며 광개토태왕비의 정복 기사를 제외하면 서로 비슷한 구성이라 할 수 있다.[25] 광개토태왕비처럼 특정 왕의 훈적은 보이지 않고 비문 서두에 해당하는 고구려 개국과 왕계의 정통성을 바탕으로 왕릉의 수묘제 관련 내용에 주안점을 두고 있다. 집안고구려비가 발견된 마선하 좌우안에는 왕릉급으로 추정되는 고분들이 다수 산재해 있다. 비가 발견된 위치에서 가장 가까운 천추총과 남쪽으로 456m, 가장 먼 서대묘와 서북쪽으로 1,150m, 그리고 마선2100호묘와 650m, 마선626호묘와는 북서쪽으로 860m 정도 떨어져 있다. 이들 왕릉의 중간 지점이면서 서쪽에서 국내성으로 들어오는 길목이다. 따라서 비의 내용과 위치로 보아 특정 왕릉에 속한 것이기보다는 광개토태왕대 시행된 수묘제 관련 내용을 고시하기 위한 목적의 紀事碑에 해당한다고 할 수 있다.

고구려 제19대 왕인 광개토태왕의 '祖先王'에 해당하는 왕들은 모두 18명에 이른다. 閔中王은 생전 교시에 따라 능묘를 따로 만들지 않고 石窟에 장사지냈다[26]고 하므로 졸본과 집안 지역에서 적어도 17기의 묘상입비가 동시에 진행되었을 것이다. 대대적인 묘역 정비와 함께 처음으로 시행되는 묘상입비 작업은 그간 고구려가 실제 경험한 碑 문화의 전통을 기반으로 하였을 것임은 어렵지 않게 추측된다.

비는 고대 사회에서 순수나 정복 사실을 기록하는 기재물로 활용되곤 하였다. 고구려는 주변 세력들에게 많은 침략을 받았고 수도가 함락되는 위기를 겪기도 하였는데, 그러한 과정에서 남겨진 대표적인 것이 毌丘儉紀功碑이다. 이 비는 魏 正始 5년(244년) 즉 東川王 18년에 魏將 毌丘儉이 고구려를 침공하고 남겼다는 것이다.

> 正始年間에 高句麗가 자주 침범하므로…… 六年에 다시 정벌하였는데, (東川王)宮이 買溝로 도망쳤다. 儉이 玄菟 太守 王頎를 보내 추격하였고 沃沮 천여 리를 지나 肅愼氏 남쪽에 이르러 돌에 공적을 새겨 기록하고, 丸都山과 不耐城에 공적을 새겼다.[27]

---

23) 吉林省古考研究室·集安縣博物館, 1984, 「集安高句麗古考的新收獲」, 『文物』1984-1.

24) 묘 위에 건축 구조물을 세우는 풍습에 대해서는 『魏書』勿吉傳에 "冢上作屋"이라는 기록이 있으며, 발해 시기의 고분 유적을 통해서도 확인되고 있다(李强 저·김진광 역, 2007, 「勿吉과 발해의 "冢上作屋"에 대한 초보적인 인식」, 『高句麗研究』 26집, 고구려연구회, pp.207~215 참조).

25) 여호규, 2013, 「신발견 〈集安高句麗碑〉의 구성과 내용 고찰」, 『韓國古代史研究 -集安 高句麗碑 特輯號-』 70, 한국고대사학회, pp.73~78 참조.

26) 『三國史記』高句麗本紀 閔中王조.

위 내용으로 보아 毌丘儉이 새긴 각석은 최대 3개가 있었을 가능성이 있다.[28] 현재는 요녕성박물관에 1 개가 전시되어 있는데(그림 12), 正始 6년 즉 245년에 丸都山에 새긴 것이라 생각된다. 淸 光緒 31년(1906 년)에 集安縣 교외 板岔嶺 서북쪽에서 도로 수리시 발견되었으며 잔존 길이는 39㎝, 넓이 30㎝, 두께 8~8.5㎝이다. 글자는 7행 약 47자 정도가 남아있으며 서체는 八分이다. 비의 머리 형태는 우측 상부에서 비신과 비수가 사선으로 이어지는 부분이 남아 있어 圭首碑(그림 11·13·14)의 형태를 하고 있다. 이러한 규수비의 고구려 유입은 이후 광개토태왕의 수묘제 개선책과 함께 시행되는 立碑 형태에 직접적인 영향 을 주었을 것으로 생각되며 최근 집안고구려비를 통해서 확인된다.[29]

광개토태왕을 이은 장수왕은 부왕의 서거 2년 후인 414년에 廣開土太王碑를 건립하였다. 비는 일부 치 석의 흔적이 있기는 하지만 전체적으로 자연석에 가까운 거대한 돌기둥 모양으로 독특한 형태이다. 광개 토태왕의 묘상입비에 이어 세워진 이러한 自然石柱碑의 건립은 당시 중원 지역에서 비교적 엄격하게 시 행되는 禁碑令에 반하는 것으로 고구려의 정책 결정에 있어 자주적 면모를 보여주는 것이기도 하다.

자연석주비 형태는 이후 장수왕의 남진 정책으로 편입된 고구려 최남단 지역에서 발견된 忠州高句麗 碑로 계승되고 있다. 그 외형이 광개토태왕비의 축소판이라고 할 정도로 닮아 있다. 서로 시기를 달리하 여 건립된 두 석비에 나타나는 이러한 공통점을 통해 고구려 사회에서 석주비 형태가 일정하게 양식화되 었음을 알 수 있다.

이러한 자연석에 가까운 석주비 양식의 연원은 어디에서 찾아야 할까.

고대 동북아시아나 초원 제국에서는 돌기둥을 세워 일정한 의미를 전달하는 거석문화의 전통이 있었 다는 것은 주지의 사실이다. 고구려와 밀접한 관계를 가지는 요동 지역에서도 신앙과 관련된 다양한 형 태의 입석 유물들이 전해지고 있다. 1982년 중국에서 진행된 제2차 전국문물조사때 遼寧省 鞍山市 岫岩 縣 朝陽鄕 石湖村에서 2기의 石柱가 확인되었다. 석주는 높이 2.7m, 두께 너비 약 30㎝이다. 기초 부분이 지하에 약 2m 가량 묻혀 있으며, 두 석주 사이의 거리는 약 18m이다. 촌로들의 증언에 의하면 석주는 원 래 방형의 4기가 있었는데 청나라 때 큰물이 지어 2기가 떠내려가고 지금은 2기만 남았다고 한다.[30] 또한

---

27) 『三國志』魏書 毌丘儉傳 "正始中, 儉以高句驪數侵叛……六年, 復征之, 宮遂奔買溝, 儉遣玄菟太守王頎追之, 過沃沮千有餘 里, 至肅愼氏南界, 刻石紀功, 刊丸都之山, 銘不耐之城".

28) 毌丘儉이 고구려를 공략하고 남겼던 각석의 장소에 대해서 최근 이정빈은 사료를 '(전략) 至肅愼氏南界. (관구검) 刻石紀功 ; 刊丸都之山, 銘不耐之城.'으로 句讀하고 "(관구검은) 刻石紀功하였으니, 丸都之山을 깎아서 不耐之城을 銘한 것이다."라 고 해석함으로서 당시 제작된 각석을 1개로 보고 있다. 이에 대해 여호규는 "肅愼氏의 南界에 이르러 돌에 공훈을 새기고 [刻], 丸都之山에 (공훈을) 새기고[刊], 不耐之城에 (공훈을) 새겼다[銘]."로 해석하는 것이 타당하다고 보고 관구검이 肅愼 氏의 南界나 不耐之城까지 직접 출정하지는 않았지만, 이 지역에 대한 군사작전이 모두 관구검의 지휘 아래 이루어졌다는 점에서 丸都之山뿐 아니라 肅愼氏의 南界나 不耐之城에도 별도로 기공비를 건립해 관구검의 공적을 기렸다고 하여 당시 제 작된 각석을 모두 3개로 보았다(이정빈, 2017, 「고구려의 국내성·환도성과 천도」, 『한국 고대사의 쟁점』 한국고대사학회 창 립 30주년 기념 학술대회 자료집, 한국고대사학회·동북아역사재단, pp.63~64 및 여호규 토론문 참조).

29) 고광의, 2013, 앞의 논문, pp.64~66 참조.

30) 『石湖石柱子藏在深山中』, 『千山晩報』 2008年 8月 14日字; 『岫岩靑銅文化遺迹探幽』, 『千華網』 2014年 4月 14日字; 조법종, 2015, 「광개토왕릉비의 4면비 특성과 동북아시아적 전통 –주변국가의 석비 및 기념물과의 비교」, 『광개토왕비의 탐색』, 동

그림 11. 鮮于璜碑(東漢, 165)   그림 12. 毌丘儉紀功碑   그림 13. 鄧太尉祠碑   그림 14. 集安高句麗碑(高句麗)
                         (魏, 245)   (前秦, 367)

遼寧省 桓仁縣 華來鎭 大恩堡村에도 장방형 석주 1기가 전해지고 있다. 석주의 높이는 2.9m, 너비 0.7m, 두께 0.5m이며 지하에 묻힌 부분은 0.8m이다. 주변에 강돌을 한 층 깔았으며 입석의 뿌리 부분에서 五銖錢과 石珠 등이 발견되었다. 석주에 문자나 문양을 새긴 흔적이 발견되지는 않았지만 유적의 입지로 보아 고구려 초기의 종교 숭배와 관련된 것[31]으로 보고 있다.

아직도 한국이나 몽골 지역에서는 이러한 입석이 다수 발견되고 있어 광개토태왕비와 형태상의 유사성이 언급되기도 하였으며, 더 나아가 광개토태왕비는 원래 선돌로 숭배되었던 것을 재사용한 것이라고 추정하기도 하였다.[32] 상정해 볼 수 있는 가설로 고구려 왕계의 신성성을 극대화하고 위대한 광개토태왕의 훈적을 비롯하여 당시 현안 문제로 떠오른 수묘제의 정비 내용과 관련 법령의 게시물로서 왕가의 묘역 전체를 조망하는 위치에 서있던 입석을 활용하였을 개연성이 있다.

고구려의 석주비는 이후 다양한 형태로 변화되고 있다. 5세기 이후 고구려 묘장의 변천과 더불어 더욱

북아역사재단, pp.238~239.

31) 五女山博物館(2010. 5. 2 참관) '大恩堡石柱子' 설명문.

32) 광개토태왕비의 선돌 재활용설은 1935년 韓興洙(1935, 「朝鮮의 巨石文化 研究」, 『震檀學報』 3, 震檀學會, p.137)가 처음 제기하였고, 최근에는 임기환(2011, 「울진 봉평리 신라비와 광개토왕비, 중원고구려비」, 『울진 봉평리 신라비와 한국 고대 금석문』, pp.248~254), 이우태(2013, 「금석학적으로 본 광개토왕비 -비의 형태와 위치를 중심으로-」, 『광개토왕비의 재조명』, 동북아역사재단, pp.163~166), 김현숙(2013, 앞의 논문, p.468) 등에 의해 다시 주목되고 있다.

독특한 묘비 형태가 나타나고 있다는 점은 이를 증명해 준다. 앞서 살펴본 산성하무덤 M1411호와 우산무덤 M1080호 및 사회분 2호와 3호묘 사이에서 발견된 무문자비가 그것이다. 또한 사회분 1·2·3호묘 봉분 정상에는 아직도 온전한 형태의 비좌가 놓여 있는 것으로 보아 '墓上立碑'의 전형을 보여주고 있다고 할 수 있다.[33]

이러한 고구려의 독특한 무덤 양식인 '墓上立碑'에 대해서는 보다 종합적인 연구가 필요하겠지만, 초보적인 생각으로는 계단식 적석묘에 있던 묘상건축의 구조적 변형이 반영된 것으로 보인다. 집안 지역에서 왕릉급으로 보고된 계단식 적석묘인 서대묘, 천추총, 태왕릉, 장군총 등에서는 기와나 벽돌 등 고급의 건축 자재들이 다수 발견되고 있다. 특히 장군총 정상부의 기둥을 세웠던 원형의 구멍들이나 난간을 이었던 것으로 추정되는 철삭은 건축물의 존재 가능성을 말해준다. 이들 계단식 적석묘에서 나타나는 묘상건축의 전통은 고구려의 무덤 양식이 평양 천도 이후 봉토묘로 이행되면서 무덤 위에 건축물을 세우는 것이 구조적으로 어렵게 되자, 이전의 관습에 따라 자연스럽게 봉분 위의 공간에 대체물로서 묘비만 남겨진 것이라 생각된다.[34]

IV. 고구려 碑의 신라 전파

5세기 전후 고구려와 신라의 관계는 광개토태왕비에 신라를 '屬民'[35]으로, 충주고구려비에서는 '兄弟'[36]로 묘사되어 예속 관계나 다름없을 정도로 밀착되었음을 알 수 있다. 광개토태왕 이후 계속된 신라의 인질과 사신의 내왕, 고구려 군대의 주둔 과정에서 고구려의 다양한 문화가 신라에 이식되었고 書寫文化를 비롯한 석비 양식도 자연스럽게 전해졌던 것으로 보인다.[37]

먼저 지금까지 발견된 7세기까지의 신라의 석비를 정리하여 그 대강을 파악해 보면 다음과 같다.

〈6~7세기 신라 석비〉

碑 名	建立	內容	材質	形態	高幅厚 (cm)	蓋石臺石	界線	書體特徵	備 考
中城里碑	501 (441)	재산소유상속	화강암	부정형	105.6× 47.6~49.4× 13.8~14.7			新隸體 필의 楷書	자연석비

---

33) 중국 학계에서는 이들 무문자비를 墓碑로 보고 있다(吉林省文物志編委會, 1984, 앞의 책, pp.94~96 '高句麗墓碑' 참조).
34) 고광의, 2002, 앞의 논문, p.42; 고광의, 2005, 「廣開土太王碑에 나타난 高句麗 書寫文化의 특징 -廣開土太王碑體와 石柱碑 樣式의 獨創性을 중심으로」, 『남·북·러 국제학술회의 고조선·고구려·발해 발표논문집』, 고구려연구재단, pp.303~304.
35) "百殘新羅, 舊是屬民/由來朝貢."(광개토태왕비 제1면)
36) "五月中高麗太王相王公△新羅寐錦世世爲願如兄如弟/上下相和守天東來之."(충주고구려비 전면)
37) 고광의, 2004, 「5~6세기 新羅書藝에 나타난 외래 書風의 수용과 전개」, 『書藝學硏究』 4, 한국서예학회, pp.37~66 참조.

碑名	建立	內容	材質	形態	高幅厚 (cm)	蓋石臺石	界線	書體特徵	備考
冷水里碑	503 (403)	재산소유상속	화강암	부정형	60×70×30	.		新隷體 필의 隷書	자연석비
鳳坪碑	524	巡行法律執行	화강암	부정형	204×(32–54.5)×(57–70)			新隷體 필의 楷書	자연석비
菁堤碑	536	築堤	화강암	부정형	130×93.5×45			北朝風 楷書	자연석비
赤城碑	551 以前	論功行賞愍撫	화강암	부정형	93×(107–53)×?			楷書	자연석비
明活山城碑1	551	築城	화강암	장방형	66.8×(29.6–31.0)×16.5			성숙한 楷書에 접근	자연석비
昌寧碑	561	巡狩拓境	화강암	부정형	(176–111)×(176–107)×(51.5–30.3)		邊廓線	隷楷	변곽선 출현
北漢山碑	568	巡狩	화강암	장방형	155.1×71.5×16.6	蓋石趺坐		隷書筆意 楷書	전형적 석비양식
磨雲嶺碑	568	巡狩	흑색 화강암	장방형	146.9×44.2×30	蓋石趺坐		隷書筆意 楷書	전형적 석비양식
黃草嶺碑	568	巡狩	화강암	장방형	151.5×50×(32–24.5)	蓋石趺坐推定	邊廓線	南北朝 楷書	전형적 석비양식
塢作碑	578	塢作	화강암	신광형	103×(65.8–53.8)×(10–12.5)			北朝風 楷書	자연석비
南山新城第1~10碑	591	築城	적갈색 화강암	장방형 등	제1비: 91×44×(5–14)			楷書	자연석비
太宗武烈王陵碑	661	陵碑	화강암 (首趺)	비편	110×145.4×33.3(螭首),56×33(篆額),103×249×38(龜趺),8×8(碑片)	螭首龜趺	井間線 (3.3×3.3)	隷書 필의 篆書(額) 歐陽詢·虞世南風 해서(碑片)	전형적 唐碑 양식
文武王陵碑	681傾	陵碑	적갈색 화성암	비편 2개	52×64×24		井間線 (3.2×3.3)	歐陽詢·虞世南風 해서(碑片)	전형적 唐碑양식, 四六騈麗文

碑名	建立	內容	材質	形態	高幅厚 (cm)	蓋石臺石	界線	書體特徵	備考
四天王寺址碑2種	661-681或692以後	陵碑또는寺蹟碑	비편2개	13.3×10.6×2.1(碑片1), 10.5×13(碑片2), 210×175(東龜趺), 210×160(西龜趺)	東·西龜趺2種	井間線	歐陽詢해서풍	전형적唐碑양식
淸州雲泉洞寺蹟碑	686推定	寺蹟碑	화강암	단비	95×92×15		邊廓線	隸書필의의해서	唐碑 체제, 양면비
金仁問碑	695傾	陵碑	화강암	단비	75.8×100×18(原碑的1/3)		井間線(3.3×3.2)	歐陽通해서풍	전형적唐碑양식

6세기 전반기 신라비의 형태를 보면 모두가 자연석을 최대한 활용하는 방법으로 제작되었으며 이러한 양식은 이미 고구려 광개토태왕비와 충주고구려비에서 나타나고 있다. 당시 양국 간의 빈번한 교류 과정에서 신라의 왕자들과 사신들은 고구려에서 시행되던 입비정책을 학습하였을 것이고 국내성에 우뚝 선 광개토태왕비나 오가던 교통로 상의 충주고구려비를 실견하였을 것이다. 이러한 계기로 신라에서 입비가 점차 시행되었던 것으로 보이는데 고구려의 자연석주비 양식을 참고하였을 것으로 생각된다. 오히려 중성리비, 냉수리비(그림 16) 봉평비(그림 17) 등은 그 형태가 광개토태왕비나 충주고구려비 보다도 더욱 자연석에 가까워 신라 특유의 양식으로 변용되고 있음을 알 수 있다. 특히 6세기 중반의 적성비(그림 18) 단계에서는 독창적인 서체라 할 수 있는 赤城碑體 양식이 완성되고 정제된 비문의 형식이 나타나는 등 신라의 토착화된 자연석비 양식의

그림 17. 울진 봉평리 신라비

그림 16. 포항 냉수리 신라비

그림 18. 단양 신라 적성비

전형을 보여주고 있다.

6세기 중반 신라는 중원 지역과 밀접한 외교 관계를 구축하게 되었고 이러한 분위기 속에서 전형적인 형태를 갖춘 석비가 출현하는데 眞興王 巡狩碑 3종이 그것이다. 黃草嶺碑의 경우는 다른 眞興王碑에 비하여 예서의 과도적 요소들이 현저하게 줄어들었다. 삐침과 파임 및 갈고리가 모두 전형적인 楷書의 서사법을 보이고 있으며, 전체적인 자형 또한 장방형으로 고정되어 남북조 시기의 비교적 성숙한 해서 체세가 나타난다. 석비의 양식에 있어서도 비신을 판석형으로 정교하게 다듬었고 비좌와 개석을 갖추고 있어 그동안 주류를 이룬 자연석비 양식과는 확연히 구분된다.

신라에서는 중원 계통의 영향을 받는 가운데 한편으로는 여전히 고구려 계통의 서풍과 석비 양식이 유행하기도 하였다. 창녕비의 자형결구는 예서와 해서의 과도적 양상을 띠는 것들이 많고 한 글자 안에서 필획의 공간 분할 비율이 비슷하여 자형 결구의 고졸한 느낌은 광개토태왕비체의 영향을 짐작케 한다. 그 동안 신라비에서 보이지 않던 비면의 변곽선이 나타나는 점은 서풍이나 비문의 형식과 함께 광개토태왕비와 상통하는 점이라 할 수 있다. 그리고 北漢山碑나 磨雲嶺碑에서 보이는 일부 隸書의 서사법도 당시 유입된 남북조 서풍과 융합 과정에서 남겨진 고구려 계통의 서풍으로 볼 수 있다.

北漢山碑의 경우는 비신 상부에 개석을 끼워 고정시킬 수 있게 柄形으로 조각되었으며, 비좌는 따로 만들지 않고 산 정상의 자연 암반을 이용하여 그 위에 세웠다. 현재 북한산 비봉에 남아있는 비좌는 안쪽이 돌출된 2단의 장방형 형태를 하고 있다(그림 19). 이와 관련하여 1980년대 중반에 國內城(현재 集安市 高句麗遺址公園 동북각)에서 출토된 고구려 시기 흑회색 沉積岩 재질의 비좌가 주목된다(그림 20). 형태는 대략 타원형에 가깝고 전체 길이는 203㎝, 너비 120㎝, 두께 50㎝이다. 표면을 장방형 2단 돌출 기단 형태로 조각하였으며 바깥쪽 제1단의 길이는 139㎝, 너비 79㎝이고, 안쪽 제2단은 길이 118㎝, 너비 62㎝이다. 제2단의 중앙에 길이 75㎝, 너비 19㎝, 깊이 25㎝의 홈을 파 비석을 끼울 수 있도록 하였다.[38] 전체적인 형태나 조각 수법이 북한산비의 비좌와 흡사하여 직접적인 영향 관계를 생각해 볼 수 있으며[39] 이는 그동안 진흥왕대 신라 석비의 정형화된 양식의

그림 19. 북한산 신라진흥왕순수비

그림 20. 국내성 출토 비좌

출현을 주로 중국 측에서 찾던 견해를 보완할 수 있는 자료가 될 것으로 생각된다.

그러나 6세기 후반 신라에서도 점차 南北朝 후기의 비교적 성숙한 해서풍이 다수 출현함에 따라 토착적 성격이 강한 과도적 요소들은 점차 줄어들고 있다. 특히 578년에 세워진 塢作碑의 서체는 王京에서 멀리 떨어진 곳에서 제작된 것임에도 불구하고 과도적인 요소가 현저하게 감소하고 있다. 南山新城 제1비에서는 黃草嶺碑와 유사한 풍격의 해서가 나타나고 있어 6세기 말에는 신라의 지방민에 의해 제작된 석비의 서풍도 점차 남북조 후기의 성숙한 해서풍으로 변해 가고 있음을 알 수 있다.

그리고 7세기 이후에는 唐과 교류를 통해 螭首와 龜趺을 갖춘 전형적인 唐碑 양식이 출현하였다. 太宗武烈王碑의 귀부와 이수의 조각은 마치 살아 움직이는 듯한 사실적 표현으로 생동감이 넘치며, 文武王陵碑・金仁問碑 등에 보이는 비문의 文體는 당시 唐碑들과 견주어도 손색이 없을 정도로 세련되어 신라에서 한 동안 유지되던 고구려 서사문화와 자연석비 양식의 영향력이 확연히 감소하였다.

V. 맺음말

고구려는 건국 초기부터 문자를 통치에 활용하였으며 柵城 太祖王 巡狩刻石의 사례가 말해 주듯 금석문이 제작되었음을 알 수 있다. 현재로서 광개토태왕 이전에 석비 문화가 어떤 양태였는지 자세히 알 수 없지만, 낙랑군의 점제현신사비나 조위의 관구검기공비 등의 실물이 고구려 지역에 남아 있고, 기록되지는 않았지만 모용씨 등의 침공시에도 관련 금석문을 남겼을 가능성이 있다.

광개토태왕대에 이르러 碑는 그 목적과 용도에 따라 다양한 형태로 제작되었던 것으로 보인다. 특히 광개토태왕이 수묘제 개선 방안의 일환으로 대대적인 '墓上立碑'를 추진한 것이다. 묘상입비에는 주요하게 수묘인연호의 차착을 방지하기 위한 명단을 새겼던 것으로 보여 일종의 紀事碑로 볼 수 있다. 이에 비해 광개토태왕비는 고구려 왕계와 왕의 무훈, 수묘인연호 및 관련 법령 등을 적고 있어 복합적인 성격을 띠고 있다. 하지만 비문의 문장 구조상으로 보면 왕의 시신을 산릉에 옮기는 시점에 맞추어 건립하기는 하였으나 반드시 墓碑라고 볼 수는 없고, 비문에 '銘記勳績, 以示後世'라고 명시된 것처럼 훈적을 적은 일종의 功德碑의 성격이 짙다. 또한 최근 발견된 집안고구려비의 경우는 내용상 묘상입비나 광개토태왕비와는 또 다른 성격을 띠고 있다고 보이는데, 전체적으로는 수묘연호와 관련 규정을 중심으로 적고 있어 당시 수묘제 반포를 알리는 일종의 紀事碑라고 할 수 있다.

한편 '墓上立碑'의 '墓上'에 대해서 그동안 광개토태왕비의 규모와 위치를 직접 연결시켜 墓前 또는 墓域으로 이해하기도 하였다. 최근에 집안고구려비가 발견되어 광개토태왕비 이외에도 별도의 입비가 추진되었다는 사실이 확인된 이상 일단 그 위치를 비문에 명시된 대로 무덤 위로 보는 것이 옳을 듯하다.

---

38) 耿鐵華, 2013, 「중국지안에서 출토된 고구려비의 진위(眞僞) 문제」, 『韓國古代史硏究』 70, 韓國古代史學會, p.256.
39) 고광의, 2013, 앞의 논문, pp.63~64 참조.

이는 왕릉급 대형 적석총에서 와당이나 전돌, 기둥 구멍과 철삭 등이 발견되어 무덤 위에 일정한 건축 구조물과 함께 석비가 안치될 수 있다고 보이기 때문이다. 또한 묘상입비의 실물이 발견되지 않아 그 형태를 정확히 알 수 없지만 조선왕릉에 대대적인 입비를 시행한 것으로 보아 일정한 규범에 의거 제작되었을 것으로 보인다. 그러한 측면에서 고구려 지역에 이미 유입된 당시의 보편적 석비 양식인 圭首碑가 채용되었을 것으로 생각되고 향후 묘상비의 실물이 발견되기를 기대해 본다.

고구려에서는 당시 중원 지역에서 재차 강화되는 禁碑令에 반하는 자주적인 입비정책을 추진하였고, 장수왕대에는 실제로 광개토태왕비와 같은 독특한 비를 건립하기에 이른다. 비의 형태는 자연석에 가까운 石柱碑로서 중원에서는 찾아보기 어려운 고구려만의 독창적인 형태이다. 이러한 석주비 형태는 이후 忠州高句麗碑에 이어져 고구려에서 독립된 하나의 양식으로 형성되었다고 보인다. 석주비의 연원은 고대 동북아시아나 초원 제국에서 유행한 입석의 전통을 계승한 것으로 보이는데, 광개토태왕비의 경우는 원래 있던 선돌을 재사용하였을 개연성도 상정할 수 있을 것 같다. 또한 이러한 석주비 양식은 고구려에서 분묘 양식의 변천과 함께 다양한 석비 형태로 확장되었는데 무문자비는 5세기 이후 석실 봉토묘의 발전과 더불어 기존의 묘상입비의 구조적 변형의 흔적을 보여주는 사례들이라고 할 수 있다.

고구려의 독특한 자연석주비 양식은 신라에 전해져 신라의 석비 문화에 영향을 주었다. 5세기 전후 신라는 정치적으로 고구려에 예속된 상황에서 고구려의 문화가 신라에 이식되었고 그 과정에서 文字를 비롯한 석비 문화도 자연스럽게 전해졌던 것으로 보인다. 현재 발견되는 6세기 전후의 신라 석비는 그 형태가 대부분 자연석을 최대한 활용한 것으로 고구려 계통의 자연석주비의 영향을 직접적으로 받았음을 알 수 있다. 중성리비, 냉수리비, 봉평비를 비롯하여 적성비 단계에서는 서체나 석비 양식에서 토착화 경향이 강하게 나타나 신라 특유의 자연석비 양식이 형성되었음을 알 수 있다. 그간 신라 진흥왕 이후 출현하는 개석과 비좌를 갖춘 전형적인 판상형비의 연원을 중국측에서 찾았는데 국내성 유적에서 발견된 비좌를 통해 고구려의 직접적 영향도 생각해 볼 수 있게 되었다. 6세기 후반 이후 신라에서 성숙한 해서풍이 나타나고 螭首와 龜趺을 갖춘 전형적인 당비 양식이 출현함으로서 고구려 계통의 자연석비 양식은 점차 퇴조되었음을 알 수 있다.

투고일: 2017. 4. 17   심사개시일: 2017. 4. 21   심사완료일: 2017. 5. 26

『禮記』,『說文解字』,『禮記注』,『儀禮注』,『三國志』,『魏書』,『三國史記』
『千山晚報』,『千华网』,『한국고전종합DB』

韓興洙, 1935,「朝鮮의 巨石文化 硏究」,『震檀學報』3, 震檀學會.

防起東·林至德, 1983,「集安洞沟兩座樹立石碑的高句麗古墓」,『考古與文物』2.

吉林省文物志編委會, 1984,『集安縣文物志』.

吉林省古考研究室·集安縣博物館, 1984,「集安高句麗古考的新收獲」,『文物』1984-1.

韓國古代社會研究所 編, 1992,『譯註 韓國古代金石文』제1권, 駕洛國史蹟開發院.

魏存成, 1996,「集安高句麗王陵研究」,『廣開土好太王碑 研究 100年』, 학연문화사.

趙超, 1997,『中國古代石刻槪論』, 文物出版社.

高光儀, 1999,「4~7世紀 高句麗 壁畵古墳 墨書의 書藝史的 意義」,『高句麗研究』7집, 학연문화사.

이성시 지음·박경희 옮김, 2001,『만들어진 고대 –근대 국민국가와 동아시아 이야기』, 삼인.

고광의, 2004,「5~6세기 新羅書藝에 나타난 외래 書風의 수용과 전개」,『書藝學研究』4, 한국서예학회.

고광의, 2005,「廣開土太王碑에 나타난 高句麗 書寫文化의 특징 –廣開土太王碑體와 石柱碑 樣式의 獨創
    性을 중심으로」,『남·북·러 국제학술회의 고조선·고구려·발해 발표논문집』, 고구려연구재단.

고광의, 2005,「廣開土太王碑에 나타난 高句麗 書寫文化의 특징 –廣開土太王碑體와 石柱碑 양식의 獨創
    性을 중심으로–」,『고조선·고구려·발해 발표 논문집』, 고구려연구재단.

李强 저·김진광 역, 2007,「勿吉과 발해의 "冢上作屋"에 대한 초보적인 인식」,『高句麗研究』26집, 고구려
    연구회.

임기환, 2011,「울진 봉평리 신라비와 광개토왕비, 중원고구려비」,『울진 봉평리 신라비와 한국 고대 금석
    문』, 울진군·한국고대사학회.

고광의, 2012,「廣開土太王碑의 書體」,『白山學報』94. 白山學會.

集安市文物局, 2013,「吉林集安新見高句麗石碑」,『中國文物報』(2013.1.4. 제2판); 集安市博物館 編著,
    2013,『集安高句麗碑』, 吉林大學出版社.

고광의, 2013,「신발견〈集安高句麗碑〉의 형태와 書體」,『高句麗渤海研究』45, 고구려발해학회.

이우태, 2013,「금석학적으로 본 광개토왕비 –비의 형태와 위치를 중심으로–」,『광개토왕비의 재조명』,
    동북아역사재단.

김현숙, 2013,「광개토왕비의 건립 배경과 수묘제」,『광개토왕비의 재조명』, 동북아역사재단.

洪承賢, 2013,「後漢代 墓碑의 성행과 建安十年 禁碑令의 반포」,『東洋史學研究』124집, 東洋史學會.

여호규, 2013,「신발견〈集安高句麗碑〉의 구성과 내용 고찰」,『韓國古代史研究』70, 한국고대사학회.

耿鐵華, 2013,「중국지안에서 출토된 고구려비의 진위(眞僞) 문제」,『韓國古代史研究』70, 한국고대사학회.

조법종, 2015, 「광개토왕릉비의 4면비 특성과 동북아시아적 전통 −주변국가의 석비 및 기념물과의 비교」, 『광개토왕비의 탐색』, 동북아역사재단.

권인한, 2015, 『廣開土王碑文 新研究』, 박문사.

이정빈, 2017, 「고구려의 국내성·환도성과 천도」, 『한국고대사의 쟁점』 한국고대사학회 창립 30주년 기념 학술대회 자료집, 한국고대사학회·동북아역사재단.

〈Abstract〉

A Study on Stele of Kogury

Ko, Kwang—eui

This paper examines the character, form and development of Koguryo stele and the spread of the stele style made in Koguryo to Silla.

Steles in Koguryo were produced in many forms depending on their purposes and uses in the period of king Gwanggaeto. Stone epitaph erected as a way of improving institution of guarding royal tombs by king Gwanggaeto contains the list inscribed in order to prevent a mistake of the duty of the guardian. The Koguryo stele of Jian discovered recently is also narrative monument announcing the contents of improvement of the institution of guarding the royal tombs at that time. In contrast, the King Gwanggaeto Stele states clearly that it was erected to 'record his merits and hand down them to posterity(銘記勳績, 以示後世)' and it has the character of memorial stele.

'Stele' of Myosangibbi(to erect a stele on a tomb) was understood as in front of a tomb or the boundary of a tomb by connecting the scale of the King Gwanggaeto Stele and its current location directly. But, it seems that a possibility of existence of a separate Myosangibbi should be considered by the discovery of the Goguryeo Stele of Jian.

Steles in Koguryeo were erected by independent policies against the Prohibition Order of Erecting Steles in Jungwon ad their forms were also original styles of Goguryeo as stone steles near natural stone. Such a natural stele style was succeeded to Koguryo stele in Choongju and found in various styles with the changes of tomb styles of Koguryeo through no script stele.

Natural stele of Koguryo was introduced to Silla, which influenced the stele culture of Silla. The origin of typical plate type stele equipped with covering stone and stele base appeared since king Jinheung of Silla was searched in China, but it was influenced by Koguryo through the stele base discovered in relics of domestic castle. As the typical Dangbi style with Risu and Gwibu had appeared since the late 6th century, it was known that the stele style of Koguryo origin was gradually declined.

▶Key words: Koguryo, King Gwanggaeto, Myosangibbi, Narrative Stele, Memorial Monument, Stele

新羅 5~6世紀 石碑의 전개와 특징

엄기표[*]

〈국문초록〉

石碑는 자연에서 채석한 돌을 가공하여 역사적 사실이나 기념될 만한 사건 등을 기록하여 후대에 전하거나 현창하고자 하는 목적으로 만들어진 조형물이다. 石碑는 명문이 새겨지고 장식적인 기교가 반영되었기 때문에 文獻史와 美術史 등 제 분야에서 일찍부터 주목되어 왔다. 지금까지 한국 고대의 석비와 관련된 연구는 다양한 방면에서 이루어지고 있다. 그런데 양식사적으로 크게 주목받지 못하고 있는 삼국시대 석비에 대해서는 문헌사적인 연구는 많은 편이지만 미술사적인 접근은 거의 없었다고 할 수 있다.

석비는 삼국시대 이후 지속적으로 건립되면서 발전의 과정을 거듭했는데, 삼국시대는 석비의 건립이 장식적인 기교나 미적인 측면보다 비신에 글자를 새기기 위한 실용적이고 기능적인 측면이 중시되었다. 현재 新羅는 高句麗나 百濟에 비하여 비교적 많은 양의 석비가 전해지고 있으며, 초기에는 석비의 건립이 다소 늦었지만 6세기 초반경부터 본격화되었던 것으로 파악되고 있다. 이와 같이 新羅는 처음에는 자연에서 면이 고른 原石을 구하여 거의 그대로 활용하여 글자를 새기다가 6세기 대에 들어와서는 채석한 원석을 점차 치석 가공하여 원하는 형태로 만든 다음 글자를 새김으로써 양식적으로 발전되어 가는 모습을 보여주고 있다. 이러한 발전을 통하여 통일신라 초기에 龜趺와 螭首가 마련된 석비가 건립될 수 있었

* 단국대학교 교수 / 서울시청 문화재전문위원

다고 할 수 있다. 그런데 삼국시대에 귀부와 이수가 마련된 석비가 충분히 출현할 수도 있었는데, 건립되지 못한 이유에 대해서는 앞으로 깊이 있는 연구가 이루어져야 할 것으로 사료된다.

▶핵심어: 석비(石碑), 고구려(高句麗), 백제(百濟), 신라(新羅), 귀부(龜趺), 이수(螭首)

I. 서론

石碑는 자연에서 채석한 돌을 가공하여 역사적 사실이나 기념될 만한 사건 등을 기록하여 후대에 전하거나 현창하고자 하는 목적으로 만들어진 조형물이라 할 수 있다. 이러한 石碑는 金石學의 중요한 연구 대상으로 文獻史와 美術史 등 제 분야에서 일찍부터 주목하여 왔다. 왜냐하면 석비에 새겨진 銘文은 그것이 만들어진 當代의 역사적 사실을 있는 그대로 전해주는 1차 史料로서 가장 신뢰할 만한 기록이며, 碑文의 字體뿐만 아니라 石碑의 治石 手法과 樣式은 當代의 미적 감각이 반영된 예술품이기도 하기 때문이다.

한국에서 석비에 새겨진 명문이 金石學의 연구 대상으로 주목을 받기 시작한 것은 조선후기부터라고 할 수 있다. 대표적으로 李俁와 李侃의 『大東金石書』, 金正喜(1786~1856년)의 『金石過眼錄』, 吳慶錫(1831~1879년)의 『三韓金石錄』 등이 우리나라 금석학과 관련된 중요 성과물이라 할 수 있다. 이들은 한국 석비의 위치와 현상, 비문의 판독과 고증, 비문의 내용과 서체 등에 대한 연구가 진행되어 金石學과 石碑史 연구에 디딤돌이 되었다.[1] 또한 청나라 고증학자 劉喜海(1794~1852년)가 편집한 『海東金石苑』에도 방대한 한국 금석문 자료들이 전재되어 있다. 이 책도 금석문의 명칭, 석비의 높이와 너비, 행수와 행별 자수, 서체, 고증과 해설 등을 수록하고 있어 오늘날 한국 석비 연구의 기초 자료가 되고 있다.

한국 고대의 석비와 관련된 연구는 다양한 방면에서 이루어지고 있다. 한국 고대 석비의 양식사에서 전형적인 양식으로 간주되는 龜趺-碑身-螭首가 마련된 석비에 대한 미술사적인 측면에서의 연구는 많은 편이다.[2] 그런데 양식사적으로 크게 주목받지 못하고 있는 삼국시대 석비에 대해서는 명문의 판독, 판

---

1) 정영호, 2011, 「울진 봉평리 신라비와 한국의 금석문 연구」, 『울진 봉평리 신라비와 한국 고대 금석문』, 한국고대사학회.

2) 한국 고대의 석비에 대한 미술사적인 측면에서의 연구들은 아래와 같다.

崔尙睦, 1974, 「統一新羅時代 龜趺 및 螭首의 樣式研究」, 이화여자대학교 대학원 석사학위논문; 李銀基, 1976, 「新羅末 高麗 初期의 龜趺碑와 浮屠研究」, 『歷史學報』 제71집, 역사학회; 韓鎭變, 1981, 「統一新羅와 高麗時代의 龜趺와 螭首에 나타난 造形美 研究」, 홍익대학교 대학원 석사학위논문; 李浩官, 1982, 「統一新羅의 龜趺와 螭首」, 『考古美術』 154·155, 한국미술사학회; 陳宗煥, 1984, 「慶州地域 龜趺碑 紋樣에 대하여」, 『慶州史學』 제3집, 동국대학교 국사학과; 趙東元, 1985, 「韓國 石碑樣式의 變遷」, 『文山金三龍博士華甲紀念 韓國文化와 圓佛敎思想』, 원광대학교 출판부; 李浩官, 1987, 「石碑의 발생과 樣式變遷」, 『한국의 미』 15, 중앙일보사; 金禧庚, 1987, 「高麗石造建築의 研究」 −幢竿支柱·石燈·石碑−, 『考古美術』 175·176, 한국미술사학회; 추만호, 1990, 「새김글(金石文)의 자료적 성격과 이용법」, 『역사와 현실』 4, 한국역사연구회; 鄭永鎬, 1990, 「한국의 石碑」, 『古美術』 1990년 겨울호, 한국고미술협회; 洪貞姬, 1997, 「羅·麗石碑의 螭首 및 龜趺研究」, 성신여자대학교 미술학과

독된 명문의 내용과 의미, 함의되어 있는 역사적 사실 등에 대한 연구는 많은 편이지만 미술사적인 관점에서의 접근은 거의 없었다고 할 수 있다. 이에 필자는 전형적인 석비 양식이 출현하기 이전에 건립된 高句麗와 百濟의 석비를 살펴보고, 신라 5~6세기에 건립된 석비들의 전반적인 건립 현황과 전개 과정을 정리하여 보고자 한다.[3] 그리고 석비들의 양식적 특징과 미술사적 의의 등에 대하여 管見해보도록 하겠다.

II. 石碑의 기원 문제와 高句麗 百濟의 석비

인류는 선사시대부터 특정한 조형물에 그림이나 기호, 문자 등으로 어떤 사실을 알리고자 기록을 남기기 시작하였다. 신석기시대부터 제작되기 시작한 土器의 표면에 새겨진 특정한 문양, 사람이나 동물 형상의 조각품이나 그림 등은 분명히 어떤 사실을 알리거나 그것에 의미를 두고 이루어진 행위라 할 수 있다. 그리고 청동기시대부터 본격적으로 조성된 암각화나 고인돌 등에 새겨진 별 그림 등을 비롯하여, 여러 유적과 유물에서 확인되고 있는 다양한 그림이나 기호 등도 當代 사람들이 어떤 사실이나 의미 등을 후세에 전하기 위한 활동의 하나라고 할 수 있다. 이와 같이 전형적인 문자 형태의 기록은 아니지만 특정한 사실 등을 전하기 위한 인류의 활동은 청동기시대부터 본격적으로 시작되었다고 할 수 있다.

한편 石刻은 어떤 사실이나 내용을 알리거나 전하기 위하여 돌의 표면에 문자나 기호 등을 새긴 조형물이라 할 수 있다. 따라서 그 기원이 문자가 발생하기 이전인 선사시대까지 올라갈 수 있으며, 상당히 오래되었다고 할 수 있다. 신석기시대나 청동기시대 돌의 표면에 새긴 기호나 그림 등도 넓은 의미에서는 석각이라 할 수 있기 때문이다. 그리고 碑 또는 石碑는 자연에서 채석한 原石을 그대로 활용하여 그 표면에 문자나 기호 등을 새기는 경우도 있지만 대부분은 원석을 원하는 형태로 가공한 다음 그 표면에 문자나 기호 등을 새긴 조형물을 의미한다. 따라서 넓은 의미에서 石碑는 石刻의 범주에 속한다고 할 수 있으며, 그 기원도 石刻에 비하여 後代라고 할 수 있다.

그런데 石碑는 文字가 발명된 이후, 記號에 대한 상호 간의 인식과 이해, 돌을 다듬어 글자나 기호 등을 새길 수 있는 技術이 전제되어야 가능하다. 이와 같이 몇 가지 전제조건이 있음에도 불구하고 석비의 원류와 시원에 대해서는 다양한 의견이 제기되어 있는 상태이다. 즉, 석비가 역사시대 이후에 본격적으로 건립되었지만 그 시원과 원류에 대해서는 나라와 지역마다 다양하다고 할 수 있다. 물론 우리나라 초기 석비의 양식은 중국의 영향을 많이 받았지만 석비가 건립될 수 있었던 배경이나 원류는 오래전부터

조소전공 석사논문; 이민식, 1998, 「우리나라 石碑의 樣式 硏究」, 『옛 탁본의 아름다움 그리고 우리 역사』, 예술의 전당; 嚴基杓, 2000, 「新羅 塔碑의 樣式과 造型的 意義」, 『文化史學』 제14호, 韓國文化史學會; 이호관, 2002, 「한국 石碑 양식의 변천」, 『국학연구』 창간호, 한국국학진흥원.

3) 고구려와 백제의 석비 건립 시기 등 여러 가지 상황을 고려할 때 신라도 5세기 대에 석비가 건립되었을 가능성이 높은 것으로 추정된다. 아직 5세기 대에 건립된 신라 석비가 발견되지는 않았지만 앞으로 발견될 것으로 보인다. 신라 초기 석비는 5세기 대부터 상정할 수 있기 때문에 5세기를 포함하여 논문의 제목으로 삼았음을 밝혀둔다.

형성되고 있었다고 할 수 있을 것이다. 이와 관련하여 青銅器時代의 岩刻畵가 역사시대 이후에 건립된 석비의 양식과 직접적인 관련성이 미흡하고, 그 의미와 상징을 분명하게 전달할 수 있는 문자 형태의 매체는 아니었지만 그림이나 기호 등을 통하여 當代의 특정한 내용이나 사실을 전달하려고 했다는 측면에서 석비의 시원이나 원류와 연계되어 있을 것으로 사료된다. 암각화는 채록된 재료에 표현하지는 않았지만 암벽을 그대로 활용하여 특정한 사실이나 내용을 전달하려고 새겼다는 점에서 석비의 건립 의도와 유사한 측면을 가지고 있다. 또한 청동기시대에는 고인돌에 새겨진 성좌를 비롯한 여러 유적과 유물에서 돌의 표면에 무언가를 남기기 위한 활동이 시작되었다. 반면 신석기시대의 문양이나 기호는 기하학적이고 기능적인 측면에 치중되어 특정한 내용이나 사실을 전달하려는 의도보다는 그 자체의 표현에 주력하였다. 또한 신석기시대에는 문양이나 기호의 표현에 미적 감각이 반영되기보다는 단순한 의도에 의하여 새겨진 것으로 추정된다. 이러한 측면은 碑의 본래적 의도와 다소 유리된 점이 있기 때문에 석비의 원류와 연결시키기에는 무리가 있어 보인다. 따라서 청동기시대의 암각화가 석비와 재료도 같고, 石刻의 범주라는 점에서 상통하고 있으며, 무엇보다 석비의 본래적 의도와 상당부분 연계되어 있다는 측면에서 석비의 원류와 관련하여 주목되는 자료라 할 수 있다. 그러나 아직까지 청동기시대의 암각화를 역사시대 건립된 석비의 시원이나 원류라고 할 수 있을 만큼 직접적으로 연결시킬 만한 고리는 부족한 편이다. 다만 다소 시기는 늦지만 중국은 秦漢時代에 들어와 石刻 또는 石碑가 본격적으로 세워지기 시작한 것으로 추정되고 있다. 그래서 현존하는 유물들 중에 전형적인 석비 양식은 아니지만 다양한 형태의 秦漢時代 石碑가 전해지고 있다. 당시 건립된 석비는 대부분 墓碑이지만, 喬功과 顯彰의 성격을 갖는 비도 상당수 건립된 것으로 보아 다양한 성격의 석비가 건립되었음을 알 수 있다. 특히 後漢時代에 들어와 다양한 형태와 성격의 석비가 건립된 것으로 파악되고 있다. 또한 당시 석비 건립 금지령이 있었던 것으로 보아 역설적으로 보면 석비 건립이 그만큼 크게 성행했음을 시사한다. 이러한 관점에서 청동기시대의 암각화는 석비의 시원이나 원류뿐만 아니라 石造로 제작된 다양한 유형의 기록 매체들이나 조형물과 관련하여 주목되는 자료라 할 수 있다.

한국은 삼국시대 들어와 문화가 본격적으로 발전하고, 문자의 사용과 보급이 확대되면서 석비의 건립도 본격화되었다고 할 수 있다. 당시 석비는 기념될 만한 事蹟, 王이나 王室의 업적, 공로가 큰 大臣이나 혁혁한 공을 세운 인물의 事績, 영향력이 높았던 高僧의 행적을 기록하는 등 다양한 성격의 석비가 세워졌을 것으로 보인다. 이러한 것으로 보아 삼국시대에도 상당량의 석비가 건립되었을 것으로 보이지만 현재 유존되고 있는 석비의 수량은 많지 않은 실정이다.

한반도에 건립된 초기 석비의 形態나 刻字 방식과 관련하여 주목되는 석비로 秥蟬縣 神祠碑가 있다.(그림 1) 물론 이 석비는 한국의 고대 국가가 건립한 것은 아니지만 지리적인 측면에서 한반도의 초기 석비와 연계되어 있다고 할 수 있기 때문에 주목된다. 이 석비는 석재를 어느 정도 치석하여 일정한 형태로 만든 다음, 碑面을 정연하게 다듬어, 그 표면에 일정한 간격의 선을 긋고, 그 안에 문자를 새겼다. 그래서 비신에 새겨진 문자가 좌우상하로 정렬되어 있다. 또한 비신을 받치기 위한 대석도 마련되었다. 이러한 것으로 보아 어느 정도 격식을 갖춘 석비임을 알 수 있다. 그리고 비문에서 秥蟬은 낙랑군에 속한

25개 현 중에 하나로 파악되어, 이곳에 살고 있는 백성들의 무사안녕과 오곡의 풍성함을 기원하고, 제사를 올린 내용을 전하기 위하여 별도의 碑身을 마련하여 새긴 것으로 추정되고 있다. 따라서 이 석비는 事蹟碑와 紀念碑의 성격을 동시에 갖는 내용으로 구성되었다고 할 수 있다. 현재 이 석비는 건립 시기를 분명하게 알 수 있는 명문이 남아있지 않지만 여러 정황으로 보아 기원후 1세기경에 건립된 것으로 추정되고 있다. 이러한 것으로 보아 한반도에서도 1세기경을 전후한 시기에 석비에 대한 인식이 있었으며, 석재를 격식에 맞추어 치석하여 다듬고, 그 표면에 문자를 새기는 전통이 형성되어 있었을 것으로 추정된다. 특히 고구려 초기 중국의 영향을 받아 碑에 대한 인식과 석비를 세우는 문화가 있었을 가능성이 높은 것으로 추정된다.

그리고 毌丘儉紀功碑는 현재 중국 요령성 박물관에 소장 전시되어 있는데, 이 석비는 1904년 파손된 상태로 板岔岭 서북쪽에 있는 산에서 발견되었다고 한다.(그림 2~3) 현재 비신이 많이 파손되어 글자는 7행 48자만 남아있다. 비문의 내용은 고구려 동천왕이 正始 5年(244年) 요동 西安平을 공격하자 幽州刺史였던 毌丘儉이 대규모 병력을 이끌고 고구려를 공격하였으며, 고구려왕이 이끄는 군사들과 관구검의 군사들은 처음으로 梁口에서 싸움을 벌였는데, 고구려왕이 패하고 만다. 당시 고구려가 패배한 곳은 丸都山城으로 추정되고 있다. 이에 관구검이 대규모 병력을 이끌고 赤見峴에[4] 이르러 고구려를 공격하여 패배시킨 사실을 245년 돌을 깎아 紀功碑를 세웠다고 한다.[5] 이 기록은 『三國志』의 내용과도 상통하고 있다. 이러한 것으로 보아 고구려 초기에 역사적으로 기념될 만한 특정한 사실을 治石된 碑身 표면에 새기고,

그림 1. 秥蟬縣 神祠碑[6]

그림 2. 毌丘儉紀功碑(245年, 中國 遼寧省博物館 所藏)

그림 3. 毌丘儉紀功碑 탁본[7]

4) 오늘날 中國 集安市 麻綫鄕 板岔岭 一帶로 추정되고 있다.
5) 施雄·孫硏捷, 2008, 『高句麗王城王陵及貴族墓葬』, 上海出版印刷有限公司, p.21.
6) 朝鮮總督府 編, 1915, 『朝鮮古蹟圖譜 1』(圖版番號 129).
7) 遼寧省博物館, 2010, 『遼寧省博物館 圖錄』, 北京 長正出版社, p.88.

그것을 특정한 장소에 건립하는 전통이 형성되어 있었음을 알 수 있다. 고구려는 늦어도 3세기 중반경에는 석비의 건립과 비문의 내용 구성, 건립 의의 등에 일련의 인식과 전통이 있었을 것으로 추정된다. 이러한 전통과 문화가 밑바탕이 되어 있었기 때문에 고구려가 삼국 중에서는 비교적 빠른 시기에 정형화된 형태의 석비가 건립될 수 있었을 것이다.

고구려는 고분 앞에 석비와 유사한 형태로 治石된 石刻을 세우거나, 별도로 마련된 돌의 표면에 人物像을 새기기도 했다.(그림 4~6) 그리고 성벽에 刻字하거나 고분벽화의 벽면에 墨書를 남기기도 했다. 또한 벽돌에도 특별한 내용이나 사실을 알리기 위하여 문자를 새겼다. 이와 같이 고구려는 오래전부터 특정한 조형물에 기록을 남기는 전통이 있었음을 알 수 있다. 高句麗의 石碑史와 관련하여 주목되는 자료는 廣開土大王陵碑, 集安 高句麗碑, 忠州 高句麗碑 등이 있다.[8]

먼저 廣開土大王陵碑는 규모가 상당히 큰 대형의 한 돌로 제작되었으며, 전체적인 형태는 선돌형식으로 평면 사각의 石柱形으로 치석되었다.(그림 7) 이 석비는 碑身의 형태를 정연하게 치석하거나 碑身面을 고르게 다듬지는 않았지만 어느 정도는 치석하여 현재와 같은 형태로 제작하였으며, 다소 거친 碑身面에 큰 글자로 명문을 음각하였다. 碑文의 전체적인 내용은 고구려의 건국 신화와 국왕들의 계보, 광개토대왕의 행장과 정복 활동, 왕릉을 관리하는 守墓人에 대한 내용 등이 주류를 이루고 있다. 광개토대왕릉비는 고구려 왕실과 관련된 특정한 사실을 기록하여 전하고, 국왕의 행적을 선양하며, 석비가 파손되지 않고 영원히 후손들에게 전해지기를 바라는 내용 등으로 구성되었다. 따라서 高句麗의 史蹟과 紀念의 성격을 동시에 갖는 石碑로 414년 완공된 것으로 추정되고 있다. 당시 비문의 구성에서 碑銘이나 篆, 撰者와 書者 등에 대한 기록이나 체제는 아직 갖추지 않았음을 알 수 있다. 다만 각 문자를 같은 크기로 써서 행과 열을 맞추어 정연하게 刻字했다. 이러한 사실은 광개토대왕릉비를 세울 당시까지만 해도 비문을 구성하는 정연한 방식이 적용되지는 않았지만 왕실이나 정부 차원의 관심과 후원이 있었으며, 當代의 석비 제작 전통과 의례에 따라 건립되었음을 짐작할 수 있게 한다. 광개토대왕릉비도 처음부터 체계적인 설계와 시공이 이루어졌을 것으로 보이며, 많은 장인들이 동원되어 분업화된 공정에 의하여 작업이 이루어졌을 것이다.

그리고 集安 高句麗碑는 최근에 발견된 작은 규모의 석비로 전체적인 형태는 정면과 후면의 좌우너비가 넓고, 양 측면은 좁은 판석형에 가까운 형태로 치석되었다.(그림 8) 특히 이 석비는 비신 하부에 돌출된 비신 홈대가 마련되어 있는 것으로 보아 원래는 홈대를 비좌의 비신홈에 삽입하여 고정했음을 알 수 있다. 비신은 상부로 올라가면서 조금씩 좁아지는 형태를 이루고 있는데, 상부가 파손되어 최초에는 어떤 형태로 치석되었는지 정확하게 알 수는 없다. 다만 비신이 상부로 올라가면서 좁아지는 형태를 이루고 있는 것으로 보아 圭形으로 다듬었을 가능성도 있다. 그리고 비문의 주요 내용은 守墓와 관련된 것으로 알려져 있어 守墓碑 성격의 紀念碑로 추정되고 있다.[9] 이 석비는 처음부터 정교하게 설계 시공되었으

8) 趙東元, 1995, 「高句麗 金石文의 所在와 研究現況」, 『卓村申延澈敎授停年退任紀念 私學論叢』.
9) 강진원, 2013, 「신발견 「집안고구려비」의 판독과 연구현황」, 『목간과 문자』 11, 한국목간학회; 여호규, 2013, 「신발견 「集安高

그림 4. 禹山1080號 古墳 앞 石刻[10]

그림 5. 山城下 1411號 古墳과 石刻

그림 6. 禹山3319號 古墳 앞 人物 石刻

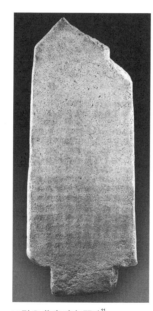

그림 7. 廣開土大王陵碑

그림 8. 集安 高句麗碑[11]

그림 9. 忠州 高句麗碑

며, 현존하는 고구려 석비 중에서는 가장 발전된 형태와 치석 수법을 보이고 있어 주목된다.

句麗碑」의 구성과 내용 고찰」, 『韓國古代史研究』 70; 공석구, 2013, 「집안고구려비의 발견과 내용에 대한 검토」, 『高句麗渤海研究』 45; 정구복, 2014, 「'집안 고구려비'의 진위론」, 『韓國古代史探究』 18, 韓國古代史探究學會.

10) 國家文物局 編, 1993, 『中國文物地圖集』 -吉林分冊-, 中國地圖出版社, p.133.

11) 集安市博物館 編著, 2013, 『集安高句麗碑』, 吉林大學出版社.

忠州 高句麗碑는 광개토대왕릉비에 비하여 규모는 작지만 石柱形으로 전체적인 碑身의 형태와 碑文의 刻字 방식 등이 강한 친연성을 보이고 있다.(그림 9) 그런데 충주 고구려비는 광개토대왕릉비에 비하여 각 면을 고르게 다듬어 구획했으며, 각 면이 만나는 합각부도 몰딩이 되었지만 거의 직각으로 처리하여 정연한 인상을 주도록 치석되었다. 또한 비신의 하부를 일정한 높이까지는 비문을 각자하지 않았는데, 이것은 비신 하부를 다른 조형물에 결구하여 견고하게 고정하기 위한 시공임을 알 수 있다. 이러한 점은 사소한 측면이지만 석비 양식의 발전사적인 측면에서 충주 고구려비가 광개토대왕릉비보다는 후대에 건립되었음을 시사한다. 그리고 碑文의 주요 내용은 고구려의 영역 확장 과정을 기록하였으며, 장수왕대 (413~491년)에 건립된 것으로 추정되고 있다. 이러한 것으로 보아 이 석비도 史蹟와 紀念의 성격을 동시에 갖고 있었다고 할 수 있다.

百濟도 우리나라 초기의 碑의 형태나 양식을 알려주는 石碑들이 전해지고 있다.[12] 그리고 석비 형태는 아니지만 公主 武寧王陵에서 출토된 벽돌이나 王과 王妃의 誌石, 부여 능사지에서 출토된 石造舍利龕, 익산 미륵사지와 부여 왕흥사지에서 출토된 舍利記, 토기와 기와 등에 새겨진 명문, 木簡 등 다양한 방식으로 어떤 사실을 후세에 전하기 위하여 기록으로 남긴 경우도 있다. 현존하는 백제의 대표적인 석비로는 砂宅智積碑를[13] 들 수 있다.[14](그림 10) 이 석비는 파손된 채로 발견되어 전체적인 형태는 알 수 없지만 碑身面을 상당히 정교하게 다듬어 碑文을 刻字했다. 그리고 전체적인 형태와 치석 수법으로 보아 壁碑 내지는 다른 조형물에 부착된 석비 형태일 가능성도 있는 것으로 보인다. 비문은 일정한 간격의 陰刻線을 가로와 세로로 그어 사각형으로 구획한 다음 그 안에 한 자씩 글자를 새겼다. 이러한 것으로 보아 석비 건립 후원자가 상당한 신분으로 높은 관심과 후원이 있었으며, 우수한 石工에 의하여 설계되고 제작되었음을 짐작케 한다. 또한 비신의 오른쪽 상단부에 圓形紋을 마련하여 그 안에 鳳凰을 새기고, 붉은 칠을 한 흔적이 일부 남아있다.(그림 11) 이와 같이 특정한 재료의 표면에 글자나 문양을 새긴 후 赤色을 칠하는 전통은 三國時代부터 나타나기 시작했는데,[15] 이는 글자나 문양을 선명하게 보이도록 하는 효과도 있지만 吉祥과 辟邪의 의미를 담은 것으로 추정되고 있다. 이는 石碑가 어떤 사실을 새기기 위한 단순한 조형물을 넘어 상징적인 의미가 부여되기도 했음을 시사해 주고 있다. 현재 砂宅智積碑는 파손으로 인하여 전체적인 형태는 알 수 없지만 碑身面의 정연한 치석 수법과 측면에 鳳凰紋을 새긴 것 등으로 보아 통일신라시대 장엄적이고 전형적인 양식의 석비로 발전해가는 과정의 선구적인 모습을 보여주고 있

---

12) 최영성, 2008, 「사비시대의 백제 금석문」, 『백제실록 의자왕』, 부여군청·부여군문화재보존센터.

13) 1948년 林泉 선생님과 黃壽永 선생님은 부여 정림사지오층석탑 주변 미화 공사 감독을 맡아 10여 일간 부여에 체류하였다. 이때 당시 부여박물관장이던 洪思俊 선생님과 함께 부여 일대 고적 조사를 진행하였는데, 일제강점기 부소산 기슭에 신궁을 짓기 위한 석재를 쌓아 놓았는데, 어느 날 이 돌더미 속에서 다듬어진 돌의 바닥을 더듬어 글자가 있는 것을 확인하고 박물관으로 옮겨 조사하게 되어 砂宅智積碑임을 알게 되었다고 한다(洪思俊, 1953, 「百濟 砂宅智積碑에 對하여」, 『歷史學報』6, 歷史學會).

14) 조경철, 2011, 「백제 사택지적비의 연구사와 사상경향」, 『백제문화』 45, 공주대학교 백제문화연구소.

15) 김은경, 2012, 「三國時代 古墳出土 朱와 그 意味」, 『嶺南考古學』 61, 영남고고학회, p.60.

다고 할 수 있다.

그리고 石碑는 아니지만 석비 형식을 차용한 定林寺址五層石塔과 百濟 石槽에도 명문이 새겨져 있다.(그림 14) 定林寺址五層石塔은 1층 탑신석 남쪽 면의 향 우측 隅柱에 비명을 새긴 후 1층 탑신석 4면에 걸쳐 碑文을 새겼다. 비문의 내용은 당나라의 백제 정벌을 정당화하고, 당나라 황제와 蘇定方을 비롯한 장수들을 칭송하고, 백제의 포로와 백제 땅에 대한 편제, 碑銘을 지은 이유와 백제 함락에 대한 찬양 등으로 구성되어 있다. 또한 楣石 표면에도 백제 정벌에 참여한 당나라 장수들의 명단이 직책과 함께 새겨져 있다. 이 명문은 당나라가 신라와 연합하여 사비도성을 함락시키고, 백제를 멸망시킨 사실을 후세에 전하기 위한 기념적인 성격으로 새겨졌음을 알 수 있다.[16] 다만 定林寺址五層石塔의 銘文은 새로운 재료를 구하지 않고 기존의 석탑 표면을 그대로 활용했다는 점에서 눈길을 끄는데, 이는 자신들의 군사적 치적을 찬양하고 백제를 경멸하는 의미 등이 반영된 것으로 보인다. 한편 명문은 가로와 세로로 열과 행을 잘 맞추어 정연하게 음각하여 상당히 우수한 장인에 의하여 刻字되었음을 알 수 있다. 그리고 이 명문이 어느 나라 石工에 의하여 刻字되었는지는 알 수 없지만 砂宅智積碑와 함께 백제의 刻字 기술이 상당한 수준에 있었던 것만은 분명하게 전해준다. 또한 국립부여박물관에 소장된 百濟 石槽의 몸체 표면에도 석비 형식을 차용한 방식으로 명문이 새겨져 있다.

부여 동남리에서 출토된 標石도 일정한 형태로 다듬어 그 표면에 '上部前部'를 새겼다.(그림 12) 이 표석은 일종의 石刻이라고도 할 수 있는데, 이처럼 백제의 경우 석비 형식을 차용한 다양한 방식으로 돌의 표면에 글자를 새겨졌음을 알 수 있다. 또한 부여 사비도성의 북쪽 나성의 성돌 중에는 성벽 부재로 재활용된 파손된 백제 석비도 발견되었다.(그림 13) 이 석비는 원석을 일정한 형태로 치석하고, 비문이 새겨질 표면을 정연하게 다듬은 다음 명문을 새겼다. 이러한 석비 형태와 각자 방식은 상당히 발전된 측면이라 할 수 있다. 이와 같이 백제는 현재까지 발견된 석비의 사례에 따르면 자연에서 채석한 원석을 일정한 형태로 가공한 다음 우수한 석공에 의하여 명문이 각자되었음을 알 수 있다.

그리고 순수하게 백제에 의하여 건립된 것은 아니지만 우리나라 석비 역사와 관련하여 주목되는 자료로 옛 백제 땅에 세워진 扶餘 唐 劉仁願紀功碑가 있다.(그림 15) 이 석비는 백제 멸망 직후인 663년 당나라 장수 劉仁願의 공적을 기리기 위하여 건립된 것으로 추정되고 있다. 그런데 석비의 양식이 전형적인 당나라 양식을 채용하고 있어, 당시 백제에 와있던 당나라 장인들에 의하여 설계 시공되었을 것으로 보인다. 이 석비는 파손과 마모가 심한 상태지만 중국의 일반적인 석비 양식으로 보아 원래는 龜趺를 받침대로 하여 碑身과 螭首를 하나의 돌로 제작하여 결구했을 것으로 보인다. 螭首部 좌우 측면에는 각각 3마리의 용이 龍頭를 아래로 향하고 있으며, 龍身이 螭首部를 감싸면서 발로 원형의 如意寶珠를 받치고 있는 형상을 취하고 있다. 이러한 이수부 표현 기법은 중국 고대 석비의 대표적인 양식으로 우리나라에도 통일신라 초기에 전래된 양식이었다. 통일신라시대부터 龜趺-碑身-螭首의 3개체가 하나의 구조물을

---

16) 李道學, 1997, 「定林寺址 五層石塔 碑銘과 그 작성 배경」, 『先史와 古代』 8, 한국고대학회; 拜根興, 2008, 「大唐平百濟國碑銘 문제에 대한 고찰」, 『忠北史學』 20, 충북사학회; 김영관, 2013, 「大唐平百濟國碑銘에 대한 고찰」, 『역사와 담론』 66, 호서사학회.

그림 11. 百濟 砂宅智積碑 側面 鳳凰紋

그림 10. 百濟 砂宅智積碑

그림 12. 百濟 上部前部銘 石刻

그림 13. 扶餘 羅城 出土 石碑片

그림 14. 扶餘 定林寺址 五層石塔 1層 塔身

그림 15. 扶餘 唐 劉仁願紀功碑

이룬 전형적인 석비 양식이 본격적으로 건립되기 시작하는데, 扶餘 唐 劉仁願紀功碑는 慶州 太宗武烈王
陵碑와 함께 이러한 석비의 시원적인 양식이라는 점에서 주목된다.

III. 新羅 5~6世紀 石碑의 건립과 전개

三國 중 新羅는 高句麗와 百濟에 비하여 더 많은 양의 석비가 전해지고 있다. 이는 新羅에서 더 많은 石碑가 건립되었다기보다는 현존하는 수량이 더 많은 것으로 이해되어야 할 것이다. 왜냐하면 高句麗와 百濟가 新羅보다 먼저 석비를 건립하는 문화가 형성되어 있었고, 비슷한 시기의 석비 양식을 보아도 더 발전된 양상을 보이고 있기 때문이다. 또한 선진문물이 먼저 전래되었으며, 불교의 공인이 빠른 점도 작용하였을 것으로 보이기 때문이다.

현존하는 신라의 석비는 501년경 건립된 것으로 추정되는 浦項 中城里 新羅碑를 시작으로 대부분 6세기 대 이후에 건립된 것이다.(표 1) 그런데 이미 冊丘儉紀功碑, 廣開土大王陵碑, 集安 高句麗碑, 忠州 高句麗碑 등을 비롯하여 다양한 金石文이 조성된 점을 고려할 때 신라에서도 5세기 대에 석비가 건립되었을 가능성이 있다. 그러나 아직까지 5세기 대에 건립된 신라의 석비는 확인되지 않고 있다.

표 1. 古新羅의 石碑 現況表

碑 名	지정번호	발견 장소/현위치	時期	立碑 時期	규모 (cm)	비고
浦項 中城里 新羅碑	국보318호	경북 포항시 북구 흥해읍 중성리	501년경	501년경	105×48	2009년 5월 발견
浦項 冷水里 新羅碑	국보264호	경북 포항시 북구 신광면 냉수리	503년경	503년경	70×60	1989년 3월 발견
蔚珍 鳳坪里 新羅碑	국보242호	경북 울진군 죽변면 봉평리	524년경	524년경	204×55	1988년 4월 발견
永川 菁堤碑	보물517호	경북 영천시 도남동	536년/798년	536년	130×94	1968년
丹陽 新羅 赤城碑	국보198호	충북 단양군 단성면 하방리	545~550년	545~550년	107×93	1978년 1월
慶州 明活山城 作城碑		경북 경주시 보문동/국립경주박물관	551년	551년	67×31	1988년 8월
慶州 雁鴨池 出土 明活山城碑		경북 경주시 인왕동/국립중앙박물관	551년	551년	30×20	1975년~1976년
壬申誓記石	보물 1411호	경북 경주시 현곡면 금장리/국립경주박물관	552년/612년	552년/612년	30×12	552년 유력
昌寧 新羅 眞興王 拓境碑	국보33호	창녕 목마산성/경남 창녕군 창녕읍 교상리	561년	561년	174×162	1914년
黃草嶺 眞興王 巡狩碑		북한 소재	568년	568년	93×45	1852년
磨雲嶺 眞興王 巡狩碑		북한 소재	568년	568년	165×65	1929년
北漢山 新羅 眞興王 巡狩碑	국보3호	서울 용산구	561~568년	561~568년	154×69	1816년
大邱 戊戌銘 塢作碑	보물516호	대구시 대안동/경북대학교 박물관	578년	578년	103×66	1946년
慶州 南山 新城碑		경주 남산/국립경주박물관	591년	591년	1碑:91×44	1934년~1994년

먼저 浦項 中城里 新羅碑는 경상북도 포항시 중성리에서 2009년 5월 발견된 석비로 신라의 관직명, 지명, 이름 등이 기록되어 있어 신라사 연구에 중요한 석비로 여겨지고 있으며, 건립 시기는 501년경으로 추정되고 있다.[17](그림 16~17) 이 石碑는 자연석 상태의 화강암을 정연하게 치석하지는 않고, 비문이 새겨지는 면만 적당하게 다듬어 그 면에 글자를 음각하였다. 이러한 것으로 보아 아직은 정형화된 석비 형태에 대한 인식이 높지 않았음을 알 수 있으며, 초기적인 석비의 구성 수법을 보이고 있다는 점에서 주목된다. 그리고 浦項 冷水里 新羅碑는 1989년 주민이 밭에서 발견 신고하면서 알려졌으며, 정확한 원위치는 알 수 없는 상태이다.[18](그림 18~19) 이 석비는 자연석에 가까운 화강암의 앞면과 뒷면을 다듬기는 했지만 표면이 거칠며, 거친 표면에 그대로 글자를 음각하였다. 명문은 비의 앞면과 뒷면, 윗면에도 새겨 3면에 걸쳐 음각했다. 비문의 주요 내용은 珍而麻村에 사는 節居利와 末鄒, 斯申支 등이 재물을 둘러싸고 다툼이 일자 至都盧葛文王(智證王)을 비롯한 7명의 王들이 前世 2王의 교시를 증거로 하여 珍而麻村의 재물을 節居利의 소유로 결정했다는 것이다. 그런데 이 석비는 명문이 새겨지는 碑面이 거칠게 다듬어졌으며, 상부는 다듬지 않고 깨진 원석 상태 그대로 碑文을 새겨 자연스러운 인상을 주고는 있지만 여전히 석비의 형태에 대한 인식은 낮았음을 시사받을 수 있다. 이 석비의 건립 시기는 443년 또는 503년으로 추정되고 있는데, 비문의 내용과 역사적 배경 등으로 보아 503년이 유력한 것으로 강력하게 추정되고 있다.[19] 이 石碑의 치석과 비문을 새긴 수법 등으로 보아 당시 원석을 채석하여 전형적인 석비 양식으로 다듬어 비문을 새기는 것이 아니라 특정한 사실이나 내용을 새겨 후세에 전하고자 하는 측면에 치중했음을 알 수 있다. 이러한 것으로 보아 浦項 冷水里 新羅碑의 형태와 刻字 방식은 초기 석비의 모습을 보이고 있으며, 당시까지만 해도 의례적이고 규격화된 석비 형태가 정착되지 않았음을 보여준다.

蔚珍 鳳坪里 新羅碑는[20] 자연석에 가까운 原石의 앞면을 고르게 다듬은 다음 그 표면에만 명문을 가득 새겼는데, 오랫동안 땅속에 매몰되어 있었던 관계로 파손이나 마멸이 거의 없이 원형을 잘 유지하고 있다.(그림 20) 碑文의 주요 내용은 牟卽智寐錦王(法興王)을 비롯한 14명의 6부 귀족들이 회의를 열어 죄를 지은 居伐牟羅 男彌只村 주민들을 처벌하고, 그 형벌로 지방의 몇몇 지배자들을 곤장 60대와 100대씩 때릴 것을 판결한 것이다. 이러한 내용으로 보아 법흥왕 때 율령이 반포 시행되고 있었음을 알려준다. 이 석비는 신라가 520년 율령을 반포했던 상황과 비문의 전체적인 내용 등으로 보아 524년경에 세워진 것으로 추정되고 있다.[21] 蔚珍 鳳坪里 新羅碑는 글자가 새겨질 면을 고르게 다듬은 다음, 그 면에 글자를 새겨 넣어, 점차 석비를 마련하는 수법이 발전되어가고 가고 있음을 알 수 있다. 그러나 석비 하부와 뒷면

---

17) 국립경주문화재연구소, 2009, 『浦項 中城里 新羅碑』, 포항 중성리 신라비 발견기념 학술심포지움; 주보돈, 2012, 「포항중성리신라비의 구조와 내용」, 『한국고대사연구』 65, 한국고대사연구회.
18) 현재 이 石碑는 경상북도 포항시 북구 신광면 토성리에 소재하고 있는 신광면사무소내에 있다.
19) 이문기, 2007, 「영일냉수리비와 울진봉평비」, 『한국고대사 연구의 새동향』.
20) 1988년 봄에 경상북도 울진군 죽변면 봉평리에서 객토 작업을 하던 중에 발견되었으며, 현재는 울진봉평신라비 전시관에 소장 전시되어 있다.
21) 최광식, 1989, 「울진봉평신라비의 석문과 내용」, 『한국고대사연구』 2, 한국고대사연구회.

의 치석 수법 등으로 보아 여전히 정형화된 석비 형태에 대한 인식은 낮았던 것으로 보인다.

그리고 비문을 새기기 위하여 별도로 마련한 석비는 아니지만 특정한 사실이나 내용을 전하기 위하여 바위 면을 활용하여 銘文을 새긴 경우도 있다. 대표적으로 蔚州 川前里 刻石은[22] 넓은 바위 면에 청동기시대의 각종 도형과 문양들이 가득 새겨져 있으며, 신라시대에 시기를 달리하여 3번 이상 바위 면에 명문을 새긴 것으로 확인되었다. 명문에는 신라시대 葛文王의 성격과 위상, 신라의 관등명 등을 보여주고 있어 역사 연구에 중요한 자료로 평가되고 있다. 현재 각종 도형과 문양들은 청동기시대이지만, 그 이후에 새롭게 추가된 명문에 대해서는 연구자마다 차이가 있기는 하지만 대략적으로 513년경(지증왕 14년), 525년경(법흥왕 12년), 539년경(법흥왕 26년)에 새겨진 것으로 추정되고 있다. 蔚州 川前里 刻石이 별도로 석비를 마련하여 새긴 것은 아니지만, 바위 면의 일정한 공간을 고르게 다듬은 다음 그 표면에 글자를 새김으로써 磨崖碑 또는 壁碑의 시원적인 형태라는 점에서 주목되는 자료이다. 한편 中國은 상당히 오래 전부터 碑座 또는 龜趺 위에 碑身을 올린 전형 양식의 석비도 건립되었지만 磨崖碑와 壁碑 등 다양한 방식이 특정한 사실이나 내용을 후세에 전하기 위하여 활용되었다. 蔚州 川前里 刻石이 중국의 영향으로 조성된 것은 아닌 것으로 보이며, 磨崖佛처럼 대형 바위에 대한 외경심과 아울러 바위신앙이 상당부분 작용하여 바위 면에 명문을 남긴 것으로 보인다. 이와 같이 특정한 바위 면을 고르게 다듬어 그 표면에 명문을 새기는 것은 통일신라와 고려시대까지도 꾸준하게 계승되었으며, 조선시대에 들어와 크게 성행하는 양상을 보였다.

永川 菁堤碑는 1968년 신라삼산학술조사단에 의하여 발견되었는데, 앞면에는 법흥왕 23년인 536년 청못으로 불린 저수지를 축조한 것을 기념한 내용을 새겼다.[23](그림 21~22) 그리고 후면에는 원성왕 14년인 798년에 저수지를 중수한 내용을 기록하였다. 이와 같이 하나의 석비에 추가한 경우는 있지만 시기를 달리하는 다른 내용을 새긴 경우는 많지 않은데, 永川 菁堤碑는 시간이 흘러 재활용된 석비라는 점이 주목된다. 비문은 석비를 세운 시기와 내용, 공사에 동원된 인원수 등이 기록되어 있으며, 당시 벼농사와 수리시설과 관련된 신라 사회의 모습을 알 수 있는 귀중한 자료가 되고 있다.[24] 이 석비는 화강암으로 전체적인 형태는 자연석에 가까운 판석형이며, 자연에서 채석한 原石을 특별히 가공하지 않고 자연석 상태를 그대로 활용하여 초기 석비의 형태를 보여주고 있다.

丹陽 新羅 赤城碑는[25] 발견 이후 석비 주변 발굴 조사 시 추가적으로 깨진 碑片 등이 발견되었으며, 그

---

22) 현재 울산광역시 울주군 두동면 천전리의 태화강 줄기인 대곡천 가에 위치하고 있으며, 1970년 12월경 동국대학교 불적조사단에 의하여 발견 조사되었다. 이곳은 경관이 좋아 선사시대에도 사람들이 암각화를 새겼는데, 이후 신라 화랑들의 훈련과 수양 장소로도 활용되었으며, 조선시대에도 명승지로 알려진 곳이었다.

23) 永川 菁堤碑 서쪽으로는 조선 숙종 14년(1688년)에 세워진 청제중립비가 있다. 이 석비의 주용 내용은 1653년 비가 두 동강이 나 있는 것을 최일봉씨 등 세 사람이 다시 맞추어 세웠다는 것이다.

24) 李基白, 1970, 「永川 菁堤碑의 丙辰銘」, 『考古美術』 제106·107호, 한국미술사학회.

25) 충북 단양군 단성면 하방리 성재산 적성산성 안에 건립된 신라시대 석비로 1978년 1월 6일 단국대학교 학술조사단에 의하여 땅속에 묻힌 채로 처음 발견되었다.

그림 16. 浦項 中城里 新羅碑(501년, 앞면)

그림 17. 浦項 中城里 新羅碑(501년, 측면)

그림 18. 浦項 冷水里 新羅碑(503년, 앞면)

그림 19. 浦項 冷水里 新羅碑(503년, 뒷면)

그림 20. 蔚珍 鳳坪 新羅碑(524년, 문화재청)

그림 21. 永川 菁堤碑(536년, 앞면)

그림 22. 永川 菁堤碑(536년, 측면)

그림 23. 丹陽 新羅 赤城碑(545~550년)

그림 24. 慶州 明活山城 作城碑(551년, 앞면, 국립경주박물관)

그림 25. 慶州 明活山城 作城碑(551년, 측면, 국립경주박물관)

그림 26. 慶州 雁鴨池 出土 明活山城碑(551年, 국립중앙박물관)

그림 27. 壬申誓記石(552년, 국립경주박물관)

외에도 토기, 기와, 토제 남자 성기 등 당대의 생활상을 보여주는 유물들이 상당량 수습되었다.(그림 23) 비문은 신라가 竹嶺을 넘어 단양 일대의 고구려 영토를 차지하여 국경을 넓혔으며, 이곳의 백성들을 宣撫하였고, 당시 신라의 영토 확장을 돕고 충성을 바친 赤城人 也爾次의 공훈을 표창함과 동시에 충성을 다하는 사람에게도 똑같은 포상을 내리겠다는 국가정책의 포고 내용이 담겨 있다. 이 석비의 발견으로 신라의 형벌 및 행정 법규인 율령제도에 대한 새로운 사실을 알게 되었으며, 신라의 拓境碑라는 점에서 역사적으로 중요한 가치를 지닌다. 비신의 글자는 각 행마다 가로줄과 세로줄을 잘 맞추어 새겼으며, 글자체는 隸書에서 楷書로 옮겨가는 과정의 필체를 보여주고 있어 書藝史 연구에도 귀중한 자료가 되고 있다. 현재 석비의 건립 시기는 비문의 내용으로 보아 新羅 眞興王 6~11年(545~550年)경으로 추정되고 있다. 이 석비는 자연에서 양질의 原石을 採石하여, 원하는 형태로 가공한 다음, 글자가 새겨질 표면을 고르게 다듬은 다음 글자를 새겼다. 동시에 석비 주변에서 건물지가 발견되어 비각이나 이를 보호하기 위한 시설물이 확인되었다. 이러한 것으로 보아 국가적인 차원에서 상당한 관심과 후원으로 우수한 匠人들이 동원되어 석비 건립 공사가 시행되었던 것으로 추측된다.

慶州 明活山城 作城碑가[26] 발견된 明活山城은 신라 왕경이 있었던 경주의 동쪽에 위치하고 있으며, 『三國史記』에 의하면 405년 이전에 축성된 것으로 전한다.(그림 24~25) 이 석비는 비면에 9행 148자가 새겨져 있는데, 明活山城과 관련된 내용을 자세하게 기록하였다. 비문은 명활산성을 쌓고 축조에 관여한 지방관, 역부를 동원한 지방의 촌주, 공사 실무자와 내용, 비의 위치, 공사 기간, 비문을 작성한 사람 등이 수록되었다. 그리고 烏大谷 사람들이 동원되어 14보 3자의 성벽을 쌓는데 35일이 걸렸다는 내용도 있다. 이와 같이 비문은 신라시대 신분제와 관등제, 노동력 동원 등과 관련된 사실을 전해주고 있으며, 비문 첫머리에 干支가 있어 551년 11월경에 새겨진 것으로 추정되고 있다. 이 석비는 명문을 새기기 위하여 자연에서 原石을 채석한 다음, 原石을 碑身의 형태에 맞도록 각 면을 정연하게 치석을 했다는 점에서 주목된다. 그리고 慶州 雁鴨池에서도 明活山城 碑片이 출토되었는데,[27] 碑片이지만 글자가 새겨지는 면을 고르게 다듬은 다음 세로 열을 맞추어 정연하게 글자를 새겼음을 알 수 있다.(그림 26) 이와 같이 丹陽 新羅 赤城碑와 慶州 明活山城 作城碑의 석비 형태와 치석 수법 등으로 보아 신라는 6세기 중반경을 지나면서 석비를 세울 때 자연에서 採石한 原石을 치석하거나 碑文이 새겨질 면을 고르게 다듬었음을 알 수 있다.

昌寧 新羅 眞興王 拓境碑는[28] 신라 진흥왕이 창녕 지역을 신라의 영토로 편입시키고, 민심을 살피기 위하여 이곳을 순행하면서 그 기념으로 561년경 세운 것이다.[29](그림 28) 비문에 다양한 관등명과 지방관들이 등장하고 있어 신라사 연구에 중요한 자료로 평가받고 있다. 이 석비는 자연석을 채석하여 글자를 새길 면을 거칠기는 하지만 비교적 고르게 다듬은 다음, 그 표면에 줄을 잘 맞추어 글자를 새겼다. 그리고 석비의 전체적인 형태도 자연석 상태를 최대한 유지하면서 글자가 새겨지는 면은 비교적 고르게 치석하였다. 또한 석비의 외곽은 각진 규격화된 형태로 치석하지 않고 자연적인 상태가 최대한 유지되도록

---

26) 이 석비는 경북 경주시 보문동 명활산성 성벽 부근에서 한 농부가 1988년 8월 발견하였으며, 현재는 국립경주박물관에 소장 전시되고 있다.

27) 이 碑片은 1975년 3월~1976년 3월에 걸쳐 경주 안압지 발굴 조사가 실시될 때 석축에서 발견되었다. 비편은 안압지를 조성할 때 석축의 호안석으로 활용되었으며, 字徑은 2~3㎝이며, 銘文은 해서체로 4行 26字가 새겨져 있다.

28) 이 석비는 1914년경 일본인이 발견 신고하여 알려지게 되었으며, 원래는 창녕 목마산성 기슭에 있던 것을 1924년 창녕읍 교상리에 있는 만옥정공원이 조성된 현재의 위치로 옮겨 세웠다.

29) 노용필, 1990, 「창녕 진흥왕순수비 건립의 정치적 배경과 그 목적」, 『한국사연구』 70, 한국사연구회.

그림 28. 昌寧 新羅 眞興王 拓境碑(561년)

그림 29. 黃草嶺 眞興王 巡狩碑(568년)

그림 30. 磨雲嶺 眞興王 巡狩碑(568년)

그림 31. 北漢山 新羅 眞興王 巡狩碑(561~568년)

그림 32. 北漢山 新羅 眞興王 巡狩碑
碑身(국립중앙박물관)

했다. 이와 같이 이 석비는 原石의 형태를 최대한 살리면서 글자가 새겨지는 면은 고르게 다듬어 자연스러운 미를 추구한 장인의 장식적인 기교가 엿보이는 석비라 할 수 있다.

그리고 黃草嶺 眞興王 巡狩碑는[30] 眞興王이 이 지역을 신라에 편입시키고 그것을 기념하기 위하여 568년경 세운 것으로 당시 수행한 신료들의 관등과 이름 등이 기록되어 있어 신라사 연구에 기초 자료가 되

---

30) 이 석비는 북한 함경남도 함주군 하기천면 진흥리에서 발견되었으며, 1852년 당시 함경도 관찰사 尹定鉉이 비를 보호하기 위하여 황초령 정상의 원위치에서 고개 남쪽인 中嶺鎭으로 옮겨 碑閣을 세웠다고 한다. 현재는 북한 함흥역사박물관에 소장되어 있다고 한다.

고 있다.(그림 29) 磨雲嶺 眞興王 巡狩碑는[31] 眞興王이 568년경 이곳을 순행했는데, 당시 영토 확장과 선정을 칭송하고 변경 지역의 백성들을 교화한 내용 등이 비신에 새겨져 있다.(그림 30) 어쨌든 두 석비의 존재로 신라 진흥왕대의 영토가 북쪽 넓은 지역까지 편입되었음을 알 수 있다. 두 석비는 같은 시기에 건립되었는데, 비신 일부가 파손되기는 했지만 글자를 새기기 위한 碑身을 사각 형태로 다듬었으며, 글자가 새겨질 碑面을 넓고 정연하게 다듬었다. 이와 같이 두 석비는 자연석 상태가 아니라 原石을 石工이 원하는 형태로 다듬었으며, 글자가 새겨질 碑面도 깔끔하게 처리하였다. 또한 명문도 가로와 세로를 잘 맞추어 정연하게 글자를 새겨 전체적으로 이전보다 발전된 석비의 형태와 양상을 보여주고 있다.

北漢山 新羅 眞興王 巡狩碑도 眞興王이 영토를 개척한 장소를 순행하고, 그것을 기념하여 세운 석비 중에 하나이다.(그림 31~32) 이 석비는 진흥왕대 건립된 이후 주목받지 못하다가 조선시대 들어와 金正喜가 1816년 발견하면서 알려지게 되었다. 오랜 세월로 명문의 마멸이 심하여 구체적인 내용은 알 수 없지만 眞興王이 한강 유역을 개척하고 그것을 기념하여 北漢山에 순행한 사실을 전하고자 세운 것으로 추정되고 있다. 석비의 건립 시기는 확실하지는 않으나 진흥왕대 건립된 다른 석비들로 보아 昌寧 新羅 眞興王 拓境碑가 건립된 561년과 黃草嶺 眞興王 巡狩碑가 건립된 568년 사이에 건립되었을 것으로 추정되고 있다. 이 석비는 채석한 돌을 사각형으로 깎았는데, 명문이 새겨지는 주요 면은 좌우상하 너비를 넓게 하고, 측면은 전후 너비를 좁게 하여 碑身의 실용적인 측면을 최대한 살려 治石하였다. 그리고 글자가 새겨지는 碑面을 고르게 다듬어 자연적인 멋은 다소 떨어지지만 정연한 인상을 주고 있다. 또한 碑身을 곧고 견고하게 고정하기 위하여 하부에 비신홈을 시공했다. 비신홈 주변에는 넓게 2단의 받침단을 마련하였는데, 이는 석비의 상징성이 높아졌음을 간접적으로 시사하고 있다는 점에서 주목되는 수법이다. 나아가 비신에 새겨진 비문의 내용과 그 의미에 대한 인식이 높아졌음도 시사한다. 현재 비신 상부의 치석 상태로 보아 비신을 보호하고자 별도의 蓋石을 결구했음을 알 수 있다. 蓋石의 구체적인 형태는 알 수 없지만 목조건축물의 지붕 형태나 간략한 寶蓋石 형태로 제작되었을 것으로 보인다. 이와 같이 진흥왕 순수비는 전형적인 형태의 석비 양식으로 가는 전환기적인 모습을 보이고 있어 한국 석비 양식사에서 중요한 학술적 자료라 할 수 있다.

大邱 戊戌銘 塢作碑는[32] 오늘날 대구 일대로 비정되는 另冬里村의 저수지 제방인 塢를 都維那라는 승직을 가진 2명의 승려가 312인의 인부를 동원하여 13일 만에 완공했는데, 그 크기는 너비 20보, 높이 5보 4척, 길이 50보라고 기록하였다. 비문의 내용은 영천 청제비와 함께 신라의 수리사업과 농업 생활을 보여주고 있다.(그림 33) 석비의 건립 시기로 판단되는 戊戌年은 578년으로 추정되고 있다. 이 석비는 자연에

---

31) 이 석비는 원래 북한 함경남도 이원군 동면 운시산 봉우리 아래에 있었다고 한다. 조선시대 韓百謙과 金正喜 등이 이 석비에 대하여 언급했으며, 1929년 9월 崔南善 선생이 전적 조사 차 현지에 나갔다가 조사하면서 널리 알려지게 되었다.

32) 1946년 대구광역시 중구 대안동 82-8번지에서 처음 발견되어 당시 대구사범대학(현 경북대학교 사범대학 부속고등학교) 교정으로 옮겨 보관되었다. 그런데 한국전쟁 당시 대구사범대학이 미군의 점유로 교정이 수리되면서 석비는 8년간 행방불명되었다. 이후 1958년 경북대학교 사범대학 부속고등학교 수영장 근처에서 석비를 찾아 1959년 경북대학교 박물관으로 옮겨져 오늘에 이르고 있다(任昌淳, 1958, 「戊戌塢作碑小考」, 『史學研究』 1).

그림 33. 大邱 戊戌銘 塢作碑(578년경, 경북대학교 박물관)

그림 34. 慶州 南山新城碑(제1비)

그림 35. 慶州 南山新城碑(제2비)

그림 36. 慶州 南山新城碑(제3비)

그림 37. 慶州 南山新城碑(제4비)

그림 38. 慶州 南山新城碑(제5비)

그림 39. 慶州 南山新城碑(제7비)

그림 40. 慶州 南山新城碑(제9비)

서 채석한 원석을 정연하지는 못하지만 어느 정도 석비 형태로 치석하고, 비신 상부는 둥그렇게 반원형으로 다듬어 거친 碑面에 글자를 새겼다. 그런데 글자의 크기와 간격이 일정치 않으며, 줄도 바르지 못한 편이다. 이러한 것으로 보아 중앙정부 관여와 주도에 의하여 세워진 석비가 아니라 지방에 있는 관리들이나 지방민들의 주도로 건립된 것으로 보인다. 그래서 6세기 후반이지만 北漢山 新羅 眞興王 巡狩碑처럼 정연한 석비 형태로 치석되지 않고, 글자를 새기기 위한 기능적인 측면을 중시해 이러한 형태로 치석된 것으로 보인다.

그리고 慶州 南山 新城碑는 1934년부터 현재까지 총 10基가 발견되었는데, 동일한 碑文 체제와 유사한 내용을 담고 있어 591년에 모두 건립된 것으로 추정되고 있다.(그림 34~40) 총 10기의 남산 신성비는 심하게 파손되어 원형을 알 수 없는 경우도 있고, 석비마다 조금씩 다른 형태와 치석 수법을 보이기는 하지만 전체적으로 자연에서 채석한 原石을 글자를 새길 수 있을 정도로 다듬은 다음 銘文을 음각하였다. 현재 평면 사각형으로 치석한 정연한 석비 형태를 보이고 있는 석비는 없는 상태이다. 이중에서 1碑가 잘 남아있는 편인데, 글자가 새겨지는 면이 거칠기는 하지만 碑面을 비교적 고르게 다듬었으며, 향우측은 파손된 상태지만 향좌측은 둥그런 弧形을 그리도록 치석했다. 1碑는[33] 591년 南山에 新城을 쌓고 그에 관여한 지방관과 지방민들에 대한 내용이 새겨져 있는 것으로 파악되고 있다. 慶州 南山 新城碑는 자연에서 채석한 원석을 일정 부분만 치석하여 활용하고 있어, 전체적으로 비신의 형태와 치석 수법이 정연하지는 못하다고 할 수 있다. 그렇지만 특정한 내용이나 사실을 알리기 위한 碑身으로서의 형태는 갖추었다고 할 수 있다.

이외에도 건립 시기에 대한 논란은 있지만 壬申誓記石이 6~7세기 대에 건립된 석비로 추정되고 있다.(그림 27) 壬申誓記石은 1934년 경주시 석장동에서 발견되었으며, 비신 첫머리에 壬申이라는 干支가 있고 충성을 서약하는 내용이 있어 壬申誓記石이라는 명칭이 붙여졌으며, 화랑으로 추정되는 두 청년이 수양과 인격 도야에 관한 맹세를 하는 내용으로 구성되어 있다. 비문에 기록된 壬申年은 화랑도가 융성했던 552년 또는 612년으로 설정되어 왔는데, 최근 연구 성과에 의하면 552년이 유력한 것으로 추정되고 있다.[34] 다만 석비의 치석 수법과 양식사적인 측면에서 壬申誓記石은 자연에서 채석한 原石을 거의 그대로 활용했고, 비신 외곽을 특별하게 치석하지 않고 고른 한 면을 활용하여 글자를 음각했으며, 刻字 수법 등으로 7세기 대보다는 6세기 대의 석비 형태로 보는 것이 유력할 것으로 보인다.

IV. 新羅 5~6世紀 石碑의 특징과 미술사적 의의

현재 新羅의 석비들 중에 5세기 대에 건립된 사례는 발견되지 않고 있으며, 대부분이 6세기 대 이후의 것들이다. 韓國 石碑史에서 碑座 또는 龜趺—碑身—螭首 또는 蓋石의 3개체가 하나의 조형물로 구성되는 정형화된 석비가 본격적으로 건립되기 이전에는 자연에서 채석한 原石을 그대로 활용하거나 글자가 새겨지는 일부 면만을 고르게 다듬어 글자를 새긴 石刻이나 石碑가 제작되었음을 알 수 있다.

현재까지 출토된 사례에 의하면, 古新羅의 경우 浦項 中城里 新羅碑, 浦項 冷水里 新羅碑, 蔚珍 鳳坪里 新羅碑, 永川 菁堤碑 등 6세기 전반경에 건립된 석비들은 자연석에 가까운 돌을 글자가 새겨지는 면만을 다듬어 글자를 陰刻하였다. 이러한 것으로 보아 신라는 6세기 전반경까지 석비의 치석과 결구 수법 등 그 양식에 대한 인식이 아직은 낮았던 것으로 보인다. 이후 丹陽 新羅 赤城碑, 慶州 明活山城 作城碑, 慶州 雁鴨池 出土 明活山城碑, 新羅 眞興王 巡狩碑 등으로 보아 6세기 중반을 전후한 시기에 자연에서 채석한 原石을 어느 정도 원하는 형태로 가공하여 글자를 새겼음을 알 수 있다. 이러한 것으로 보아 6세기 중반경을 전후하여 석비의 중요성과 그 의미에 대한 인식과 중요성이 부각되었으며, 아직은 別石으로 龜趺나 螭首가 마련된 石碑는 창출되지 않았지만 어느 정도 격식과 의례를 갖춘 석비 형태가 서서히 등장하기 시작한 것으로 보인다. 이는 당시부터 석비가 단순하게 특정 내용이나 사실을 기록하는 것일 뿐만 아니

---

33) 경주시 내남면 탑리 식혜골에 있는 민가 앞 도랑에서 발견된 것으로 원래는 남산 중턱에 있었는데, 가옥을 신축하면서 옮겨 사용했던 돌이라고 한다. 1934년 10월 경주시 내남면 탑리에서 일본인 오사카 긴다로(大坂金太郎)와 崔南柱 선생에 의하여 발견되었다.

34) 이용현, 2016, 「국립경주박물관 소장 임신서기석의 문제와 연대의 재고찰」, 『신라문물연구』 제9집, 국립경주박물관.

라 후세에 전해질 중요 내용을 전하는 의미 있는 조형물이라는 인식이 서서히 형성되었음을 시사한다. 또한 碑文의 內容뿐만 아니라 기록을 담고 있는 석비의 형태와 수법에 대해서도 서서히 중요하게 인식되어 갔음을 알려준다.

그리고 新羅 眞興王代(540~576)에 세워진 昌寧 新羅 眞興王 拓境碑, 北漢山 新羅 眞興王 巡狩碑, 黃草嶺 眞興王 巡狩碑, 磨雲嶺 眞興王 巡狩碑 등은 신라 석비 형태가 서서히 양식화되어 가는 경향을 보여주고 있다. 昌寧 新羅 眞興王 拓境碑는 당시 수도가 있었던 경주에서 비교적 가까운 곳에 위치하고 있으며, 치석 수법 등으로 보아 가장 먼저 건립되었음을 알 수 있다. 이 석비는 전형적인 비신 형태로 치석하지는 않았지만 상당 부분 다듬은 흔적이 역력하여 정성을 기울여 제작했음을 알 수 있다. 그리고 나머지 三碑는 碑身의 좌우너비는 좁고 상하로 길게 치석하였으며, 글자가 새겨지는 면을 넓게 하여 많은 글자들이 새겨지도록 碑面을 의도적으로 넓고 정연하게 다듬었다. 이러한 비면 처리는 상당히 발전된 수법이라 할 수 있을 것이다. 이전에는 글자를 새기기 위한 석비를 건립함에 있어서 비정형의 비신을 마련했는데, 眞興王代부터 상당히 발전된 전형적인 형태의 비신을 구비하기 시작하였다. 나아가 비신 하부에 별도의 받침시설이 마련되었고, 상부에는 별도의 홈대를 마련하여 蓋石이 올려지도록 고안했으며, 개석 하부에도 홈을 마련하여 개석이 홈대에 삽입 고정되도록 했다. 이는 蓋石이 비신 상부에 견고하게 고정되도록 하기 위한 장치임을 알 수 있다. 이러한 가공이 단순한 것 같지만 이제는 석비 건립이 설계와 시공에 의하여 단계별로 공정을 거치면서 건립되었음을 시사한다. 이러한 점은 석비 건립의 역사에서 진일보한 발전이라 할 수 있다. 그렇지만 어느 시기나 문화가 중첩적인 특성을 지니고 있기 때문에 여전히 壬申誓記石이나 大邱 戊戌銘 塢作碑 등과 같이 정연하게 다듬지 않고 자연석 상태의 원형을 최대한 살리면서 글자를 새긴 석비도 건립되었다.

신라 석비의 위치를 지도상에서 표기해 보면 상당량의 석비가 동해안선을 따라 배치되었음을 알 수 있다. 이는 당시 동해안을 따라 주요 교통로가 형성되어 있었음을 짐작케 한다. 그리고 내륙으로는 당시 수도였던 경주를 중심으로 할 때 신라 석비의 위치가 오늘날 창녕, 영천, 대구, 단양, 서울 등으로 연결된다. 이는 오늘날까지 죽령이나 조령을 넘어 한강유역으로 진출하는 교통로와 상통하고 있다는 점에서 주목된다. 이와 같이 古新羅의 石碑는 고대의 교통로 상에 건립되었다고 할 수 있을 것이다.

그리고 古新羅의 일부 석비는 碑의 건립 후원자 내지는 참여자, 글을 쓰거나 베낀 사람 등을 알 수 있지만 대부분은 특정한 내용만을 기록하였다. 그래서 古新羅 석비는 碑와 관련된 기본 정보이자 중요한 내용이라 할 수 있는 碑題, 碑銘, 撰者, 書者, 篆者 등이 기록되지 않았거나 체계적이고 정형화된 양상이 보이지 않고 있다. 이처럼 신라 5~6세기 건립된 석비들은 비문의 書者와 刻字를 비롯하여 석비를 조성할 수 있도록 후원한 사람들의 명단이 별도로 기록되지 않고 있어 통일신라시대 이후에 건립된 석비들의 비문 구성과 차이를 보이고 있다. 이러한 것으로 보아 6세기 대까지 신라는 석비를 건립함에 있어 체계화된 격식과 의례를 갖추기 이전이라 할 수 있다. 그래서인지 古新羅 때 건립된 浦項 中城里 新羅碑는 書者가 자연적인 筆體를 구사하여 書體의 아름다움을 추구한 측면이 엿보이고, 浦項 冷水里 新羅碑는 筆體가 토속적인 자연스러움을 담고 있다고 한다. 지금까지 발견된 삼국시대 석비의 書體에 대한 연구 결과 高句

表 2. 三國時代의 石碑

구분	3~4세기	5세기	6세기	7세기
高句麗	由丘儉紀功碑	廣開土大王 陵碑 集安 高句麗碑 忠州 高句麗碑		
百濟			扶餘 羅城 出土 石碑片	砂宅智積碑 扶餘 唐 劉仁願紀功碑
新羅			浦項 中城里 新羅碑 蔚珍 鳳坪 新羅碑 丹陽 新羅 赤城碑 慶州 雁鴨池 出土 明活山城碑 昌寧 新羅 眞興王 拓境碑 磨雲嶺 眞興王 巡狩碑 大邱 戊戌銘 塢作碑 浦項 冷水里 新羅碑 永川 菁堤碑 慶州 明活山城 作城碑 壬申誓記石 北漢山 新羅 眞興王 巡狩碑 黃草嶺 眞興王 巡狩碑 慶州 南山 新城碑	太宗武烈王陵碑 文武王碑

麗는 고구려 나름대로의 특징이 반영되어 있고, 百濟는 백제적인 특징을 보이고 있으며, 古新羅는 古新羅의 지역적인 특색이 반영되어 있는 것으로 알려져 있다. 즉, 각 나라와 지역별로 자생적이고 자유분방한 모습들이 반영된 것으로 파악되고 있다. 그런데 통일신라시대에 들어서면서부터는 중국 서체의 영향으로 격식과 의례에 맞춘 書體가 등장하면서 자연적이고 토속적인 미보다는 인위적인 미가 가미되는 특징을 보이는 것으로 알려져 있다. 오히려 신라 6세기 대에 건립된 석비의 碑文 書體가 후대의 서체보다 신라의 지역적인 특색이 더 반영되어 있다고 할 수 있다.

한국의 石碑는 碑의 건립 주체와 성격, 비문의 내용 등에 따라 크게 事蹟碑, 墓碑, 神道碑, 頌德碑, 追慕碑, 紀念碑, 塔碑 등으로 분류되고 있다. 고대 사회에서도 석비의 건립 배경은 시기와 지역, 當代의 상황 등에 따라 다양한 것으로 나타나고 있다. 그런데 古代時代 韓國이나 中國의 경우 일반적으로 기념될 만한 특정한 사실이나 내용 등을 알리거나 후대에 계승, 어떤 사실을 홍포 또는 보급, 인물이나 업적을 선양 또는 현창, 국가나 인물의 위상 강화, 慰撫와 巡狩 등의 목적으로 석비가 건립되었던 것으로 파악되고 있다. 한편 古代 日本의 경우는 이러한 배경도 있었지만 현존하는 석비들의 碑文으로 보아 율령제 등을 비롯한 정치 제도의 정비, 불교의 보급 등과 밀접한 관련이 있는 것으로 파악되고 있다.[35] 석비의 건립 시기가 다소 떨어지기는 하지만 건립 목적과 관련하여 「高仙寺 誓幢和上碑」에는[36] '微塵劫토록 썩지 아니하고 芥子劫이 지나도록 영원히 우뚝 서기를 바란다.'고 하였으며,[37] 「斷俗寺 神行禪師碑」에는 '해가 가고 달이 가도 이 글은 영원토록 빛나리라.'고 하였으며,[38] 「大安寺 寂忍禪師 照輪淸淨塔碑」에는 '碑文을 지어 장래의 거울이 되게 하고자 한다.'라고 하였으며,[39] 「月光寺 圓朗禪師 大寶禪光塔碑」에는 '돌에 새기고 쇠에 기록하여 모든 사람에게 보이고자 한다.'라고[40] 하였다. 또한 조선시대 건립된 金浦 沈鋼 神道碑(1596.09)에도 비를 세워 기록을 남기는 것은 '옥돌이 곧 철과 같아 그 성한 덕을 명으로 새김으로써 오래도록 썩지 않게 하기 위함이다.'라고 하였다. 이와 같이 건립 시기는 다르지만 고대로부터 현대까지 석비

---

35) 前澤和之, 2016, 『古代東國の石碑』, 山川出版社, p.8.

36) 元曉의 공적을 기념하는 비는 그가 입적한 뒤 110여년이 흐른 다음 高仙寺에 건립되는데, 서당화상비는 신라 애장왕대 (800~808)에 건립된 것으로 추정되고 있다(金相鉉, 1988, 「新羅 誓幢和上碑의 再檢討」, 『蕉雨 黃壽永博士 古稀紀念 美術史學論叢』, 通文館). 그리고 원효는 고려시대 들어와 1101년(숙종 6년) 和諍國師로 추증되고, 1190년(명종 20년) 芬皇寺에 碑가 건립되었다.

37) 「高仙寺 誓幢和上碑文」(李智冠, 1994, 『校勘譯註 歷代高僧碑文』(新羅篇), 伽山文庫).
'…方盛之靈跡非文無以陳其事 無記安可表其由 所以令僧作 … 揆無 … 趣矣 塵年不朽 芥劫長在'

38) 「斷俗寺 神行禪師碑文」(李智冠, 위의 책).
'…於是 取石名山 伐木幽谷 刊翠琰構紺宇 庶幾 標萬古之景跡 歷千秋而不彫…'; '…刻銘彫石 卜地成堂 山崩海竭 此願無央 日居月諸 玆文久彰…'

39) 「大安寺 寂忍禪師 照輪淸淨塔碑文」(李智冠, 위의 책).
'…上聞禪師始末之事 慮年代久而其跡塵昧 以登極八年 夏六月日 降綸旨 碑斯文以鏡將來…'

40) 「月光寺 圓朗禪師 大寶禪光塔碑文」(李智冠, 위의 책).
'門人 融奐等 以其年 二(十一?)月十日 奉遷神柩 葬于北院 永訣慈顔 不勝感慕 門人等 慮陵遷谷徙 天拂海田 有忘先師法乳之恩 欲以仰陳攀慈之志 爰集行狀 □□□□□居 請建鴻碑 用光 聖代'; '勒石銘金示諸有'

의 건립 목적이나 배경은 거의 동일하였음을 알 수 있다.

石碑는 문자의 활용과 치석 기술이 가능한 문화와 문명이 동시에 반영된 조형물이라 할 수 있다. 그래서 문자나 기호가 새겨진 석비가 제작되었다는 것은 단순하게 석조 조형물이 건립되었다는 사실을 넘어 당대의 문화적 수준과 단계를 시사해 준다는 측면에서 중요한 의미가 있다고 할 수 있다. 이러한 측면 때문에 石碑는 文獻史學의 기초 자료이기도 하고, 考古美術史에서는 樣式史의 중요한 연구 대상이 되기도 한다. 그런데 석비의 건립 시기를 파악할 때 몇 가지 유의할 점이 있다. 먼저 석비는 건립 주체, 당대의 정치적인 상황 등 여러 가지 여건들이 성숙되어야만 건립이 가능한 조형물이었다. 그리고 고대 사회에서 석비의 건립은 상당한 수준의 문화뿐만 아니라 노동력과 경제력이 수반되는 역사였다. 또한 撰者, 書者, 石工 등이 있어야만 가능한 일이었다. 그런데 年號와 干支 등을 활용하여 碑文에 표기된 年代가 撰者에 의하여 碑文이 撰해진 시기인지, 撰해진 碑文을 書者가 쓴 시기인지, 碑文이 石工에 의하여 刻字된 시기인지, 石碑 공사가 완료된 시기인지 등이 사실은 명확하지 않다. 이러한 부분을 명확하게 밝히기 위해서는 비문의 내용과 석비의 양식 등을 면밀하게 분석해야 한다. 다만 비문에 표기된 年代는 撰者에 의하여 碑文이 완성된 시기 또는 書者에 의하여 비신에 새길 碑文을 쓴 시기일 가능성이 높다고 할 수 있다.

三國時代 건립된 석비들은 반적으로 龜趺와 螭首가 마련되지 않고 碑身만 세워 명문을 刻字하였는데, 통일신라 초기에는 중국 당나라의 영향을 받아 龜趺와 螭首가 석비 양식의 중요 부재로 등장하기 시작했다.[41] 이러한 龜趺는 일반적으로 비문이 새겨지는 비신의 받침대 역할을 하기 때문에 碑身이나 螭首의 규모에 비하여 상대적으로 크게 구비되었다. 그리고 통일신라시대 이후에 건립된 석비들은 결구되는 부재의 표면에 장식적인 문양을 새겨 화려하게 보이도록 함과 동시에 장엄적인 조각상을 배치하여 신성함이나 수호 등 다양한 의미가 담기도록 했다. 百濟 砂宅智積碑의 경우 비신 측면에 圓形紋을 마련하여 그 안에 鳳凰紋을 새기기도 했지만 삼국시대에는 통일신라시대처럼 장엄적인 조각상들이 석비의 표면에 나타나지 않고 있다.

石碑가 삼국시대에는 기념적인 조형물로서의 성격이 강했다면, 통일신라시대부터는 기념적이고 상징적인 조형물로서의 의미로 서서히 변화의 과정을 겪게 된다. 신라 석비는 간단한 碑身만을 마련하던 전통에서 삼국통일 이후 석비의 결구체로서 龜趺와 螭首가 새롭게 등장하면서 그 자체에 강조의 의미를 비롯하여 권위나 위상 등을 나타내는 상징성이 부여되었다고 할 수 있다. 즉, 삼국시대에는 기념될만한 특정한 역사적 사건이나 사실을 비신의 표면에 명문을 새김으로써 후대에 전승시킨다는 기념적인 조형물로서의 의미를 부여하는 것에 중점을 두었다면, 통일신라초기부터 건립된 석비는 기념적인 성격에 더하여 碑身 상하에 龜趺와 螭首가 추가됨으로써 상징적인 의미가 더해져 紀念的이고 象徵的인 조형물로서의 성격을 갖게 되었다고 할 수 있다.

한편 우리나라는 통일신라시대 이후에야 龜趺와 螭首가 마련된 石碑가 건립되기 시작하여, 그 이후 龜

---

41) 李浩官, 1982, 「統一新羅의 龜趺와 螭首」, 『考古美術』 154·155, 한국미술사학회, p.141.
　　嚴基杓, 2000, 「新羅 塔碑의 樣式과 造型的 意義」, 『文化史學』 第14號, 韓國文化史學會, pp.7~33.

그림 41. 慶州 太宗武烈王陵碑의 龜趺와 螭首

그림 42. 南原 實相寺 證覺大師 應蓼塔碑의 龜趺와 螭首

趺−碑身−螭首는 하나의 전형양식으로 정립되어 한국 석비 양식의 주류로 형성되기에 이른다.(그림 41~42) 그런데 귀부와 이수의 圖像的 始原이 되는 거북이와 용을 고대인들도 오래전부터 알고 있었고, 여러 조형물의 도상으로 활용하였다. 예를 들면 삼국시대 제작된 龜趺形 土製品, 百濟 風納土城과 慶州 飾履塚에서 출토된 靑銅 鐎斗, 삼국시대 제작된 각종 環頭大刀 등에서 확인되고 있다.(그림 45~52) 이와 같이 三國은 현실 속에 있는 거북을 비롯하여 상상의 동물인 龍과 鳳凰 등이 이미 각종 조형물에 그 圖像이 미술사적으로 표현되거나 활용되고 있었다. 그리고 중국에서 비신 상부에 螭首가 마련된 것은 漢代부터로 알려져 있지만 南北朝時代에 들어와 받침부인 龜趺와 함께 螭首가 석비의 주요 양식으로 정착된다. 이러한 사례로 양나라 때 건립된 蕭憺墓碑, 蕭秀墓碑(518년), 蕭宏墓碑(526년), 蕭順墓碑(蕭順은 梁나라 文帝) 등을 들 수 있다.(그림 43~44) 이 석비들은 龜趺를 마련하고 碑身과 같은 돌로 조각된 螭首를 머릿돌로 구비하였다. 이와 같이 중국 석비 역사에서 龜趺와 螭首를 구비하는 것은 梁나라 때 정형화된 양식으로 정착되어, 隋唐代를 거치면서 더욱 발전하여, 큰 변화 없이 宋−元−明−淸代까지 지속적으로 계승된다. 삼국시대 百濟는 中國 南朝의 梁나라와 밀접한 외교 관계를 유지

그림 43. 蕭秀墓碑(梁, 518年)

그림 44. 蕭宏墓碑(梁, 526年)

그림 45. 土製 龜趺
(三國, 東京國立博物館)

그림 46. 龜趺形 土器
(三國, 국립대구박물관)

그림 47. 百濟 風納土城 出
土 靑銅 鐎斗
(국립중앙박물관)

그림 48. 新羅 飾履塚 出土
靑銅 鐎斗(국립중앙박물관)

그림 49. 합천 출토 청동 자
루솥(6세기, 東京國立博物
館)

그림 50. 出土地 未詳 環頭
大刀(三國, 東京國立博物館)

그림 51. 百濟 武寧王陵 出
土 環頭大刀
(국립공주박물관)

그림 52. 百濟 武寧王陵 출
토 팔찌(국립공주박물관)

하면서 일찍부터 선진문물을 수용하여 문화적으로 앞서 있었다. 백제의 벽돌무덤 등이 中國 南朝로부터 영향을 받아 조영되었던 것으로 보아 당시 龜趺와 螭首가 마련된 석비를 백제인들은 일찍부터 알고 있었을 가능성이 높다. 그런데 百濟를 비롯하여 三國은 어떤 이유인지 龜趺와 螭首가 마련된 석비가 건립되지 않았다. 그 이유가 무엇인지 앞으로 밝혀야 할 것이다.

　그리고 현존하는 동아시아 삼국의 石碑 樣式史를 간략하게 언급하면 中國은 1~2세기를 전후하여 어느 정도 격식과 의례를 갖춘 석비들이 건립되기 시작하여 서서히 정형화된 석비가 건립되다가, 5~6세기 대에 들어와 龜趺와 螭首가 마련된 전형적인 석비 양식이 정착되어 성행하였다. 그 이후에도 그러한 양식이 지속적으로 건립되어 중심적인 석비 양식으로 자리 잡게 된다.[42] 韓國은 중국의 영향을 받아 高句麗의 석비가 먼저 건립되지만 어느 정도 격식에 맞는 정형화된 석비는 5~6세기 대에 세워지기 시작하여 6세기 중반경에는 정연하게 치석하여 가공한 석비가 건립되기 시작한 것으로 보인다. 이후 통일신라시대에 들어와 중국 당나라의 영향을 받아 龜趺와 螭首가 마련된 전형적인 석비 양식이 성립되어 성행하였다. 현존하는 사례로 보아 7세기 중반경을 전후한 시기에 龜趺와 螭首가 마련된 석비가 본격적으로 건립되어 고려와 조선시대까지 꾸준하게 계승되면서 중심 양식이 된 것으로 파악된다. 한편 日本은 현존하는 석비들로 보아 한반도에서 넘어간 渡來人들에 의하여 대략적으로 6~7세기 대부터 석비의 건립이 이루어진 것으로 추정되며, 7~8세기 대에 들어와 간략한 양식이나 어느 정도 가공된 석비들이 건립되기 시작한 것으로 추정된다. 그리고 일본의 석비는 기본적으로는 문자를 기록하기 위한 碑面을 구성하는 방식은 중국이나 한국과 동일하지만 지역이나 장인에 따라 특징적인 치석 수법과 양식이 적용된 것으로 파악되고 있다.[43]

---

42) 武天合 編著, 1996, 『西安碑林古刻集粹 上』, 西安地圖出版社.

V. 결론

石碑는 金石學과 考古美術史의 중요한 연구 대상으로 일찍부터 주목되어 왔는데, 銘文은 當代의 역사적 사실을 있는 그대로 전해주는 史料이며, 석비의 문양과 治石 手法 등은 당대 미술사조와 양식이 반영된 조형물이기 때문이다. 이러한 석비의 양식은 발전을 거듭해 왔는데, 시대나 지역에 따라 특징이 반영되었다. 그동안 통일신라 이후 건립된 전형적인 석비 양식이라 할 수 있는 龜趺-碑身-螭首가 마련된 석비에 대해서는 비교적 많은 연구가 이루어졌다. 그런데 비신만 세우거나 받침대 위에 비신을 올린 간략한 수법으로 마련된 초기 석비에 대해서는 양식사적으로 관심밖에 일이었으며, 문헌사적으로만 접근이 이루어져 왔다. 삼국시대에는 석비의 건립이 장식적인 기교나 미적인 측면보다 비신에 글자를 새겨 그것을 오래도록 남기기 위한 실용적이고 기능적인 측면이 중시되었기 때문에 미술사적인 접근이 어려울 수도 있지만 통일신라시대 본격적으로 건립되는 석비 양식의 원류를 보여주고 있다는 점에서 가치는 높다고 할 수 있다.

현재 新羅는 高句麗나 百濟에 비하여 비교적 많은 양의 석비가 전해지고 있는데, 事蹟碑와 紀念碑 性格의 石碑가 많이 건립되었다. 그리고 高句麗와 百濟에 비해서는 초기 석비의 건립이 다소 늦었던 것으로 파악되지만 5세기 후반경이나 6세기 전반경부터는 석비의 건립이 본격화되었던 것으로 보인다. 따라서 新羅는 5~6세기 대에 석비의 건립 과정이 체계화되거나 비문의 구성이 정형화되지는 않았지만 석비의 기능과 성격에 대해서는 명확한 인식이 있었던 것으로 보인다. 그리고 신라는 6세기 대에 들어와 여러 석비가 건립되면서 자연에서 채석한 원석을 거의 그대로 활용하는 것이 아니라 서서히 치석 가공하여 원하는 형태로 만든 다음 글자를 새김으로써 양식적으로 발전되어 가는 양상을 보여주고 있다. 다만 三國時代에 龜趺와 螭首가 마련된 석비 양식이 출현하지 못한 점은 앞으로 깊이 있는 접근이 이루어져야 할 것이다.

투고일: 2017. 4. 20   심사개시일: 2017. 4. 23   심사완료일: 2017. 5. 29

---

43) 前澤和之, 2008, 『古代東國の石碑』, 山川出版社.

참/고/문/헌

李智冠, 1994, 『校勘譯註 歷代高僧碑文』(新羅篇), 伽山文庫.

朝鮮總督府 編, 1915, 『朝鮮古蹟圖譜 1』(圖版番號 129)

강진원, 2013, 「신발견 「집안고구려비」의 판독과 연구현황」, 『목간과 문자』11, 한국목간학회.

공석구, 2013, 「집안고구려비의 발견과 내용에 대한 검토」, 『高句麗渤海研究』45.

국립경주문화재연구소, 2009, 『浦項 中城里 新羅碑』, 포항 중성리 신라비 발견기념 학술심포지움.

金相鉉, 1988, 「新羅 誓幢和上碑의 再檢討」, 『蕉雨 黃壽永博士 古稀紀念 美術史學論叢』, 通文館.

金禧庚, 1987, 「高麗石造建築의 研究」 -幢竿支柱·石燈·石碑-, 『考古美術』175·176, 한국미술사학회.

김영관, 2013, 「大唐平百濟國碑銘에 대한 고찰」, 『역사와 담론』66, 호서사학회.

김은경, 2012, 「三國時代 古墳出土 朱와 그 意味」, 『嶺南考古學』61, 영남고고학회.

노용필, 1990, 「창녕 진흥왕순수비 건립의 정치적 배경과 그 목적」, 『한국사연구』70, 한국사연구회.

拜根興, 2008, 「大唐平百濟國碑銘 문제에 대한 고찰」, 『忠北史學』20, 충북사학회.

嚴基杓, 2000, 「新羅 塔碑의 樣式과 造型的 意義」, 『文化史學』第14號, 韓國文化史學會.

여호규, 2013, 「신발견 「集安高句麗碑」의 구성과 내용 고찰」, 『韓國古代史研究』70.

李基白, 1970, 「永川 菁堤碑의 丙辰銘」, 『考古美術』第106·107호, 한국미술사학회.

李道學, 1997, 「定林寺址 五層塔 碑銘과 그 작성 배경」, 『先史와 古代』8, 한국고대학회.

이문기, 2007, 「영일냉수리비와 울진봉평비」, 『한국고대사 연구의 새동향』.

이민식, 1998, 「우리나라 石碑의 樣式 研究」, 『옛 탁본의 아름다움 그리고 우리 역사』, 예술의 전당.

이용현, 2016, 「국립경주박물관 소장 임신서기석의 문제와 연대의 재고찰」, 『신라문물연구』제9집, 국립
    경주박물관.

李銀基, 1976, 「新羅末 高麗初期의 龜趺碑와 浮屠研究」, 『歷史學報』第71집, 역사학회.

李浩官, 1982, 「統一新羅의 龜趺와 螭首」, 『考古美術』154·155, 한국미술사학회.

李浩官, 1987, 「石碑의 발생과 樣式變遷」, 『한국의 미』15, 중앙일보사.

이호관, 2002, 「한국 石碑 양식의 변천」, 『국학연구』창간호, 한국국학진흥원.

任昌淳, 1958, 「戊戌塢作碑小考」, 『史學研究』1.

정구복, 2014, 「'집안 고구려비'의 진위론」, 『韓國古代史探究』18, 韓國古代史探究學會.

鄭永鎬, 1990, 「한국의 石碑」, 『古美術』1990년 겨울호, 한국고미술협회.

정영호, 2011, 「울진 봉평리 신라비와 한국의 금석문 연구」, 『울진 봉평리 신라비와 한국 고대 금석문』, 한
    국고대사학회.

조경철, 2011, 「백제 사택지적비의 연구사와 사상경향」, 『백제문화』45, 공주대학교 백제문화연구소.

趙東元, 1985, 「韓國 石碑樣式의 變遷」, 『文山金三龍博士華甲紀念 韓國文化와 圓佛敎思想』, 원광대학교

출판부.

趙東元, 1995, 「高句麗 金石文의 所在와 研究現況」, 『阜村申延澈敎授停年退任紀念 私學論叢』.

주보돈, 2012, 「포항중성리신라비의 구조와 내용」, 『한국고대사연구』 65, 한국고대사연구회.

陳宗煥, 1984, 「慶州地域 龜趺碑 紋樣에 대하여」, 『慶州史學』 제3집, 동국대학교 국사학과.

최광식, 1989, 「울진봉평신라비의 석문과 내용」, 『한국고대사연구』 2, 한국고대사연구회.

崔尙睦, 1974, 「統一新羅時代 龜趺 및 螭首의 樣式研究」, 이화여자대학교 대학원 석사학위논문.

최영성, 2008, 「사비시대의 백제 금석문」, 『백제실록 의자왕』, 부여군청·부여군문화재보존센터.

추만호, 1990, 「새김글(金石文)의 자료적 성격과 이용법」, 『역사와 현실』 4, 한국역사연구회.

韓鎭燮, 1981, 「統一新羅와 高麗時代의 龜趺와 螭首에 나타난 造形美 研究」, 홍익대학교 대학원 석사학위
    논문.

洪思俊, 1953, 「百濟 砂宅智積碑에 對하여」, 『歷史學報』 6, 歷史學會.

洪貞姬, 1997, 「羅·麗石碑의 螭首 및 龜趺研究」, 성신여자대학교 미술학과 조소전공 석사논문.

武天合 編著, 1996, 『西安碑林古刻集粹 上』, 西安地圖出版社.

施雄·孫研捷, 2008, 『高句麗王城王陵及貴族墓葬』, 上海出版印刷有限公司.

遼寧省博物館, 2010, 『遼寧省博物館 圖錄』, 北京 長正出版社.

國家文物局 編, 1993, 『中國文物地圖集』 -吉林分冊-, 中國地圖出版社.

集安市博物館 編著, 2013, 『集安高句麗碑』, 吉林大學出版社.

前澤和之, 2008, 『古代東國の石碑』, 山川出版社.

〈Abstract〉

A study on the Evolution and Features of stone monument in the 5th and 6th centuries of the Silla

Eom, Gi−pyo

A stone quarry in natural stone monument commemorating historical facts or to process the cases that can be recorded. It is a sculpture made for the purpose of which to posterity or to report. Stone monument in many areas, including literature and art history has been the subject of study. An ancient Korean stone monument and associated studies are being made in various ways. So far, Few studies, art history about the stone monument in the Three Kingdoms Period.

It was built steadily since the Three Kingdoms Period, the process of development. Stone monument in the Three Kingdoms Period aesthetic than the character carving to a practical and functional aspects are taken very seriously. It is rain left three compared to a lot of Goguryeo and Baekje. But Silla, Goguryeo and Baekje for one's three founding of the rain was a little too late. Silla was built in earnest from the early 6th century. They was the first time in almost a stone quarry in nature on using letters. For the 6th century, cut gradually made in the form of choice to process a stone monument. And on letters to the surface. Silla is increasingly shows that were being developed to the form. Unified Silla Period through this advancement in the turtle base of a stone monument can be a stone monument was created and cornerstone of dragon shape. But the Three Kingdoms Period botrytised the turtle base of a stone monument and cornerstone of dragon shape with a stone monument was created didn't forward in−depth research is to be done.

▶Key words: stone monument, Goguryeo, Baekje, Silla, the turtle base of a stone monument, cornerstone of dragon shape.

「新羅村落文書」 중 '妻'의 書體
-문서의 작성연대와 관련하여-

윤선태[*]

Ⅰ. 머리말
Ⅱ. 「신라촌락문서」의 '妻'
Ⅲ. 신라 6~9세기 자료의 '妻'
Ⅳ. 맺음말

〈국문초록〉

「신라촌락문서」는 내용 판독과 해석도 중요하지만, 그에 못지않게 문서의 상태나 묵서에 대한 객관적인 정보들을 수집 정리하는 노력도 반드시 병행되어야 한다. 촌락문서는 현재 그 실물을 볼 수 없는 상황이지만, 사진을 저본으로 해서라도 촌락문서의 문서 상태나 語彙 용례, 書體와 字形 등을 동아시아세계의 관련 자료들과 비교 검토하는 연구가 매우 활발히 이루어져야 한다고 생각된다. 본고 역시 이러한 연구 방향에서, 촌락문서에 妻라는 글씨가 〈事 아래에 女〉를 쓴 '𡡗'라는 독특한 異體字로 기록되어 있는 점에 주목하였다. 이 글자의 뜻은 妻가 분명하지만, 이 글자를 추적하는 가운데 필자는 촌락문서 전후의 고대동아시아 자료 속에서 妻의 이체자가 출현하고 소멸해간 양상에 관한 정보들을 모을 수 있게 되었고, 이를 통해 신라 촌락문서의 작성연대가 8세기로 내려갈 수 없음을 확실히 알게 되었다.

이 글에서는 우선 2장에서 촌락문서의 사진본을 통해 A촌과 D촌 문서 부분에 기록된 妻의 자형과 서체가 〈事 아래에 女〉를 쓴 妻의 異體字임을 확인하였다. 이러한 妻의 이체자는 중국 남북조시대, 특히 北朝에서 유행하다가 隋를 끝으로 사라지며, 필자의 寡聞일 수 있지만 楷書가 널리 유행했던 唐代의 자료에는 이러한 妻의 이체자가 확인되지 않는다. 이어 3장에서는 6~9세기 신라의 서사자료를 검토한 결과 6세기에는 하나같이 모두 北魏에서 유행했던 〈事 아래에 女〉로 쓴 妻의 異體字가 널리 그리고 지속적으로 사용되었지만, 8세기 이후가 되면 異體의 妻는 사라지고, 모두 楷書의 정자인 妻가 널리 유행하였다는 사

＊ 동국대학교(서울), 사범대학 역사교육과 교수

실을 확인하게 되었다. 이처럼 신라에서 妻의 서체가 8세기가 하나의 분수령이 되어 변모하였다면, 처의 이체자가 기록된 촌락문서의 작성연대는 8세기로 내려갈 수 없다고 생각된다. 종래 촌락문서의 작성연대에 대해서는 695년설, 755년설, 815년설 등이 제기된 바 있는데, 처의 서체로 볼 때 695년이 합당한 작성 연대라고 생각된다.

▶핵심어: 新羅, 村落文書, 書體, 妻, 北魏. 唐

I. 머리말

「新羅村落文書」(이하 '촌락문서'로 약칭함)는 신라 국가의 對民支配方式과 기층 촌락 사회의 경제적 상태를 이해할 수 있는 매우 귀중한 자료로 그간 한중일 삼국에서 많은 연구가 이루어졌다. 이 문서는 日本 나라(奈良) 토다이지(東大寺)에 위치한 쇼소인(正倉院)에서 1933년에 우연히 발견되었다. 쇼소인에 소장 되어 있었던 '華嚴經論第七帙'이라는 題箋이 묵서되어 있던 종이 '經帙'을 수리할 때, 경질로 사용되었던 종이를 분리하여 떼어내어 보니 그 종이 2片 각각의 내면에 신라에서 작성했던 촌락문서가 쓰여 있는 사 실이 확인되었다.[1] 경질은 수리 후 종이 2편을 원상태대로 그대로 붙여 원래대로 복원하였기 때문에 현 재 문서의 墨書를 육안으로는 볼 수 없지만, 수리 당시에 이 문서 2편을 촬영했던 유리원판 사진 2장이 남아있어 이에 의거해 연구가 이루어지고 있다.

그러나 연구자들이 촌락문서의 유리원판 사진을 직접 보고 연구하기 시작한 것은 그리 오래되지 않았 다. 초기 연구자들 중 유리원판 사진을 직접 본 경우는 드물었고, 대체로 그 사진의 복사본들을 저본으로 하여 연구가 이루어졌다. 그것도 한국의 상황에 비하면 운이 좋은 것이었다. 한국에서는 사진의 복사본 조차 구하기 어려워 연구자들 사이에 왕래하면서 여러 차례 재복사되었던, 상태가 매우 불량한 저본으로 문서의 내용을 판독하고 문서의 상태를 조사했다. 이로 인해 초기 연구들은 대체로 문서의 판독과 내용 해석에 치중되었고, 문서의 상태에 관한 객관적인 정보를 수집 정리할 여지가 상대적으로 적었다.

1980년대 중반 이후 촌락문서를 공부하기 시작한 필자도 처음에는 선배들과 마찬가지로 불량한 재복 사본들로 연구했지만, 운 좋게도 1991년에 열린 '제43회 正倉院展'에 촌락문서를 재활용해 만들었던 "화 엄경론제칠질"이 직접 출품되었고,[2] 그 특별전 도록에 촌락문서의 유리원판 사진이 아주 깨끗한 상태로 게재 소개되었다.[3] 이후 필자가 촌락문서의 연접방식 및 계선의 위치, 문서의 폐기 후 재활용 과정 등 문

---

1) 川副武胤, 1965 「新羅國官文書の作成年次について」 『大和文化研究』 10-9.
2) 전시 도록의 설명에 의하면, 이 경질은 山形文을 摺出한 楮紙를 表紙로 하여 그 周緣에는 褐色 바탕에 蠟纈風의 문양을 染出한 別紙를 둘렀으며, 左上方에 '華嚴經論第七帙'의 題箋을 묵서하였다고 되어 있다(奈良國立博物館, 1991, 『平成三年第四十三回正倉院展』, pp.50~51).
3) 필자는 대학 은사이신 송기호 교수를 통해 이 도록의 존재를 알게 되었다. 이 도록에 게재된 유리원판 사진은 필자의 촌락문

서의 상태에 대한 연구를 진행할 수 있었던 것도 모두 이 도록에 실린 사진 덕분이었다.[4]

현재 문서는 전체 2편으로 각 편에 2개 村씩 모두 4개 촌의 戶口, 馬牛, 土地 등의 현황이 상세히 집계되어 있다. '華嚴經論第七帙'이라는 題箋이 묵서되어 있었던 경질의 表片에는 '當縣' 소속의 '沙害漸村'과 '薩下知村' 등 2개 촌이, 裏片에는 村名을 알 수 없는 村(소위 '실명촌')과 西原京 소속 村 등 2개 촌의 현황이 기록되어 있다. 연구자들이 이 촌들을 편의상 순서대로 각각 A, B, C, D촌으로 약칭하고 있다. 그런데 이러한 書式의 문서는 中國과 日本의 官文書에는 동일 사례가 없는 매우 독특한 것이었기 때문에, 이 문서의 명칭은 '新羅民政文書', '新羅帳籍', '新羅村落文書' 등 연구자들에 의해 다양하게 불리어지고 있다.[5]

촌락문서의 원상태는 卷子本, 즉 권축에 문서를 말아둔 두루마리 형태였으며, 발견된 문서 단편 2편은 筆體가 완전히 똑같아 모두 동일 卷에서 分切된 단편으로 추정된다.[6] 이 두 편은 原紙縫이나 罫線의 상태로 볼 때, 原文書에서 서로 직접 連接되어 있지 않았을 가능성이 높다.[7] 따라서 기존에 문서의 4개 촌 모두를 西原京(現 淸州) 인근 지역으로 이해한 것은 再考할 필요가 있다.[8]

촌락문서는 내용 판독과 해석도 중요하지만, 그에 못지않게 이처럼 문서의 상태나 묵서에 대한 객관적인 정보들을 수집 정리하는 노력도 반드시 병행되어야 하는 작업이라고 생각된다. 촌락문서는 현재 그 실물을 볼 수 없는 상황이어서 조건상 이러한 연구에 어려움이 있는 것도 사실이지만, 사진을 저본으로 해서라도 이러한 연구가 앞으로 보다 활발히 이루어져야만 한다고 생각된다.[9] 이와 관련된 최신의 연구 성과를 기초로 하여 앞으로의 몇 가지 연구 방향을 제안하면 다음과 같다.

우선 첫째로, 촌락문서의 書式과 語彙에 관한 비교 연구가 필요하다. 최근 촌락문서에 숫자의 합을 표기할 때 사용한 '幷'의 용례에 주목하고, 이를 한중일 고대동아시아의 자료들과 비교 검토한 연구가 이미

서 연구에서 중요한 분수령이 되었다. 이 자리를 빌려 감사의 뜻을 전한다.

4) 윤선태, 2000, 『신라 통일기 왕실의 촌락지배 −신라 고문서와 목간의 분석을 중심으로−』, 서울대 대학원 국사학과 박사학위논문, pp.8~18.

5) 문서가 村별로 孔烟, 計烟 단위로 集計되어 있고, 이러한 기재양식이 신라의 녹읍제적 收取制와 관련되어 있다는 점에서, 이 문서를 '村落文書'라고 명명한 견해(旗田巍, 1958·1959, 「新羅の村落正倉院にある新羅村落文書の研究」, 『歷史學研究』 226·227; 1972, 『朝鮮中世社會史の研究』, 法政大學出版局)가 가장 타당하다고 생각되기 때문에, 본고에서도 「촌락문서」라고 명명하였다.

6) 묵서된 부분을 내면으로 하여 가운데 布芯을 넣고 풀로 붙여 기존보다 두꺼운 1편의 양면 백지를 만들었고, 이를 『화엄경론』의 제7질로 재활용하였다고 추론할 수 있다.

7) 윤선태, 2000, 「新羅村落文書의 記載樣式과 用途」, 『韓國古代中世古文書研究(下)』, 서울대출판부.

8) 正倉院文書를 통해 알 수 있는 고대일본의 卷子本 관문서의 재활용 양상과 비교해본다면(사카에하라 토와오, 2012, 『정창원문서입문』, 태학사), 「촌락문서」 역시 보존기간이 끝난 뒤 일정한 크기로 미리 절단되었고, 이를 불하받은 재활용처에서는 잘려진 행정문서 단편 중 무작위로 2편을 골라 경질을 만드는데 재활용하였다고 생각된다.

9) 2004년 4월 17일 한국고대사학회의 정기발표회 때, 필자는 도이 쿠니히코(土居邦彦)의 「신라촌락문서의 사료적 성격에 대한 재검토」라는 발표의 토론을 맡게 되었다. 이 인연으로 도이 선생님께 촌락문서의 유리원판 인화본 사진을 선물로 받았다. 이 사진들은 내 연구실을 빛나게 하는 가장 소중한 물건 중의 하나이다. 이 자리를 빌려 다시 한 번 더 감사의 마음을 전한다. 도이 선생님의 당시 설명에 의하면 연구자들이 正倉院事務所에 요청하면 유리원판의 인화가 가능하다고 한다.

제출된 바 있다.[10) 촌락문서의 서식이나 문서에 사용된 한자의 용법 어휘 등을 한중일 삼국의 고대 자료들과 비교하는 작업은 촌락문서의 작성연대나 역사성을 파악하는 데에도 큰 도움을 줄 수 있으며,[11) 나아가 文書式이나 한자 한문의 국제적 교류 관계를 통해 고대동아시아 세계의 문화소통 양상도 가늠할 수 있다.

둘째로, 촌락문서의 字形과 書體에 관한 비교 연구가 필요하다. 이와 관련하여 최근 촌락문서의 글씨에 대해 "자형이 주로 종이 계선의 형태와 같은 편방형이며 획의 강약, 밀도 등에서 書者 나름대로 정한 규칙이 반복되고 있다"는 점이 지적되어 주목된다. 또 이 연구에서는 촌락문서의 글씨는 "이전이나 이후의 어떤 글씨보다 능숙한 필치, 해서와 행서를 자유로이 오가는 글씨여서 행정문서를 취급하는 신라 관리의 솜씨가 전문 서예가나 經筆師에 못지않다"는 평가를 내렸다.[12)

본고 역시 이러한 연구 방향에서 준비되었다. 최근 필자는 대학원 수업에서 학생들과 촌락문서에 관한 기왕의 연구 성과들을 재검토하였는데, 촌락문서를 일본과 한국 학계에 최초로 소개한 초기의 논문들에 제시된 촌락문서의 판독문에서 '妻'의 字形에 대해 특별한 附記와 附言들을 한 사실을 발견하게 되었다.[13) 뒤에서 상술하겠지만 촌락문서에는 妻가 ▨, 즉 〈事 아래에 女〉의 형태로 된 독특한 異體字로 기록되어 있다. 그런데 촌락문서를 학계에 최초로 보고한 논문들이 이러한 처의 이체자에 주목하였던 것과는 달리 이후의 연구들에서는 하나같이 이 글자를 그냥 妻로 쉽게 표기하고 있다.

물론 이 글자의 뜻은 妻가 분명하지만, 이 글자를 추적하는 가운데 필자는 촌락문서 전후의 고대동아시아 자료 속에서 妻의 서체를 둘러싼 상당히 유익한 정보들을 모을 수 있게 되었다.[14) 또 이를 비교 검토하면서 촌락문서의 작성시기도 어느 정도 추론해볼 수 있는 근거를 마련하게 되었다. 이 글에서는 이처럼 촌락문서에 쓰인 妻의 書體에 주목하고, 그것이 갖고 있는 역사적 가치를 검증해보려고 한다. 우선 다음 2장에서는 촌락문서에 기록된 妻의 자형과 서체를 구체적으로 확인하여 보았다. 이후 이러한 異體의 妻를 기록한 중국 측의 자료들과 서로 비교 검토하여 촌락문서의 역사적 위상을 추적하여 보았다. 이어 3장에서는 촌락문서를 전후한 신라 측 자료에서 妻의 이체자가 언제 수용되었는지, 또 妻의 이체자가 유행했던 특정한 시기가 존재하였는지 등을 조사하였다. 이러한 작업을 통해 촌락문서의 작성연대까지도

---

10) 方國花, 2016, 「「幷」字の使用法から文字の受容·展開を考える -「並」,「合」との比較から-」, 『正倉院文書の歴史學·國語學的研究』, 和泉書院.

11) 方國花, 위의 논문, pp.186~189에서도 이 「幷」의 용법이 중국에서는 漢代까지 보이는 고대의 용법으로 한정되어 나타나며, 백제에 있어서는 7세기 목간에 보이고 있고, 일본의 「幷」의 사용 용례까지 종합적으로 감안한다면, 「신라촌락문서」도 7세기 말의 것으로 판단할 수 있는 가능성이 충분하다고 추론하고 있다.

12) 정현숙, 2016, 「서예」, 『신라의 조각과 회화』, 신라 천년의 역사와 문화 편찬위원회, pp.311~312.

13) 野村忠夫, 1953, 「正倉院より發見された新羅の民政文書について」, 『史學雜誌』 62-4; 이홍직, 1954, 「일본 正倉院 발견의 新羅民政文書」, 『學林』 3; 1971, 『한국고대사의 연구』, 신구문화사.

14) 필자가 이처럼 書體에 대해 조금이나마 관심을 갖게 된 것은 모두 한국목간학회의 회원으로 활동하면서 서예사 연구자들과 학제 간 만남을 자주 갖게 된 것이 중요한 계기가 되었다. 한국목간학회는 역사학뿐만 아니라 고고학, 국어학, 서예학, 보존과학 분야의 연구자들이 참여하는 학문적 통섭이 실현되는 공간이다. 학회 활동을 통해 필자는 자료를 다양한 시선에서 바라보는 법을 배우게 되었다.

추론할 수 있는 길을 열어보았다. 諸賢의 叱正을 바란다.

II. 「신라촌락문서」의 '妻'

1953년 촌락문서를 학계에 최초로 보고한 노무라(野村忠夫)의 촌락문서 판독문을 보면 A촌의 "乙未年
烟見賜節公等前及白, 他郡中 ᄇ 追移孔一" 부분과 D촌의 "甲午年壹月□省中及白[   ]追以出去因白裏是子
女子" 부분처럼 글씨의 자형이 〈事 아래에 女〉의 형태로 된 글자들이 제시되어 있다. 또 노무라는 이 글

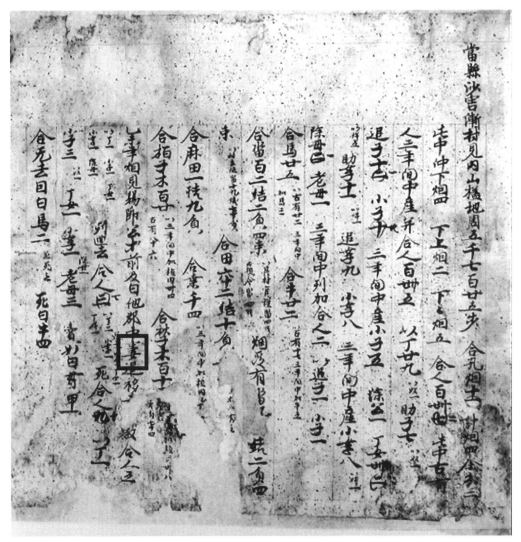

그림 1. 신라촌락문서의 A촌 부분

자들의 우측 행간에 괄호를 하고 그 글자가 '(妻)'라고 附記하였다.[15] 이는 특이한 서체의 이 글자가 妻의 異體字임을 나타낸 것이었다. 촌락문서를 한국 학계에 최초로 소개한 이홍직은 이 노무라의 판독문을 그 대로 전재하면서도, A촌의 관련 글자에는 妻의 정자인 楷書로 표기하고, D촌의 해당 부분에서만 이 글자를 妻의 이체자로 표기하였다.[16] 촌락문서의 사진에서 해당 부분을 찾아 이점을 보다 명확하게 확인하여 보자. 우선 문서의 A촌이다.

위 A촌 문서의 12행을 보면 실제로 "乙未年烟見賜節公等前及白, 他郡中■追移" 부분에 〈事 아래에

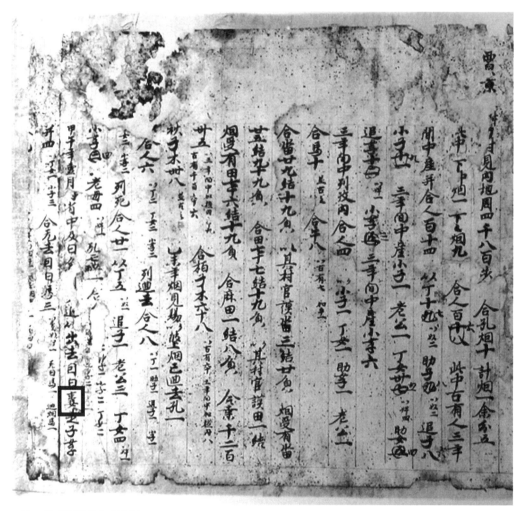

그림 2. 신라촌락문서의 D촌 부분

---

15) 野村忠夫, 앞의 논문, pp.59~60.
16) 이홍직, 앞의 책, pp.540~542.

女〉의 형태를 한 특이한 자형의 글자가 확인된다(문서의 네모 친 글자). 이 글자는 후술하겠지만, 중국의 南北朝時代에 많이 사용된 妻의 이체자이다. 특이한 자형이지만, 妻와 동일한 뜻의 글자가 분명하다. 따라서 이홍직이 A촌의 이 부분 글자를 妻로 표기한 것은 잘못이며, 노무라가 제시한 판독문이 옳다는 것을 알 수 있다. 촌락문서 연구의 이정표가 된 논문인 하타다(旗田巍)의 「신라의 촌락」(1958년)에 제시된 촌락문서의 판독문에도, A촌과 D촌의 해당 부분 모두에 촌락문서에 기록된 그대로 〈事 아래에 女〉의 형태로 된 妻의 이체자를 사용하여 판독문을 만들었다. 이어 이를 설명하는 본문에서도 이 글자에 대해 "妻의 古字인가?"라는 의문을 괄호 속에 달아놓았고, 또 "이 　를 妻라고 해석한다면"이라고 附言하는 등,[17] 촌락문서에 표기된 妻의 이체자가 일반적인 妻의 자형과 다른 점을 명확히 본문 내에서도 밝히고 있다.

위 D촌 문서의 16행을 보면 실제로 "甲午年壹月□省中及白[　]追以出去因白　是子女子" 부분에 〈事 아래에 女〉의 형태를 한 특이한 자형의 글자가 확인된다(문서의 네모 친 글자). 이는 앞서 검토한 A촌 부분에 기록된 妻의 이체자와 동일한 자형임을 알 수 있다. A촌과 D촌의 해당 글자를 비교해보면 다음과 같다.

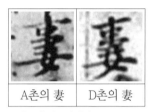

| A촌의 妻 | D촌의 妻 |

그림 3. 촌락문서의 妻

그런데 노무라, 이홍직, 하타다처럼 촌락문서를 학계에 소개했던 1세대 연구자들과는 달리 그 이후의 연구들에서는 이 글자의 판독에 대해서는 조금의 의문도 제기되지 않았다. 그렇게 된 이유는 이 글자가 妻의 이체자가 분명하여 더 이상 판독의 논란이 없었기 때문이지만, 보다 본질적으로는 당시가 촌락문서 연구 초창기라 문서의 내용 이해도 아직 제대로 이루어지지 않아 우선 문서의 판독과 해석에 연구가 집중되었기 때문이었다.

그러나 이러한 특이한 자형은 그냥 간과할 수 없는 유익함이 있다. 이러한 특이한 자형들은 특정한 시점에 글자가 출현해서 일정한 시기에만 사용되는 경우도 있기 때문에, 이러한 書體의 淵源과 傳播 양상을 면밀히 조사할 필요가 있다. 촌락문서를 전후하여 작성된 동아시아의 서사자료 속에서 妻의 서체들을 수집하고 이를 촌락문서의 처와 상호 비교 검토하는 작업은 어쩌면 촌락문서의 작성시점까지도 이해할 수 있는 유익한 정보를 줄 수도 있다.

촌락문서에 기록된, 妻를 〈事 아래에 女〉의 자형으로 쓰는, 妻의 특이한 書體는 唐에서 변형의 조짐이

---

17) 旗田巍, 앞의 책, pp.438~439.

보이기 시작하여 北魏, 東魏, 北齊를 거쳐 隋에 이르기까지 주로 南北朝 시기 北朝에서 유행하였던 異體字였다.[18] 그런데 北魏의 서사 자료들을 일별해보면, 당시 妻의 글씨를 모두 이러한 이체자로만 썼던 것이 아니었음을 알 수 있다. 예를 들어 496년에 작성된 「一弗爲亡夫張元祖造像題記」,[19] 514년에 작성된 「司馬昞妻孟敬訓墓誌銘」,[20] 515년에 작성된 「皇甫

그림 4. 촌락문서의 妻와 동아시아 서사자료 중의 妻

驎墓誌銘」[21] 등에는 〈事 아래에 女〉의 자형으로 쓰는 妻의 이체자가 쓰여 있지만, 499년에 작성된 「韓顯宗墓誌銘」, 507년에 작성된 「奚智墓誌銘」, 513년에 작성된 「元颺妻王夫人墓誌銘」, 519년에 작성된 「元珽妻穆玉容墓誌銘」 등에는 妻의 楷書 정자가 쓰여 있다.[22]

같은 북위 시기의 자료에 妻의 서체가 뒤섞여 갈마들어 사용되고 있었던 이러한 상황으로 볼 때, 당시 書者의 취향에 따라 妻의 글자는 해서의 정자를 쓰거나 이체자를 쓰는 선택이 이루어지고 있었다고 말할 수 있다. 그러나 〈事 아래에 女〉의 자형으로 妻를 쓰는 방식의 이체자가 출현하고 그러한 서체가 유행했던 시점에 일정한 경향성도 분명히 확인된다. 즉 妻의 이체자는 北朝에서 유행하다가 隋를 끝으로 사라지며, 필자의 寡聞일 수 있지만 楷書가 널리 유행했던 唐代의 자료에는 妻의 이체자가 확인되지 않고 있다. 결국 妻를 〈事 아래에 女〉의 자형으로 쓰는 妻의 이체자는 적어도 중국에서는 남북조시대, 특히 北朝에서 출현하여 널리 유행하다가 隋를 끝으로 사라졌다고 말할 수 있다.

촌락문서를 통해 알 수 있듯이 신라에도 이러한 妻의 이체자가 분명히 전파되었고, 사용되었음을 알 수 있다. 이제부터는 신라 측 자료를 통해 妻의 이체자가 언제쯤 수용되었고, 중국처럼 처의 이체자가 일정한 기간에만 사용되었는지 등 신라 서사자료에 나타나는 妻 서체의 특징을 검토하여 보도록 하자.

---

18) 王平 主編, 2008, 『中國異體字大系·楷書編』, 上海書畫出版社, p.122.

19) 歷代碑帖法書選, 1983, 『龍門二十品』, 文物出版社, p.2.

20) 中國法書選 25, 1989, 『墓誌銘集〈上〉北魏』, 二玄社, p.24.

21) 위의 책, p.52.

22) 梅原淸山編, 2003, 『北魏楷書字典』, 二玄社, pp.168~169; 中國法書選 26, 1989, 『墓誌銘集〈下〉北魏·隋』, 二玄社, p.2.

III. 신라 6~9세기 자료의 '妻'

고구려, 백제, 신라 등 한반도의 고대국가들이 생산했던 當代의 문자 자료들을 면밀히 검토하였지만, 妻라는 글자를 기록한 자료는 몇 개 되지 않을 정도로 의외로 적었다. 현재 남아있는 서사자료 중 妻가 기록된 것은 모두 신라 측 자료들밖에 없다. 그 최초의 사례는 「蔚州川前里書石」의 '乙巳銘'이다. 이 서석의 여러 곳에 많은 명문들이 산재해 있는데, 그 내용이나 서체 등으로 추정할 때 작성 시기는 6세기 무렵의 것에서부터 신라 말에 이르는 것까지 매우 다양한 시기의 명문들이 남아있다.[23] 그중 중핵이 되는 명문을 학계에서는 소위 '原銘'과 '追銘'이라고 부르고 있는데, 妻가 기록된 '을사명'이 바로 원명이다. 을사년은 법흥왕 12년으로 525년에 작성된 것이다. 그 탁본을 소개하면 다음과 같다.

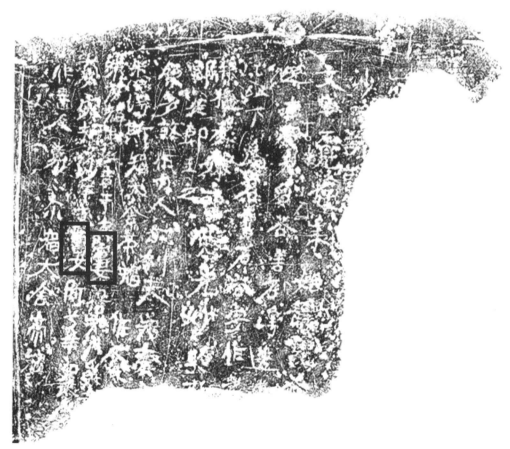

그림 5. 울주천전리서석 '을사명(525년)'의 妻

---

23) 「울주천전리서석」에 대한 보다 자세한 설명은 한국고대사회연구소편, 1992, 『역주 한국고대금석문』 제2권, 가락국사적개발
연구원, pp.150~174을 참조 바람.

이 명문에는 妻가 두 번 기록되었는데(탁본의 네모 친 글자), 모두 〈事 아래에 女〉의 자형으로 쓴 妻의 이체자임을 알 수 있다. 이로 볼 때, 신라에는 525년 이전에 이미 중국 北魏에서 유행했던 妻의 이체자가 수용되어 사용되고 있었음을 알 수 있다.

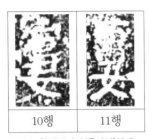

| 10행 | 11행 |

그림 6. 천전리서석 '을사명'의 妻

위는 탁본에서 처의 이체자만을 추출해본 것이다. 두 글자 사이에 약간의 차이가 있지만, 대체로 북위 시대 妻의 이체자들과 대동소이하며 크게 벗어나지 않는다. 한편 천전리서석의 '乙丑銘'에도 妻가 기록되어 있다. 을축명은 그 내용 중에 '波珍干支'의 표기가 나와, 을축은 545년으로 비정할 수 있다. 을축명은 원명과 추명의 우상부 가로 중심선 가까운 곳에 매우 얕게 새겨져 있다. 이로 인해 마멸이 심해 명문의 판독에 어려움이 있

그림 7. 천전리서석 '을축명(545년)'의 妻

다. 그 탁본을 소개하면 〈그림 7〉과 같다.

이 명문에는 妻가 한 번 나오는데(탁본의 네모 친 글자), 마멸이 심해 필획이 희미하지만, 앞서 '을사명'과 마찬가지로 〈事 아래에 女〉의 자형으로 쓴 妻의 이체자임을 알 수 있다. 이로 볼 때, 525년 이전에 신라에 수용되었던 北魏에서 유행했던 妻의 이체자가 신라 사회에서도 상당히 널리 지속적으로 사용되고 있었음을 추론할 수 있다. 이는 같은 6세기 자료인 550년 무렵에 작성된 「단양적성비」를 통해서 더욱 분명히 확인할 수 있다.

그림 8. '단양적성비(550년)'의 妻

　이 명문에도 妻가 한 번 나오는데(탁본의 네모 친 글자), 중간 필획이 일부 파손되었지만, 앞서 '을사명' 및 '을축명'과 마찬가지로 〈事 아래에 女〉의 자형으로 쓴 妻의 이체자임을 알 수 있다. 이로 볼 때, 525년 이전에 신라에 수용되었던 北魏에서 유행했던 妻의 이체자가 6세기 신라 사회에서 상당히 널리 그것도 지속적으로 사용되고 있었다고 말할 수 있다. 6세기의 妻의 표기 사례가 4개밖에 없는 상황에서 모든 자료에 이체의 妻로 기록되었다는 점이 이러한 필자의 추론을 도와준다.

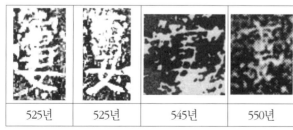

525년	525년	545년	550년

그림 9. 신라 6세기 자료의 妻

그런데 8세기 이후의 신라 서사 자료에는 이와는 완전히 다른 양상이 나타난다. 7세기의 자료가 현재 하나도 남아있지 않아,[24] 6세기에서 7세기로 넘어가는 양상은 뚜렷이 확인하기 어렵지만, 8세기 이후의 자료는 몇 가지 사례가 남아있다. 다음은 719년에 작성된 「감산사미륵조상기」에 기록된 妻의 사례이다.

〈그림 10〉의 명문에는 두 곳에 妻가 있는데, 앞서 검토한 6세기의 자료와 달리 妻를 楷書의 정자로 기록하였다. 중국에서도 唐代에 楷書가 유행하면서 〈事 아래에 女〉를 쓴 妻의 이체자가 사라졌는데, 신라에서도 8세기 이후에는 처의 이체자가 사용되지 않았을 가능성을 보여준다. 720년에 작성된 「감산사아미타조상기」에도 마찬가지로 妻를 楷書의 정자로 기록하고 있다. 「천전리서석」의 '辛亥年銘'에도 妻의 사례가 확인되는데, 이 역시 마찬가지로 처의 해서 정자로 쓰여 있다. 이 신해년의 명문은 746년에 기록된 「천전리서석」의 '丙戌載銘'의 필획을 일부 물고 석각되었다는 점에서 746년 이후의 서사 자료라고 생각된다.

872년 무렵에 작성된 것으로 추정되는 「흥덕왕릉비」는 산산조각 났지만, 운 좋게도 妻를 기록한 비편 하나가 현재 남아 있어, 신라에서 9세기 이후 처의 서체가 어떠하였는지를 이해하는 데 큰 도움이 된다. 위 탁본으로 알 수 있듯이, 「흥덕왕릉비」에도 妻는 楷書의 정자로 기록되어 있다.

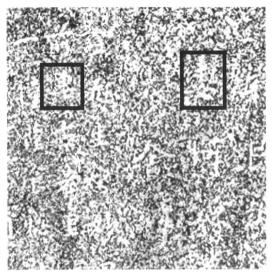

그림 10. 감산사미륵조상기(719년)의 妻

그림 11. 흥덕왕릉비(872년)의 妻

---

24) 물론 필자는 「신라촌락문서」를 695년에 비정하기 때문에, 이를 7세기 말의 서사자료라고 말할 수 있지만, 일단 본고에서는 이를 제외한 선상에서 신라 서사자료에서 처의 서체가 어떠한지를 추적하고 이를 토대로 촌락문서의 연대관을 피력해보려고 한다.

지금까지 6~9세기 신라의 서사자료를 검토한 결과 6세기에는 하나같이 모두 北魏에서 유행했던 〈事 아래에 女〉로 쓴 妻의 異體字가 널리 그리고 지속적으로 사용되었지만, 8세기 이후가 되면 異體의 妻는 사라지고, 모두 楷書의 정자인 妻가 널리 유행하였다는 사실을 알 수 있게 되었다. 이처럼 신라에서 妻의 서체가 8세기가 하나의 분수령이 되어 변모

그림 12. 신라 6~9세기 妻의 서체변화와 촌락문서의 위상

하였다면, 처의 이체자가 기록된 촌락문서의 작성연대는 8세기로 내려갈 수 없다고 생각된다. 종래 촌락문서의 작성연대에 대해서는 695년설, 755년설, 815년설 등이 제기된 바 있는데, 처의 서체로 볼 때 695년이 합당한 작성연대라고 생각된다.

IV. 맺음말

「신라촌락문서」는 내용 판독과 해석도 중요하지만, 그에 못지않게 문서의 상태나 묵서에 대한 객관적인 정보들을 수집 정리하는 노력도 반드시 병행되어야 한다. 촌락문서는 현재 그 실물을 볼 수 없는 상황이지만, 사진을 저본으로 해서라도 촌락문서의 문서 상태나 語彙 용례, 書體와 字形 등을 동아시아세계의 관련 자료들과 비교 검토하는 연구가 매우 활발히 이루어져야 한다고 생각된다. 본고 역시 이러한 연구 방향에서, 촌락문서에 妻라는 글씨가 〈事 아래에 女〉를 쓴 '䋝'라는 독특한 異體字로 기록되어 있는 점에 주목하였다. 이 글자의 뜻은 妻가 분명하지만, 이 글자를 추적하는 가운데 필자는 촌락문서 전후의 고대동아시아 자료 속에서 妻의 이체자가 출현하고 소멸해간 양상에 관한 정보들을 모을 수 있게 되었고, 이를 통해 신라 촌락문서의 작성연대가 8세기로 내려갈 수 없음을 확실히 알게 되었다.

이 글에서는 우선 2장에서 촌락문서의 사진본을 통해 A촌과 D촌 문서 부분에 기록된 妻의 자형과 서체가 〈事 아래에 女〉를 쓴 妻의 異體字임을 확인하였다. 이러한 妻의 이체자는 중국 남북조시대, 특히 北朝에서 유행하다가 隋를 끝으로 사라지며, 필자의 寡聞일 수 있지만 楷書가 널리 유행했던 唐代의 자료에는 이러한 妻의 이체자가 확인되지 않는다. 이어 3장에서는 6~9세기 신라의 서사자료를 검토한 결과 6세기에는 하나같이 모두 北魏에서 유행했던 〈事 아래에 女〉로 쓴 妻의 異體字가 널리 그리고 지속적으로

사용되었지만, 8세기 이후가 되면 異體의 妻는 사라지고, 모두 楷書의 정자인 妻가 널리 유행하였다는 사실을 확인하게 되었다. 이처럼 신라에서 妻의 서체가 8세기가 하나의 분수령이 되어 변모하였다면, 처의 이체자가 기록된 촌락문서의 작성연대는 8세기로 내려갈 수 없다고 생각된다. 종래 촌락문서의 작성연대에 대해서는 695년설, 755년설, 815년설 등이 제기된 바 있는데, 처의 서체로 볼 때 695년이 합당한 작성연대라고 생각된다.

투고일: 2017. 3. 23   심사개시일: 2017. 3. 25   심사완료일: 2017. 4. 28

참/고/문/헌

한국고대사회연구소편, 1992, 『역주 한국고대금석문』 제2권, 가락국사적개발연구원.

歷代碑帖法書選, 1983, 『龍門二十品』, 文物出版社.

中國法書選 25, 1989, 『墓誌銘集〈上〉北魏』, 二玄社.

中國法書選 26, 1989, 『墓誌銘集〈下〉北魏·隋』, 二玄社.

奈良國立博物館, 1991, 『平成三年第四十三回正倉院展』.

梅原淸山編, 2003, 『北魏楷書字典』, 二玄社.

王平 主編, 2008, 『中國異體字大系·楷書編』, 上海書畫出版社.

이홍직, 1954, 「일본 正倉院 발견의 新羅民政文書」, 『學林』 3; 1971, 『한국고대사의 연구』, 신구문화사.

윤선태, 2000, 『신라 통일기 왕실의 촌락지배 −신라 고문서와 목간의 분석을 중심으로−』, 서울대 대학원
    국사학과 박사학위논문.

윤선태, 2000, 「新羅村落文書의 記載樣式과 用途」, 『韓國古代中世古文書硏究(下)』, 서울대출판부.

도이 쿠니히코(土居邦彦), 2004, 「신라촌락문서의 사료적 성격에 대한 재검토」, 한국고대사학회 정기발표
    회 발표논문.

사카에하라 토와오, 2012, 『정창원문서입문』, 태학사.

정현숙, 2016, 「서예」, 『신라의 조각과 회화』, 신라 천년의 역사와 문화 편찬위원회.

野村忠夫, 1953, 「正倉院より發見された新羅の民政文書について」, 『史學雜誌』 62−4.

旗田巍, 1958·1959, 「新羅の村落正倉院にある新羅村落文書の硏究」, 『歷史學硏究』 226·227; 1972 『朝鮮
    中世社會史の硏究』, 法政大學出版局.

川副武胤, 1965, 「新羅國官文書の作成年次について」, 『大和文化硏究』 10−9.

方國花, 2016, 「幷'字の使用法から文字の受容·展開を考える −'並', '合'との比較から−」, 『正倉院文書の歷
    史學·國語學的硏究』, 和泉書院.

〈Abstract〉

On the Record Date of "*Silla Village Register*" treasured in Shōsōin;

Centered on calligraphy of a Chinese character 'cheo(妻)'

Yoon, Seon-tae

This study aims to reveal the characteristics of calligraphy of a Chinese character 'cheo(妻)' of "*Silla Village Register*(新羅村落文書, *SVR*)" treasured in Shōsōin(正倉院), through the comparative analysis of the relationship between Silla and Northern Wei(Northern Dynasties) calligraphy. Among the various details of the *SVR*, the item of calligraphy is the most important for studying *SVR*.

SVR(Silla Chollak Munseo), also referred to as the 'Civil Administration Documents'(Minjeong Munseo, 民政文書) or 'Census Register'(Jangjeok, 帳籍), are the documents which reported the economic status of a number of villages and included a census of households for the purposes of taxation and governance. The extant documents are reports on four villages. They are the best source for understanding how Silla's provinces were ruled. They were discovered in 1933 at the Shosoin (正倉院) of Todai Temple(東大寺) in Japan.

The documents detailed the names of each county and village, the size of the villages, the numbers of households, horses, cows and trees, and the land area of the farmland. In the case of trees, the numbers were categorized by species, and included mulberry, nut pine, and walnut trees among others. This categorization was used for the efficient collection of taxes.

I searched for the origin and extinction of calligraphy Chinese character 'cheo(妻)', through the comparative analysis of the relationship between Northern Wei(Northern Dynasties) and Tang(唐) calligraphy. I considered the *SVR*, focusing on its record date and use, was completed in the 4th year of King Hyoso(695 A.D.), and taking a census of the village subordinated to the royal household.

▶Key words: Silla(新羅), *Silla Village Register*(新羅村落文書), calligraphy of Chinese character(書體), cheo(妻), Northern Wei(北魏), Tang(唐)

〈華嚴石經〉의 조성시기 新考察[*]

조미영[**]

〈국문초록〉

〈華嚴石經〉은 절대연도를 알 수 있는 편이 없어 학계에서는 7세기, 8세기, 9세기 등 몇 가지로 연도를 추정하고 있고 그중에서도 8세기 말에서 9세기로 보는 견해가 우세했다. 본고에서는 變相圖와 書風에 관해 조명해 봄으로써 〈화엄석경〉의 조성시기에 관하여 새롭게 고찰했다. 신라의 절대연도가 있는 〈白紙墨書大方廣佛華嚴經〉(755)의 변상도와 서풍을 〈화엄석경〉과 비교해 보고, 신라의 석경들과도 서풍을 비교하여 〈화엄석경〉의 조성시기를 추정해 보았다. 〈화엄석경〉의 변상이 있는 편들과 〈백지묵서대방광불화엄경〉의 변상도를 비교하여 대좌의 사자, 寶相華 등에서 유사성을 확인했고, 이들 사이의 서풍도 비교하여 〈화엄석경〉과 〈백지묵서대방광불화엄경〉 1축의 서풍이 유사하다는 것을 알 수 있었다. 그리고 신라 석경들의 서풍을 비교해 본 결과 〈金剛石經〉과 〈화엄석경〉의 서풍은 같은 시기 동일한 사람들에 의해 제작된 것으로 보인다. 이것은 〈화엄석경〉의 조성연대를 8세기 전반으로 추정할 수 있는 근거가 된다. 이밖에도 여러 가지 정황들을 살펴보았다. 석경은 장육전의 내부를 장엄했고 그 규모의 크기로 보아 장육전이 건립된 때 같이 고려되어진 것으로 추정된다. 〈백지묵서대방광불화엄경〉이 화엄사의 법신사리로서 복장이나 내탑을 위해 조성되었다면 그 전에 건축되었을 장육전의 건립에 맞추어 〈화엄석경〉이 조성되

---

[*] 본 논문은 「新羅〈華嚴石經〉研究」(2014, 원광대학교대학원 박사학위논문)의 일부를 주제에 맞게 수정·보완한 것이다.

[**] 원광대학교 서예문화연구소 연구위원(금석문연구회), 한국사경연구회 학술이사

었을 것이며 그렇다면 조성시기는 〈백지묵서대방광불화엄경〉보다 앞선다고 할 수 있다. 또한 정치적, 불교적 상황을 고려했을 때 〈화엄석경〉은 나말의 혼란기인 9세기보다는 그 이전에 조성되었음이 타당하다. 이런 사실들을 종합하여 필자는 〈화엄석경〉의 조성시기를 8세기 전반으로 추정한다.

▶ 핵심어: 화엄석경, 화엄경, 금강석경, 법화석경, 變相圖, 書風

I. 서론

〈화엄석경〉은 절대연도를 알 수 있는 편이 없는 관계로 사학계과 미술사학계에서 7세기, 8세기, 9세기 등 몇 가지로 연도를 추정하고 있다. 본고에서는 지금까지의 기존 연구들을 살펴보고 거기에 더해 변상도와 서풍에 관해 조명해 봄으로써 〈화엄석경〉의 조성시기에 관하여 새롭게 살펴보고자 한다. 신라의 절대연도가 있는 〈백지묵서대방광불화엄경〉의 변상도와 서풍을 〈화엄석경〉과 비교해 보고, 신라의 석경들과도 서풍을 비교하여 〈화엄석경〉의 조성시기를 추정해 볼 것이다. 또한 이 외에도 이 석경의 조성시기를 추측해 볼 수 있는 몇 가지 요소들도 고려하여 종합적으로 〈화엄석경〉의 조성시기를 추정해 보겠다.

II. 華嚴寺와 〈華嚴石經〉의 조성시기에 관한 諸說

선행연구자들은 〈화엄석경〉의 조성시기가 화엄사의 건립시기와 밀접한 관련을 갖는다고 생각하여 화엄사의 건립시기에 주목하여 추정한 학자들도 있다. 그러나 후대에 만들어진 사료들은 오류가 있어 그 정확성을 확신할 수 없다. 〈화엄석경〉의 규모로 봤을 때 조성시기가 장육전의 건립과 같이 이루어졌을 것이라 생각되므로 먼저 화엄사의 조성시기에 관해 언급한 글들을 찾아보면 〈표 1〉과 같다.

표 1. 〈화엄사〉 조성시기에 관한 글

| 法王(599-600) | '梵僧 緣起祖師가 創建했다고 하는데 이루어졌다 허물어지고 허물어졌다가 이루어지기를 몇 천년이 지났는지 알 수 없다.[1] 百濟 法王이 隋 文帝의 開皇 19년(599)에 즉위하고 詔를 내려 殺生을 금하였으며 明年에 僧 三十餘人을 華嚴寺에 度해주었다.[2] | 『華嚴寺事蹟』 |
| 진흥왕대(540-576) | 『大華嚴寺重修記』에는 화엄사의 창건에 대해 '신라 진흥왕 5년 갑자에 법류선사와 법운자가 창건하였다[3]'고 기록되어 있는데 여기의 법류는 법흥왕이고 법운자는 진흥왕을 말한다.[4] | 『화엄불국사사적』 |

	'眞興王 4년 甲子에 緣起道師가 세웠으며 百濟 法王이 이곳 華嚴寺에서 三千僧侶를 入住케 하였다. 善德王 11년(642) 慈藏이 증축했다.[5]	『求禮續誌』와『續修求禮誌』
	梁 武帝 大同 10년 신라 진흥왕 때 세워졌다.[6]	『鳳城誌』
경덕왕대(742-765)	『東國輿地勝覽』과「湖南道求禮縣智異山大華嚴寺事蹟」에 화엄사의 창건주로 나와 있는 煙氣와 鷰起는 이 사경을 발원한 緣起와 동일 인물이며,[7] 따라서 화엄사의 창건이〈백지묵서대방광불화엄경〉을 발원한 연기에 의해 경덕왕 때 창건되었을 것이라고 보는 견해도 있다.[8]	文明大, 李基白, 崔柄憲

　『求禮續誌』와『續修求禮誌』에는 善德王 11년(642) 慈藏이 증축했다고 기록되어 있으나 통일 전 백제지역의 화엄사를 자장이 중건했다는 것에서 오류가 제기된다.[9] 『화엄불국사사적』의 진흥왕, 법흥왕이 창건했다는 것 역시 같은 오류가 제기된다. 모두 오랜 시간이 지난 후의 기록으로 오류가 있고 정확하지 않다. 아마도 후대에 통일을 한 신라를 기준으로 기록하여 이런 오류가 생긴 것으로 보인다. 백제시대 창건 통일신라시대 중건 가능성도 있을 것으로 보인다.
　다음 〈표 2〉는 〈화엄석경〉에 관한 사료들이다.

표 2. 〈화엄석경〉 관련 사적자료

『大華嚴寺事蹟』「湖南道求禮縣智異山大華嚴寺事蹟」	'梵僧 緣起祖師가 創建했다고 하는데 이루어졌다 허물어지고 허물어졌다가 이루어지기를 몇 천 년이 지났는지 알 수 없다. 석벽에 새겨진 경의 글씨만도 10 혹은 9만 5천 48言이었는데 부서져 내려 발밑에 먼지가 되었으니 이것을 보는 사람마다 길게 한숨을 쉬며 눈물을 흘린다.'[10]

1) 吾華嚴寺聞之古老梵僧烟起之所建也成而毁毁而成不知其幾千年于玆

2) 百濟法王或云孝順王隋文帝開皇十九年己未卽位詔禁殺生明年度僧三十餘人於華嚴寺

3) 梁武帝大同十二年新羅眞興王五年甲子法流禪師與法雲子開刱焉

4) 中觀 海眼 著 / 조용호譯, 1997,『화엄불국사사적』, 국학자료원, p.25.

5) 新羅眞興王四年甲子(梁武帝大同十年)緣(一云烟)起祖師創建百濟法王(一云孝順王)度僧三千餘人於此新羅善德女王仁平十一年慈藏法師增築憲康王時道洗法師增築

6) 梁武帝大同十年新羅眞興王所刱

7) 文明大, 1979,「新羅華嚴 寫經과 그 變相圖의 硏究」,『韓國學報』14, 일지사; 李基白, 1979,「新羅 景德王代 華嚴經 寫經 關與寺에 대한 考察」,『歷史學報』83, 역사학회; 崔柄憲, 1980,「高麗時代 華嚴學의 變遷 －均如派와 義天派의 對立을 中心으로」,『韓國史硏究』30, 한국사연구회.

8) 李基白, 1979, 위의 글, p.127; 文明大, 1979, 위의 글, p.55; 崔柄憲, 1980, 위의 글, p.66; 김상현, 1991,『신라화엄사상사연구』, 민족사.

9) 韓國佛敎硏究院, 1976,『華嚴寺』, 一志社, pp.22~23 참조.

『新增東國輿地勝覽』卷39 南原都護府 佛宇條와 卷40 求禮縣 佛宇條	'어느 때 사람인지 알 수 없으나 煙氣라는 스님이 이 절을 세웠다. 절 속에는 한 전이 있는데 네 벽을 흙으로 바르지 않고 모두 청벽을 만들었으며 그 위에 화엄경을 새겼으나 여러 해가 되어 벽이 무너지고 글자가 지워져서 읽을 수가 없다.'[11]
『鳳城誌』(正祖 21, 1797)	화엄사가 梁 武帝 大同 10년 신라 진흥왕 때 세워졌으며 唐 貞觀 신라 선덕왕 때 慈藏대사가 탑을 세웠고, 문무왕 때 법사 의상이 왕명을 받들어 석판에 화엄경 80권을 각했고, 경덕왕 때 칙명으로 화엄사를 중건하여 8堂宇와 81庵子를 만들었는데, 丁酉倭亂으로 소실되어 석편이 쌓여 있다고 기록되어 있다.[12]
「海東 湖南道 智異山 大華嚴寺事蹟」	봉성지에 이르기를 신라 문무왕 때 의상이 왕명을 받들어 석판으로 화엄경 80권을 화엄사에 설치했으나 정유년에 화재로 지금은 석편이 쌓여 있다'는 기록이 있다.[13]

이제 〈화엄석경〉에 관련된 선행 연구들을 살펴보자.

표 3. 〈화엄석경〉 조성시기에 관한 선행 연구자들의 견해

『朝鮮金石總覽』 『韓國金石全文』	『鳳城誌』에 근거하여 신라 문무왕대에 의상이 조성한 것[14]	7C 후반
陳震應(1976)	신라 하대인 정강왕에서 경순왕 사이(886~935)에 60화엄과 40화엄을 새겨 조성한 것으로 추정[15]	9C 말~10C 초
조경시(1989)	석경의 조성은 재정이나 기술적으로 大役事이기에 지방에서 독자적인 불교세력을 인정한다 해도 승려 개인과 지방민의 참여로 이루어진 경덕왕 때의 화엄경 사경 발원과는 달리, 막대한 재정적 뒷받침과 기술을 동원할 수 있는 전제왕권의 지원에 의한 거국적인 차원에서의 신앙 활동이 아니면 불가능했을 것이고, 羅末	8C 이전

---

10) 吾華嚴寺聞之古老梵僧烟起之所建也成而毀毀而成不知其幾千年于玆石壁經字十非九萬五千四十八言 碎爲足下之塵凡睍而視之者莫不長太息流涕
필사본 「湖南道求禮縣智異山大華嚴寺事蹟」에는 '十兆九萬五千四十八言'라고 쓰여 있어 兆라고 되어 있으나 목판본에는 양 옆의 점이 셋으로 되어 있어 이것은 非의 오자라 생각된다. 또한 필사본에는 睍라고 되어있으나 문맥상 睍로 보아야 할 것으로 생각된다.

11) 華嚴寺在智異山麓僧烟氣不知何代人建此寺中有一殿四壁不以土塗皆用靑壁刻華嚴經於其上歲久壁壞文字刓沒不可讀

12) 梁武帝大同十年新羅眞興王所刱唐貞觀新羅善德王時慈藏大師建塔… 文武王時國師義湘承王命以石板刻華嚴經八十卷留于寺 景德王朝勅令重新其時大寺八屬庵子八十一……萬曆丁酉倭…啲憤入寺放火三層法堂碎盡所藏石板石片至今積在

13) 鄭彙憲 集錄, 1969, 「海東 湖南道 智異山 大華嚴寺事蹟」, 『불교학보』 6, 동국대학교불교문화연구소, p.236. 新羅文武王時義相承王命以石板刻華嚴經八十卷留于華嚴寺萬曆丁酉火石片至今積在

14) 『朝鮮金石總覽』上, p.27; 許興植 編著, 1984, 『韓國金石全文』古代, 亞細亞文化社, p.88; 鄭彙憲 集錄, 1969, 앞의 글, p.236. 新羅文武王時義相承王命以石板刻華嚴經八十卷留于華嚴寺萬曆丁酉火石片至今積在.

15) 韓國佛敎硏究院, 1976, 『華嚴寺』, 一志社, 1976, p.24 참조.

	의 혼란기에는 엄청난 불사가 행해지기가 현실적으로 불가능했을 것이라 유추했다. 또한 석경의 내용이 80권본이 아닌 60권본인 사실에 주목하여 석경의 조성 시기가 80권본 사경이 이루어진 경덕왕대보다는 앞설 것이라 추정하고, 그 석각 시기를 8세기 이전으로 전제 왕권의 주도로 행해졌을 가능성을 제시하며, 『동국여지승람』에 기록된 연기와 경덕왕대의 연기는 동일인이 아니든지, 혹여 같은 인물이라면 경덕왕대에 다시 중창되었을 것으로도 추정한다.[16]	
장충식(2000)	화엄사의 석조유물인 〈사사자삼층석탑〉〈동서오층석탑〉, 각황전 앞 석등, 원통전 앞 사자탑의 연대를 고려해 신라시대에 조성된 다른 두 석경과 함께 8세기에 조성하였을 것[17]	8C
김복순(2002)	名筆의 擡頭와 刻字匠의 量産이라는 관점과 우리나라 고대 석각의 전반적인 상황을 살펴봄으로써 〈화엄석경〉의 조성연대를 文聖王(재위 839~857)대 신라하대로 추정[18]	9C 후반
윤정혜(2005)	신라하대의 혼란한 정치적 상황에서 단순히 개별 사찰 자체에서 승려로만 이루어진 불사로 보기에는 무리가 있어 보인다. 이러한 불사가 가능한 시기는 신라 중대....화엄석경의 조성시기는 연기조사가 화엄사를 창건한 8세기 중엽으로 추정[19]	8C 중엽
리송재(2006)	서풍의 비교를 통해 8세기 후반에서 9세기대에 조성되었을 것으로 추정[20]	8C 후반-9C
김경호(2006)	다른 사경서체와의 비교, 또 당나라 서풍과 비교하여 '〈화엄석경〉의 조성 시기는 8세기 후반이라 할 수 있을 것이다.'[21]	8C 후반

〈표 3〉과 같이 〈화엄석경〉의 조성에 관해 7세기 후반부터 9세기 후반까지 선행연구자들의 다양한 의견이 있다. 이 중에서 『朝鮮金石總覽』과 『韓國金石全文』은 『鳳城誌』에 근거하여 신라 문무왕대에 의상이 조성한 것이라 적고 있는데 〈화엄석경〉은 晉本을 새긴 것으로 80권본을 새긴 것이 아니어서 『봉성지』 기록이 정확한 것이라고 말하기는 어렵다. 또 陳震應은 신라 하대인 정강왕에서 경순왕 사이(886~935)에 60화엄과 40화엄을 새겨 조성한 것으로 추정하고 있지만 崔致遠이 撰한 『華嚴經社原文』을 근거로 한 것으로 석경과는 다른 사경에 대한 기록이며, 『佛國寺寺蹟記』와 『華嚴寺寺蹟記』를 혼동한 오류로 인한 것이라고 본다.[22] 이러한 여러 의견을 바탕에 두고 변상도, 서풍의 비교와 그 밖의 정황을 통해 조성시기를

---

16) 曺庚時, 1989, 「新羅 下代 華嚴宗의 構造와 傾向」, 『부대사학』 13, 부산대학교 사학회, pp.49~50 참조.

17) 장충식, 2000, 「신라석경과 그 복원」, 『한국 서예이천년 특강논문집』, 예술의 전당, p.62 참조.

18) 김복순, 2002, 「신라석경연구」, 『동국사학』 37, 동국사학회.

19) 尹楨惠, 2005, 「統一新羅時代 華嚴寺에 關한 硏究」, 嶺南大學校 碩士學位論文, pp.22~24 참조.

20) 리송재, 2006, 「화엄사 〈화엄석경〉의 서풍과 조성시기」, 『불교미술사학』 4, 불교미술사학회.

21) 김경호, 2006, 『한국의 사경』, 고륜, p.114 참조.

22) 張忠植, 1976, 「佛國寺誌解題」, 『佛國寺誌』, 亞細亞文化社, p.3; 韓國佛敎硏究院, 1976, 앞의 책, p.19 참조.

추정해 보도록 하자.

III. 變相圖를 통해 본 〈화엄석경〉과 〈白紙墨書大方廣佛華嚴經〉의 유사성

〈화엄석경〉에 변상도로 보이는 편이 있다는 기록만 있던 상태에서 필자는 최초로 변상도를 찾아 구체적으로 어떤 도상이 있는지를 밝혔다.[23] 또한 연구 결과 설법 장소가 바뀌는 곳에 변상도가 있었던 것을 찾아내어 모두 8곳에 변상도가 있었다는 것을 확인했다.[24] 이 〈화엄석경〉의 변상도를 〈白紙墨書大方廣佛華嚴經〉(755)과 비교해 보겠다.

표 4. 〈화엄석경〉과 〈백지묵서대방광불화엄경〉 변상도의 난간과 풍경 비교

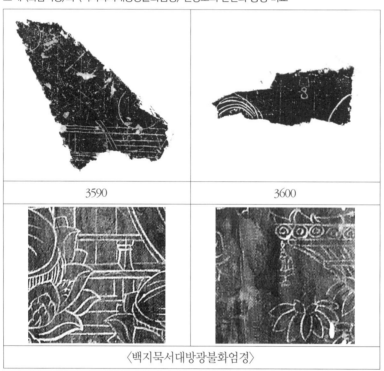

3590	3600
〈백지묵서대방광불화엄경〉	

〈표 4〉의 3590편은 계단과 난간, 3600편은 풍경이 그려져 있다. 이 편들로 〈화엄석경〉의 변상도들 중에 殿閣이 그려진 변상도 있었다는 것을 알 수 있다. 〈백지묵서대방광불화엄경〉에서도 불상의 배경으로

---

23) 조미영, 2012, 「통일신라시대 〈華嚴石經〉에 나타난 變相圖 연구」, 『서예학연구』 20, 한국서예학회.
24) 조미영, 2014, 「신라 〈華嚴石經〉 연구」, 원광대학교 박사학위논문, pp.77~83 참조.

전각이 그려져 있어 〈백지묵서대방광불화엄경〉의 난간 부분과 풍경 부분을 〈화엄석경〉의 편들과 비교해 보았다. 이는 고려의 금자대장경 변상도에서도 종종 볼 수 있는 난간들의 형태로 그것이 통일신라시대의 도상으로부터 영향을 받았다는 것을 알 수 있다.

표 5. 〈화엄석경〉 3599편과 〈백지묵서대방광불화엄경〉 변상도의 비교

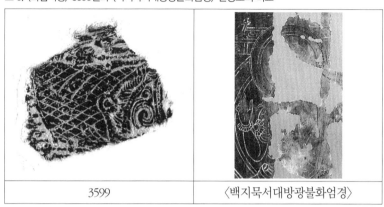

3599	〈백지묵서대방광불화엄경〉

〈표 5〉 3599편의 격자무늬는 線刻[25]으로, 나머지는 陽刻으로 되어 있어 선각과 양각이 같이 어우러진 독특한 모습이다. 이 그림의 오른쪽, 양각으로 조각되어 있는 부분은 身光을 나타내는 광배로 추측되며 동그라미들을 연결한 선들은 〈백지묵서대방광불화엄경〉의 변상에서 나타나는 광배와 같은 느낌을 준다. 〈백지묵서대방광불화엄경〉에서는 완만한 곡선을 이루는 광배라면 석경에서는 약간 각이 있게 꺾어지는 곡선으로 보인다. 이 3599편은 〈화엄석경〉의 8곳의 변상도 중 가장 첫 부분으로 추정된다.[26]

표 6. 〈화엄석경〉과 〈백지묵서대방광불화엄경〉 변상도의 사자좌 비교

734+3944	〈백지묵서대방광불화엄경〉

25) 線刻은 주로 선처럼 파서 새긴 그림이나 무늬를 말한다. 원래 寫經 변상도의 특징이 선으로만 그려지는 線描畵라는 것이다. 〈화엄석경〉에서도 陰刻의 선들로 변상이 그려져 있어 본고에서는 그 특징을 강조하여 음각이라 하지 않고 선각이라고 하겠다.

불교미술에서 사자는 신성과 숭배를 표현하며 石塔·浮屠 그리고 불상 대좌에서 많이 볼 수 있는데 석탑의 경우를 제외하면 부도와 불상의 대좌 하대석에 조각된다. 부도에 나타나는 사자는 대좌의 영향을 받아 이후에 등장하는 것임을 알 수 있지만 사자가 있는 대좌는 그 수가 많지 않다.

〈표 6〉에서 보는 것처럼 같은 신라시대의 사경인 〈백지묵서대방광불화엄경〉의 변상도에 사자가 있는 대좌가 그려져 있어 〈화엄석경〉의 사자상과 비교해 볼 수 있다. 〈백지묵서대방광불화엄경〉 변상도의 대좌는 상대·중대·하대로 이루어져 있는데 상대는 仰蓮, 중대는 여러 마리의 사자, 하대는 覆蓮으로 이루어진 원형의 대좌다. 〈백지묵서대방광불화엄경〉의 대좌가 좀 작은 크기의 여러 마리 사자를 원형으로 배치하고 있는 모습이라면 〈화엄석경〉은 정면에 양쪽으로 두 마리 사자가 옆을 보는 모습이 대칭으로 묘사되어 있을 것으로 추정되며 변상에서는 앞면의 두 마리만 그려져 있었을 것으로 생각되나 남아 있는 편은 단지 왼쪽의 일부분일 뿐이다. 비록 약간의 차이는 있지만 〈백지묵서대방광불화엄경〉 변상의 대좌에 나타나는 사자와 〈화엄석경〉 변상에 나타나는 사자는 털의 곡선이나 발의 모습 등에서 유사점을 찾을 수 있어 이 두 사경이 비슷한 시대에 이루어졌고 서로 영향관계에 있음을 알 수 있다.[27]

표 7. 〈화엄석경〉 3601편과 〈대방광불화엄경〉 표지화의 비교

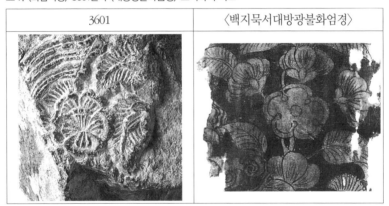

3601	〈백지묵서대방광불화엄경〉

〈화엄석경〉에서 변상이 그려진 편들은 대부분 線刻인데 변상이 그려진 편 중 陽刻의 편들이 확인된다.[28] 〈표 7〉에서 왼쪽 사진은 〈화엄석경〉의 양각의 寶相華文이 있는 편이고 오른쪽은 〈백지묵서대방광불화엄경〉 표지의 일부분이다.

경전의 시작 부분인 표지는 보통 보상화와 당초문양으로 장엄되고 경의 제목이 쓰여진다. 〈표 7〉의 오른쪽 꽃문양은 보상화로 경전의 표지를 장엄한 것이다. 〈화엄석경〉 3601편의 꽃문양은 〈백지묵서대방광

---

26) 조미영, 2014, 앞의 글, p.88.

27) 조미영, 2012, 앞의 글, p.82.

28) 10,000여 편 중에 양각의 편을 대략 4편 찾을 수 있었다.

불화엄경)의 표지에 나타난 보상화문양과 매우 비슷하다. 이 두 사경 모두 보상화문이 5개의 花瓣으로 이루어져 있고 그 형태 또한 유사하다. 보상화문과 함께 당초의 잎사귀문양 또한 〈화엄석경〉과 〈백지묵서대방광불화엄경〉의 모양이 매우 흡사하여 이 두 사경이 비슷한 시기에 조성되었을 가능성을 제시한다.

Ⅳ. 서풍을 통해 본 〈화엄석경〉의 제작시기

먼저 〈화엄석경〉 서풍의 특징을 살펴보고 그 특징을 중심으로 〈백지묵서대방광불화엄경〉, 다른 신라 석경들의 서풍과 비교해 보겠다.

1. 〈화엄석경〉 서풍의 특징

〈화엄석경〉 서풍의 특징을 결구와 필획을 중심으로 살펴보자. 〈화엄석경〉 글씨에 특이할만한 것 중 하나는 〈표 8〉의 '十'자처럼 '一'이 堅畫이나 삐치는 획과 만날 경우 대부분 만나는 지점에서 좌측의 길이가 우측의 길이보다 훨씬 길다는 것이다. 우상향의 기울기가 크기 때문에 수획을 한가운데 보다 오른쪽으로 이동시켜 균형을 잡고 있다.

표 8. 결구의 특징

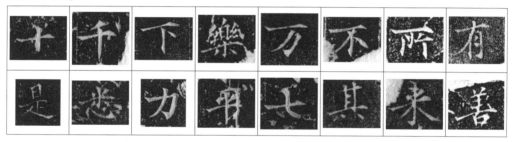

리송재는 '十'과 같이 극소수의 자에서 북조서풍의 특징이 나타나기는 하나 대체로 隋唐代 書風의 筆劃과 조형원리가 지배적임을 알 수 있다[29]고 했는데, 〈화엄석경〉의 글자들을 살펴보았을 때 이와 같은 글자들은 극소수가 아니고 〈화엄석경〉 전반에 걸쳐 나타나고 있다. 리송재는 이것이 북조서풍의 특징이라 했는데, 북조의 글씨 중 '十'과 같은 경우 세로획이 가운데로 중심이 잡혀있는 경우도 많아 북조 글씨에 모두 나타나는 일반적인 특징이라 말하기는 어렵다. 그러나 〈화엄석경〉에서는 이러한 모습을 전반적으로 살펴볼 수 있어 이는 〈화엄석경〉에서 나타나는 서풍의 특징이라 할 수 있다. 또한 일반적으로 隸氣가 많이 남아있는 북조서풍의 특징 중 하나라 볼 수 있는 'ノ'획(撇劃)의 끝부분을 무겁게 빼는 경우는 〈화엄

---

29) 리송재, 2006, 앞의 글, p.121.

석경〉에서는 찾아보기 어렵다(표 9).

표 9. 북위와 〈화엄석경〉의 撇劃과 '十'

북위						
	王誦妻元貴妃墓誌銘	元顯儁墓誌銘	張猛龍碑	王誦妻元貴妃墓誌銘	司馬昞妻孟敬訓墓誌銘	北海王元詳造像題記
화엄석경						

이제 〈화엄석경〉 筆劃의 다양성을 살펴보자. 〈표 10〉의 '亦'자는 행서로 썼고 '根'자의 '木'도 행서로 썼다. '來'자의 鉤劃과 이어지는 양쪽 점의 서사도 행서다. 나머지 글자들에서도 劃과 劃이 이어지는 곳에서 부분적으로 행서의 筆意가 나타난다. 이렇게 〈화엄석경〉에는 行書 또는 行氣가 있는 글자들도 많고 筆線이 이어지는 곳이 많아 서사시의 속도감을 느낄 수 있으며, 이는 〈화엄석경〉의 서사자들이 얼마나 達筆이었는지를 짐작케 한다.

표 10. 필획의 특징

亦	根	來	者	復	觀
倒	長	法	至	覆	歡

또 〈화엄석경〉에는 隷書의 필획도 보이는데 'ㅓ'를 'ㅋ'로도 썼고 특히 '復'자에서 이러한 특징이 보인다. '觀', '歡'에서도 대부분 '萑'를 '雈'로 쓰고 있다. 이처럼 〈화엄석경〉은 해서를 기본으로 하고 있지만 행서 또는 행기가 있는 글자들도 있고 隷書의 필획도 보인다. 이는 〈화엄석경〉의 서사자들이 達筆이며 해

서뿐만이 아니라 예서·행서에도 능통했음을 알 수 있다.

표 11. 無·界·世·羅

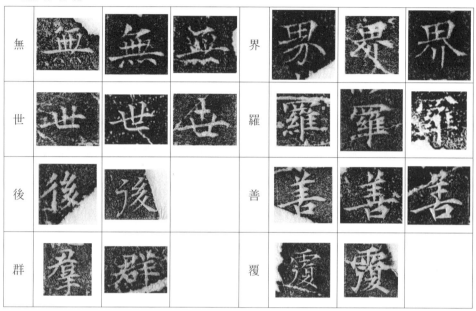

〈화엄석경〉에서는 〈표 11〉과 같이 '無·界·世·羅' 등도 다양하게 썼다. '無'자는 처음 시작 부분과 마지막 'ㅗㅗ' 부분을 다양하게 변화를 주고 있다. '羅'자는 '罒' 부분을, '善'자는 가운데 점획 부분의 가감을 통해 변화를 주었다. '世·後·覆'자들은 예서의 필획으로 변화를 주었고, '郡'은 '君'과 '羊'의 위치에 변화를 주었다. 또한 이 석경에서는 〈표 12〉에서 보는 바와 같이 다양한 이체자도 사용되고 있다.

표 12. 〈화엄석경〉의 이체자

世	御	肉	著	纏
世	御	宍	著	纏
德	差	悉	察	土
德	差	悉	察	土

이제 〈화엄석경〉의 橫劃과 竪劃에서 나타나는 특징을 살펴보자. 〈표 13〉에서와 같이 횡획의 경우 많이 휘어지는 획들을 볼 수 있는데, 橫劃이 右上向의 획들이 주를 이루고 기울기가 크게 올라가다가 2/3 지점에서 방향을 바꿔 아래쪽으로 누르면서 收筆한 경우로, 획에 탄성의 필세와 곡선미를 주어 생동감이 느껴진다. 竪劃은 收筆 부분을 鐵柱나 갈고리 형태로 마무리 하는 경우가 많은데 이는 刻者의 특징이라고도 보여진다.

표 13. 橫劃과 竪劃에서 나타나는 특징

2. 〈백지묵서대방광불화엄경〉 서풍과의 비교

지금까지 살펴본 〈화엄석경〉 서풍의 특징을 바탕으로 〈백지묵서대방광불화엄경〉의 서풍과 비교해보자. 〈백지묵서대방광불화엄경〉은 백지에 먹으로 쓴 『대방광불화엄경』이다. 우리나라에서 紀年이 확실한 가장 오래된 사경으로 글자의 크기는 자경 6㎜의 小字다. 〈화엄석경〉 글자의 크기는 자경 1.5-2㎝ 사이로 이 두 사경은 재료도 다르고 특히 글자의 크기가 달라 비교하기에 어려움이 있다. 그러나 같은 사경으로 사경 서풍의 특징을 가지고 있다는 점에서 비교해 보고자 한다. 〈백지묵서대방광불화엄경〉은 1-10권까지의 1축과 45-50권의 2축으로 되어 있는데 이 두 축은 서자가 다르다.[30] 따라서 〈백지묵서대방광불화엄경〉 1축과 2축의 서풍을 나누어서 〈화엄석경〉의 서풍과 비교해 볼 것이다.

표 14. 〈화엄석경〉과 〈백지묵서대방광불화엄경〉의 동일자 비교 Ⅰ

〈화엄석경〉結構의 특징은 橫劃이 右上向으로 기울기가 커서 중심을 잡을 때 竪劃이 오른쪽으로 이동하고 있다는 점에 대해 앞서 살펴보았다. 〈표 14〉에서 보는 것처럼 이러한 〈화엄석경〉의 특징을 〈백지묵서대방광불화엄경〉 1축에서도 찾아볼 수 있다. 2축의 서자는 횡획을 대체로 平하게 서사하고 있으며 중심에서 왼쪽 오른쪽의 길이가 거의 같다. 이에 비해 1축의 횡획은 우상향이고 중심의 수획은 오른쪽으로 치우쳐 있어 횡획과 수획이 만나는 점에서부터 좌측이 우측에 비해서 긴 것이 〈화엄석경〉과 같다. '품'자도 〈화엄석경〉과 1축의 경우 가운데 橫劃이 右上向이고 중심으로부터 좌측의 길이가 우측에 비해 길다. 2축은 가운데 횡획이 平勢를 취하고 약간 右下向의 느낌마저 든다. 그리고 중심으로부터 좌측과 우측이 거의 같은 길이다. 또한 '薩'자의 경우 'ß'과 '生'의 위치를 살펴보면 〈화엄석경〉과 1축은 그 위치가 비슷하거나 'ß'의 竪劃이 더 길지만, 2축에서는 'ß'의 수획이 '生'자보다 짧아 〈화엄석경〉과 1축의 서풍의 유사성을 살펴볼 수 있다. 其'자에서는 횡획의 기울기가 1축과 유사하고 점들은 2축과 유사하다. 이것은 〈화엄석경〉 서풍의 특징인 긴 횡획의 경우 중심으로부터 좌측을 길게 하는 것과 같음을 알 수 있다.

표 15. 〈화엄석경〉과 〈백지묵서대방광불화엄경〉의 동일자 비교 II

화엄석경	无	佛	住	尒時	令	諸	悉	悉
묵서화엄경-1축	无	佛	住	尒時	令	諸	悉	悉
묵서화엄경-2축	无	佛	住	尒時	令	諸	悉	悉

〈표 15〉의 '无'자에서 'ㄴ'획을 보면 2축은 行筆하면서 오른쪽 아래 방향으로 흘러내리도록 하는 體勢를 一律的으로 보이고 있다.[31] 〈화엄석경〉의 'ㄴ'획은 1축과 같이 서사하고 있어 2축과는 다르다. 'ㅓ'의 특징을 살펴보면 〈화엄석경〉의 'ㅓ'은 1축과 같이 'ㅣ'과 'ㅣ'의 길이가 같고 'ㅣ'의 끝부분에서 'ㅣ'을 시작하고 있으나 2축은 'ㅣ'이 조금 더 길고 그 중간 부분에서 'ㅣ'이 시작되고 있다. 'ㅅ'을 쓸 때 〈화엄석경〉과 1축은 撇劃이 捺劃보다 밑으로 내려와 있다. 2축은 별획이 짧고 날획이 별획보다 밑으로 내려온다. 諸'자의 경우 '言'의 횡획과 '者'의 횡획의 방향을 살펴보면 〈화엄석경〉과 1축은 모두 같이 右上向의 勢를 취하고 있는데, 2축은 '言'의 횡획은 우상향으로 '者'의 횡획은 우하향의 세를 취하고 있다. '悉'자의 경우도 〈화엄석경〉의 글씨가 2축보다는 1축의 글씨와 더 유사하다는 것을 알 수 있다. 지금까지 〈화엄석경〉과 〈백지

---

30) 김경호, 2003, 「신라 백지묵서〈대방광불화엄경〉의 연구 −서체를 중심으로−」, 동국대학교 석사학위논문.

31) 김경호, 2003, 앞의 글, p.57 참조.

묵서대방광불화엄경〉의 1축·2축을 필획과 결구적 측면에서 비교하여 보았다. 〈화엄석경〉은 〈백지묵서
대방광불화엄경〉의 2축보다는 1축과 서풍이 유사하다는 것을 알 수 있다.

3. 〈금강석경〉·〈법화석경〉 서풍과의 비교

이제 석경들의 서풍과 비교해보자. 우리나라의 석경은 통일신라시대에 조성된 세 종류만이 전해지고
있다(그림 1, 2). 세 석경 모두 정확한 연대를 알 수 없지만, 〈금강석경〉[32]의 경우 경주 남산 칠불암이 8
세기 초에 건립된 것으로 추정되므로 가장 이른 것으로 여겨지고,[33] 〈화엄석경〉이 가장 늦은 8세기 말에
서 9세기에 조성된 것으로 추정되어 왔다. 아래에서 이 세 석경의 글씨를 자세히 비교해 보겠다.[34]

〈표 16〉에서 〈법화석경〉의 橫劃은 平勢가 주를 이룬다. 그에 비해 〈화엄석경〉과 〈금강석경〉의 횡획은
右上向이 주를 이룬다. 〈화엄석경〉과 〈금강석경〉의 '生'자를 보면 세 횡획이 유사하다. '如'자의 '女'도 두
석경의 각도가 서로 유사하고 '所'자의 마지막 획을 똑바로 내려긋지 않고 약간 오른쪽으로 향하게 내려

그림 1. 〈금강석경〉

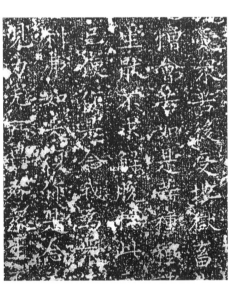

그림 2. 〈법화석경〉

---

32) 최근 칠불암에서 수습된 석경 5편 중 그림 1만 『金剛般若波羅密經』을 새긴 석경이고 나머지 3편은 『藥師琉璃光如來本願功
德經』을 새긴 것이라는 연구결과가 있다. 나머지 1편은 2글자 확인된 판독문만 존재하므로 논외로 한다. 박부자, 2012, 「칠
불암 석경에 대한 연구」, 『서지학보』 40, 한국서지학회. 이 연구결과 칠불암 석경은 모두 1행 36자로 체재가 동일하며 같은
시기에 제작된 것으로 추정하므로 본고에서는 편의를 위해 모두 〈금강석경〉이라 칭하겠다.

33) 文明大, 1980, 「新羅四方佛의 展開와 七佛庵 佛像彫刻의 硏究」, 『미술자료』 27, 국립중앙박물관, pp.13~18; 김숙희, 1999,
「남산 마애불의 연구 -탑곡사방불암·칠불암을 중심으로-」, 대구대학교 석사학위논문, p.26, 36; 정현숙, 2013, 「통일신라
서예의 다양성과 서풍의 특징」, 『서예학연구』 22, 한국서예학회, p.58.

34) 〈금강석경〉의 현존하는 편은 모두 5편의 작은 조각으로, 남아있는 글자 수 가 얼마 되지 않아 〈금강석경〉에 남아있는 글자
를 위주로 비교하였다.

표 16. 〈화엄석경〉과 〈금강석경〉·〈법화석경〉의 동일자 비교

화엄석경						
금강석경						
법화석경						
화엄석경						
금강석경						
법화석경						

그은 것 또한 유사하다. '是·有·所'에서 횡획의 좌측을 길게 내어 쓴 것 또한 두 석경이 비슷하고, 〈법화석경〉은 이들과 다르다. '有'자의 '月'의 가운데 두 점을 처리하는 방식 또한 〈화엄석경〉과 〈금강석경〉이 같다. 이처럼 〈화엄석경〉과 〈금강석경〉의 글자들은 마치 모두 한 손에서 나온 듯이 보인다. '不·若·時'자의 횡획도 〈화엄석경〉과 〈금강석경〉은 右上向을 이루고 있는데 〈법화석경〉은 平勢를 취하고 있다. 특히 특이하게 '若'자의 첫획을 啄劃으로 처리하고 있는 것이 〈화엄석경〉과 〈금강석경〉에서 보인다. 〈화엄석경〉의 '羅'자와 〈금강석경〉의 '罪'자에서 'ㅁㅁ'의 첫 획을 왼쪽으로 향하게 내려 그어 서사한 방식이 눈에 뜨인다.

서풍에서 많은 차이를 보이는 〈법화석경〉을 제외하고, 〈금강석경〉 편의 나머지 글자들과 〈화엄석경〉의 동일자를 좀 더 비교해 보자. 〈표 17〉에서 '住'자의 'ㅓ'과 '王', '布'자의 횡획을 좌측으로 길게 뺀 것, '相'자의 '木'에서 횡획을 길게 처리한 것과 鉤劃 등이 두 석경이 모두 흡사하다. 또한 '然'자에서 두 번째 획을 鉤劃으로 처리한 것, '自'의 두 번째 획인 竪劃을 鐵柱로 처리한 것, '厲'자와 '厄'자의 '厂'을 한 번에

표 17. 〈화엄석경〉과 〈금강석경〉의 동일자 비교

화엄석경	금강석경	화엄석경	금강석경
住	径	布	布
相	相	迦	
	相	自	自
	相	名	谷
爲	爲	厲	
空	空	可	可
來	來	宗	宗

이어서 서사한 형태, '名'의 結構와 轉折 등에서 〈화엄석경〉과 〈금강석경〉이 닮았음을 다시 한 번 확인할 수 있다. '爲·空·可·來'의 글자는 점획과 결구 모두 한 손에서 나왔다고 할 정도로 비슷하다. 또한 '宗'자의 이체자가 똑같이 사용되고 있다는 것을 확인할 수 있다.

선행연구자들에 의해 세 석경 중 〈금강석경〉은 8세기 초 가장 이른 시기에 조성된 것으로 여겨지고 〈화엄석경〉은 가장 늦은 8세기 말에서 9세기에 조성된 것으로 추정되어 왔지만, 〈금강석경〉 대부분의 글자를 〈화엄석경〉과 비교한 결과 두 석경의 서풍은 거의 같은 시기, 동일한 사람들에 의해 제작되었을 가능성이 크다.

지금까지 〈화엄석경〉의 서풍을 〈백지묵서대방광불화엄경〉, 〈금강석경〉·〈법화석경〉의 서풍과 비교했다. 그 결과 〈화엄석경〉은 〈백지묵서대방광불화엄경〉 1축의 글씨와 유사한 점이 많았고, 〈금강석경〉과는 한 손에서 나온 것처럼 닮았음을 알 수 있었다. 이러한 사실은 〈화엄석경〉의 제작연대를 새롭게 추정하게 하는 중요한 단서로, 서풍에 입각하면 〈화엄석경〉의 조성시기는 기존 연구들의 추정시기보다 빠른 8세기 전반으로 볼 수 있는 근거를 제공한다. 또한 앞서 변상도에서도 〈화엄석경〉과 〈백지묵서대방광불화엄경〉의 유사성을 확인하였다. 이 두 사경은 변상에 있어 보상화와 당초잎의 유사성 그리고 대좌에 사자가 나타나는 것과 이 사자의 표현방식 등이 비슷하였고, 서풍에 있어서도 1축과 〈화엄석경〉의 서풍이 유사했다. 또한 〈금강석경〉과 〈화엄석경〉의 서풍은 같은 시기 동일한 사람들에 의해 제작되었을 가능성이 크다. 이것은 755년 완성된 〈백지묵서대방광불화엄경〉 1축 서풍과의 유사성과 함께 〈화엄석경〉의 조성연대를 8세기 전반으로 추정할 수 있는 근거가 된다.

앞서 살펴본 것 이외에도 몇 가지 고려되어야 할 것들이 있다.

첫째, 〈화엄석경〉의 규모다. 〈화엄석경〉의 서사체재와 그 글자크기 등으로 짐작하건데 진본 화엄경을 각하여 장육전 내부를 장엄하였다면 그 높이 또한 결코 무시할 수 없다. 이 정도의 규모라면 장육전이 세워질 때 〈화엄석경〉의 조성도 같이 고려되어진 것이라 추측된다. 그렇다면 장육전은 언제 세워진 것인지 생각해 볼 필요가 있다. 또한 2장 화엄사의 조성시기에 관한 문헌들에 나타난 자료들을 보면 이 화엄사가 처음엔 그냥 하나의 작은 전각만 있다가 후대에 화엄사로 중창되었을 가능성도 있다. 〈백지묵서대방광불화엄경〉이 화엄사의 법신사리로서 복장이나 내탑하기 위해 조성되었다면 〈화엄석경〉은 그 탑이 세워지기 전에 건축되었을 장육전의 건립에 맞추어 조성되었을 것으로 생각되며 그렇다면 그 조성시기는 〈백지묵서대방광불화엄경〉보다 앞선다고 할 수 있다.

둘째, 시대상황을 고려해 볼 수 있다. 먼저 불교의 상황을 살펴보았을 때 신라의 불교는 교종이 유행하다 말기에 선종이 유행한다. 교종은 경전이 중심이 되고 선종은 直指人心, 見性成佛, 不立文字, 敎外別傳으로 대표된다. 9C에는 선종의 유행으로 선사비가 많이 세워진다. 따라서 〈화엄석경〉은 선종이 유행했던 9C 이전 교종이 유행했던 시기에 조성되었을 것이다. 또한 조경시와 윤정혜의 견해처럼 석경의 조성은 재정이나 기술적으로 大役事이기에 막대한 재정적 뒷받침과 기술이 동원되어야 했을 것이고 왕실의 지원이 있어야 했을 것으로 여겨지므로 羅末의 혼란기에는 이런 큰 불사가 행해지기에 현실적으로 불가능했을 것이다. 따라서 〈화엄석경〉의 조성은 〈백지묵서대방광불화엄경〉이 조성되던 시기나 그 이전으로 소급해 볼 수 있다.

지금까지 〈화엄석경〉의 변상도와 서풍을 살펴 새로이 조성시기를 조명해 보았다. 변상도에서 〈화엄석경〉과 〈백지묵서대방광불화엄경〉의 유사성을 확인했다. 서풍에서도 〈백지묵서대방광불화엄경〉 1축과 〈화엄석경〉의 서풍이 유사했다. 또한 〈금강석경〉과 〈화엄석경〉의 서풍은 같은 시기 동일한 사람들에 의해 제작되었을 가능성이 크다. 이것은 755년 완성된 〈백지묵서대방광불화엄경〉 1축 서풍과의 유사성과 함께 〈화엄석경〉의 조성연대를 8세기 전반으로 추정할 수 있는 근거가 된다. 이 밖에도 여러 가지 정황들을 살펴보았다. 이런 사실들을 종합하여 필자는 〈화엄석경〉의 조성 시기를 8세기 전반으로 추정한다.

V. 결론

본고에서는 〈화엄석경〉의 조성시기에 관해 변상도와 서풍을 중심으로 고찰했다. 〈화엄석경〉의 변상이 있는 편들과 〈백지묵서대방광불화엄경〉의 변상도를 비교하여 대좌의 사자, 보상화 등에서 유사성을 확인할 수 있었다. 이들 사이의 서풍도 비교해 본 결과 〈화엄석경〉과 〈백지묵서대방광불화엄경〉 1축의 서풍이 유사하다는 것 또한 살펴보았다. 그리고 신라 석경들의 서풍을 비교해 본 결과 〈금강석경〉과 〈화엄석경〉의 서풍은 같은 시기 동일한 사람들에 의해 제작된 것으로 보인다. 이것은 〈화엄석경〉의 조성연대를 8세기 전반으로 추정할 수 있는 근거가 된다. 또한 장육전 내부를 장엄한 〈화엄석경〉은 그 규모의 크기로 보아 장육전이 건립된 때 같이 고려되어진 것으로 추정된다. 〈백지묵서대방광불화엄경〉이 화엄사의 법신사리로서 복장이나 내탑하기 위해 조성되었다면 〈화엄석경〉은 그 탑이 세워지기 전에 건축되었을 장육전의 건립에 맞추어 조성되었을 것으로 생각되며 그렇다면 그 조성시기는 〈백지묵서대방광불화엄경〉보다 앞선다고 할 수 있다. 또한 정치적, 불교적 상황을 고려했을 때 〈화엄석경〉은 나말의 혼란기인 9세기보다는 그 이전에 조성되었음이 타당하다. 이런 사실들을 종합하여 필자는 〈화엄석경〉의 조성시기를 늦어도 8세기 전반으로 추정한다.

투고일: 2017. 4. 21.   심사개시일: 2017. 4. 24.   심사완료일: 2017. 5. 19.

『求禮續誌』

『大華嚴寺重修記』

『東國李相國文集』

『鳳城誌』

『三國史記』

『續修求禮誌』

『新增東國輿地勝覽』

『大華嚴寺事蹟』

『朝鮮金石總覽』

김경호, 2003, 「新羅 白紙墨書〈大方廣佛華嚴經〉의 研究 −書體를 中心으로−」, 동국대학교 석사학위논문.

김경호, 2006, 『한국의 사경』, 고륜.

김복순, 2002, 「신라석경연구」, 『동국사학』 37, 동국사학회.

김상현, 1991, 『신라화엄사상사연구』, 민족사.

김숙희, 1999, 「남산 마애불의 연구 −탑곡사방불암·칠불암을 중심으로−」, 대구대학교 석사학위논문.

김창호, 2002, 「화엄사 화엄석경의 복원 방안」, 『화엄사·화엄석경』, 화엄사.

리송재, 2006, 「화엄사〈화엄석경〉의 서풍과 조성시기」, 『불교미술사학』 4, 불교미술사학회.

文明大, 1979, 「新羅華嚴經 寫經과 그 變相圖의 研究」, 『韓國學報』 14, 일지사.

文明大, 1980, 「新羅四方佛의 展開와 七佛庵 佛像彫刻의 研究」, 『미술자료』 27, 국립중앙박물관.

박부자, 2012, 「칠불암 석경에 대한 연구」, 『서지학보』 40, 한국서지학회.

박상국, 2002, 「화엄석경의 바람직한 복원 −그 기본방향에 대하여−」, 『화엄사·화엄석경』, 화엄사.

李基白, 1979, 「新羅 景德王代 華嚴經 寫經 關與寺에 대한 考察」, 『歷史學報』 83, 역사학회.

尹楨惠, 2005, 「統一新羅時代 華嚴寺에 關한 研究」, 嶺南大學校 碩士學位論文.

張忠植, 1976, 「佛國寺誌解題」, 『佛國寺誌』, 亞細亞文化社.

張忠植, 2000, 「신라석경과 그 복원」, 『한국 서예이천년 특강논문집』, 예술의 전당.

정병삼·김봉렬·소재구, 2000, 『화엄사』, 대원사.

정현숙, 2013, 「통일신라 서예의 다양성과 서풍의 특징」, 『서예학연구』 22, 한국서예학회.

鄭彙憲 集錄, 1969, 「海東 湖南道 智異山 大華嚴寺事蹟」, 『불교학보』 6, 동국대학교불교문화연구소.

曹庚時, 1989, 「新羅 下代 華嚴宗의 構造와 傾向」, 『부대사학』 13, 부산대학교 사학회.

조미영, 2012, 「통일신라시대〈華嚴石經〉에 나타난 變相圖 연구」, 『서예학연구』 20, 한국서예학회.

조미영, 2013, 「〈華嚴石經〉의 서사체재 연구」, 『목간과 문자』 10, 한국목간학회.

조미영, 2014, 「신라 〈華嚴石經〉 연구」, 원광대학교 박사학위논문.

中觀 海眼 著/ 조용호 譯, 1997, 『화엄불국사사적』, 국학자료원.

崔柄憲, 1980, 「高麗時代 華嚴學의 變遷 −均如派와 義天派의 對立을 中心으로」, 『韓國史硏究』 30, 한국사
연구회.

韓國佛敎硏究院, 1976, 『華嚴寺』, 一志社.

한상봉, 2002, 「신라화엄석경의 서체와 금석학적 연구」, 『화엄사·화엄석경』, 화엄사.

許興植 編著, 1984, 『韓國金石全文』 古代, 亞細亞文化社.

화엄사, 2002, 『화엄사·화엄석경』.

⟨Abstract⟩

A New Study on the Establishment Date of *Hwaeomseokgyeong*

Jo, Mi-yeong

Since there is no piece to know the absolute year of *Hwaeomseokgyeong*, there are some estimates of the year in the 7th, 8th, and 9th centuries presumed some years, among which the view from the end of the 8th century to the 9th century prevailed. In this paper, I have newly reviewed the period of the formation of *Hwaeomseokgyeong* focusing on the sutra painting and the calligraphy character. I compared the sutra painting and the calligraphy character of *Daebanggwangbulhwaeomkyeong* with the *Hwaeomseokgyeong*. And I estimated the timing of the construction of the *Hwaeomseokgyeong* through by comparing the calligraphy character with those of the Silla dynasties.

As a result, in the sutra painting, the similarity was confirmed in dynamic lion of pedestal, propitious flower of engraving, etc. Also calligraphy character of this stone inscription is similar to calligraphy character of *Daebanggwangbulhwaeomkyeong* 1 chug(軸), and calligraphy character of *Hwaeomseokgyeong* and *Geumgangseokgyeong* are almost the same. This is a basis for estimating the age of construction of *Hwaeomseokgyeong* in the first half of the 8th century. I have also looked at various contexts. It is presumed that *Hwaeomseokgyeong* was made together when *Jangyugjeon* was built. Also, considering the political and Buddhist situation, it is reasonable that *Hwaeomseokgyeong* was constructed prior to the 9th century, which is the turbulent period of Silla.

Taking all of these facts into consideration, I estimate that the timing of the making of *Hwaeomseokgyeong* is at least the first half of the 8th century.

▶ Key words: *Hwaeomseokgyeong*(華嚴石經), *Geumgangseokgyeong*(金剛石經), the Avatamska Sutra, sutra painting(變相圖), calligraphy character(書風)

'시각 문서'에서 '시각 석비'로
-집안고구려비와 광개토왕비의 형태적 연원-

김병준*

〈국문초록〉

석비는 후한시기에 기본적 외관을 갖게 되는데, 이때 석비는 서사매체로서 당시 가장 중요한 서사매체인 목간의 형태를 본따 외관이 갖추어지게 되었다. 가장 대표적 '視覺 文書'인 표찰 목간의 형태를 본따게 되었는데, 문서의 제목 및 간략한 내용이 적혔던 표찰 목간과 석비의 비문이 동일한 기능을 가졌다고 판단했기 때문이다. 표찰 목간은 윗부분에 둥그런 모양을 하고 그 둥그런 부분에 그물망과 같은 사선 격자문양을 칠하며 끈을 묶는 구멍이 뚫려 있는데, 석비는 이를 따라 윗부분에 비수를 만들고 그 비수에 暈紋이나 龍虎 등의 장식을 하고 둥그런 비천을 題額 아래에 뚫게 되었다. 한편 맹서문에 신령이 강림할 수 있도록 규형이 사용되었던 서사 전통을 이어, 석비의 비수도 비문의 내용을 다짐하고 약속하는 맹서의 의식을 위해 신령의 강림을 뜻하는 규형이 유행하게 되었다. 또한 중대한 일을 대중에게 공개적으로 게시함으로써 권위를 높이려는 석주형 사면비도 건립되었다. 이처럼 석비는 서사재료로서의 기능이 먼저 고려되어 '시각 목간'의 형태를 계승하며 석비의 기본적 외관이 결정되었다. 그런데 석비 중에서도 묘주의 升仙을 희구하는 묘비가 특히 유행하면서 그에 적합한 장식적 요소가 다시 추가되었다. 사후에 龍舟를 타고 천상의 세계로 승선하는 관념을 묘비에 표현하였다. 비수는 하늘의 세계로, 비좌는 지하의 세계,

---

* 서울대학교 동양사학과

그리고 비천은 생명의 상징인 옥벽으로 비정되었던 것이다. 석비의 외관은 목간이 갖고 있는 시각적 효과를 그대로 계승하였을 뿐 아니라, 승선이라는 관념까지를 담기까지 이르렀다. 이 점에서 '시각 목간'을 이은 '시각 석비'가 탄생했다고 할 수 있겠다.

집안고구려비와 광개토왕비는 이러한 시각적 효과를 극대화하려는 '시각 석각' 문화 위에서 선택되었다. 왕릉 옆에 세울 석비였기에 더욱 더 석비의 목적에 적합한 석비의 형태를 고려하고 신중히 선택했을 것이다. 집안고구려비는 석비에 신령이 강림할 수 있도록 圭形 비수가 선택되었으며, 광개토왕비는 중요한 敎令을 많은 사람에게 게시함으로써 왕의 권위를 높이고 시행 효과도 증진시키기 위해 석주형 사면비가 선택되었다. 즉 후한 이래 석비문화를 숙지하고 있었던 고구려가 자신의 필요에 의해 碑形을 선택적으로 수용하고 있었던 것이다.

▶ 핵심어: 집안고구려비, 광개토왕비, 시각 문서, 시각 석비, 규수형, 석주형 사면비

I. 서론

集安高句麗碑가 발견되면서 석비의 형태에 대한 관심이 많아졌다. 廣開土王碑와 中原高句麗碑가 모두 四面碑여서 이를 고구려적 특성으로 이해해 왔지만, 비슷한 시기에 만들어졌다고 추정되는 집안고구려비는 윗부분이 뾰족한 圭首形의 二面碑였기 때문이다.(그림 1) 그래서 집안고구려비의 僞刻 여부를 판단하려는 목적 하에 석비의 형태 중에서도 규수형 석비가 언제 어디서 어느 정도 사용되었는가라는 데에 주목하기 시작했고, 규수형 석비가 後漢 이후 유행하기 시작하여 북위시기까지 계속 제작되었으며 집안고구려비도 이러한 계보를 잇고 있다는 점은 이제 학계에 널리 공유되고 있다.

그런데 석비의 규수형 형태에 대해 좀 더 자세히 천착한 연구를 보면, 후한 이래 출현한 규수형 석비에서 그 계보를 찾을 수 있을지언정, 정작 집안고구려비가 규수형을 채택한 것은 고구려인이 직접 그것을 보거나 들을 수 있었던 상황에서 비롯되었을 것이라고 추정한다. 고구려와 활발한 교류를 하고 있었던 前秦과의 관계 속에서 그 가능성을 찾는 견해와,[1] 고구려 영역에 남아있던 毌丘儉碑의 영향을 강조하는 견해가[2] 제시되어 있다. 전자의 견해에 따르면, 집안고구려비가 제작되었을 시기에 고구려와 東晉과의 관계가 긴밀하지 않았던 것과는 달리 前秦과의 교류는 매우 밀접했기 때문에 이 때 유입되었을 가능성, 특히 前秦이 붕괴하면서 유민들이 유입되면서 여러 문물제도와 함께 前秦이 수용했던 규수형 석비가 유

---

[1] 조법종, 2015, 「광개토왕릉비의 四面碑특성과 동북아시아적 전통 -주변국가의 석비 및 기념물과의 비교」, 『高句麗渤海硏究』 51.

[2] 고광의, 2013, 「신발견 〈集安高句麗碑〉의 형태와 書體」, 『高句麗渤海硏究』 45; 이도학, 2013, 「高句麗守墓發令碑에 대한 接近」, 『韓國思想史學』 43, 2013; 耿鐵華, 2013, 「중국 지안에서 출토된 고구려비의 眞僞 문제」, 『韓國古代史硏究』 70; 강진원, 2017, 「고구려 석비문화의 전개와 변천 -비형(碑形)을 중심으로」, 『역사와 현실』 103, 2017.

입되었을 가능성을 제기한다. 한편 후자의 견해에 따르면, 前秦과의 교섭 기간이 짧고, 현존하는 석비가 집안고구려비의 형태와 외형이 완전히 동일하지 않을 뿐 아니라 그 장소도 고구려로부터 매우 멀다는 이유로 前秦과의 관련성을 부정한다. 그 대신 무구검비의 외형이 집안고구려비와 동일하고 고구려의 왕도 인근에 위치해 있었기 때문에 직접 그 형태를 보았을 것이므로 그를 본따 만들기 쉬웠을 것이라고 주장한다. 전자 측에서는 이에 대해서 무구검비가 곧 파괴되어 버렸을 가능성을 고려

그림 1. 집안고구려비와 광개토왕비

하면 직접적 영향을 주었을 가능성이 적다고 반박한다. 하지만 양자 모두 고구려가 후한시기 이래 성행했던 석비문화의 직접적인 영향을 받지 않았다고 보는 점에서는 동일하다. 비록 중국의 석비문화와 접촉했을 수는 있지만, 집안고구려비가 제작될 시점까지 고구려는 석비문화를 사용할 필요성을 느끼지 못했으며 그러한 석비문화에 대해서도 충분히 이해하지 못했다고 전제한다. 중국에 禁碑令이 실시되어 있었기 때문에, 고구려는 당시 극히 적은 수이나마 규수형 석비를 제작했던 前秦으로부터 영향을 받았거나 아니면 고구려 영역에 남아있던 무구검비의 영향을 받았을 것이라고 주장한다.

　하지만 이러한 기왕의 견해에는 몇 가지 중요한 문제점이 있다. 우선 집안고구려비가 제작될 당시, 고구려는 과연 석비문화에 대해 무지했던 것일까? 필자는 지금까지 석비가 확인되지 않았을 뿐이지, 고구려가 장례기념비로서 석비를 세우지 않았다고 확정할 수 없다고 본다. 고구려는 일찍부터 이미 낙랑군과 현도군 등 주변의 郡縣과 지속적으로 접촉하고 교류하고 있었고, 특히 4세기 이후 낙랑유민의 대거 유입되면서 불교, 법령 등 다양한 문화를 정립하고 있었다. 왕실의 의례, 그중에서도 장례기념비에 대해서는 특히 많은 관심을 갖고 있었을 것이다.

　물론 후한 말 이후 중국의 왕조에서 禁碑令이 지속적으로 반포되었던 것은 사실이다. 후한 獻帝 建安 10년 조조가 석비 건립을 금지하였고, 晉武帝 咸寧4년에 다시 금지하였으며, 東晉 安帝 義熙년간 裵松之가 다시 금지하였다. 〈晉令〉에도 石碑·石表·石獸 건립 금지를 규정하였다. 그러나 이러한 禁碑令이 반복적으로 반포되었다는 것은 역으로 그만큼 석비건립이 끊이지 않았음을 말해주는 것이며, 禁碑令을 전하는 사료에서도 禁令이 해이해졌다는 점을 누차 반복적으로 지적하고 있다.[3] 실제로 금비령이 실시된

---

3) 『宋書』 권15 志5 禮2, "漢以後, 天下送死奢靡, 多作石室石獸碑銘等物. 建安十年, 魏武帝以天下雕弊, 下令不得厚葬, 又禁立

위진 이후 건립된 석비가 전역에 걸쳐 다수 남아있다. 금비령으로 인해 그 석비의 건립 횟수가 줄어들었다고 하더라도, 그 이전부터 세워졌던 석비가 여전히 그대로 남아서 많은 사람들의 눈에 띄었다면, 특정 시기에 석비를 건립했는지 여부를 따지는 것은 별 의미가 없다. 고구려 영역 내에서도 석비가 건립되었을 가능성을 얼마든지 상정할 수 있다. 후한시대 석비가 유행하였던 곳은 결코 중원 지역에 국한되지 않았다. 後漢 順帝 永和 2年(137)에 돈황태수 裴岑이 북흉노를 물리치고 세운 裴岑紀功碑는 신강성 巴里坤縣에서 발견되었으며, 후한에 건립된 것으로 추정되는 孟琁殘碑는 雲南城 昭通府 城南의 白泥井에서 출토되었다. 시기는 조금 늦지만 西晉 建興2年(314)에 세워졌을 것으로 추정되는 陶璜廟碑도 베트남 北寧省에서 발견되었다.[4] 후한 명제 永平년간 遼東吏人이 銚彤을 위해 사당을 세우고 제사를 드렸다는 기록이 있는데, 당시 풍조가 사당을 세우는 것과 석비를 세우는 것이 함께 이루어졌던 것을 고려하면, 이곳에 적지 않은 석비가 있었을 것이라고 추정해도 좋을 것 같다.[5] 옛 낙랑군 등 군현지역에서도 석비가 다수 건립되었을 것이며, 따라서 그렇게 건립된 다수의 비석이 남아서 고구려인이 이를 보고 인지했을 가능성은 매우 크다. 이렇듯 고구려는 한대 이래 꾸준히 석비문화에 노출되었다고 생각한다.

한편 禁碑令이 시행되었을 때 그 대상은 일반 士族이었을 뿐이었다. 거의 모든 황제는 皇陵 주변에 石碑를 비롯한 석궐, 석수 등 각종 석제 기념비를 만들고 있었다. 고구려의 왕을 위한 석비 건립이라면 士族이 아닌 황릉의 장례기념비와 관련된 지식을 탐색했을 것이다. 백보 양보해서 그 전에는 관심이 없었다고 치더라도, 정작 석비를 건립하려고 할 때 그 형태와 양식을 그저 인접 국가로부터 전해들은 傳聞, 아니면 고구려 영역 내에 세워졌던 석비를 보고 나서야 결정했다고 보는 것은 고구려의 중국 제도와 문화 수용을 매우 우연적 상황으로 간주하는 것이 아닐 수 없다.

동일한 이유로 광개토왕비의 석주형 사면비에 대해서도 조금은 다른 시각에서 접근할 필요가 있다. 기존의 연구에서는 집안고구려비가 중국의 석비 형태에서 그 연원을 찾을 수 있다는 점은 인정하지만, 광개토왕비는 중국에서는 전범을 찾을 수 없는 것으로서, 탈중국적 독자화 과정에서 제작되었다고 보거나[6] 그런 의도까지는 아니더라도 왕실의 신성함을 내세우고 선왕의 위업을 현창하려 했기 때문이라고 이해한다.[7] 어느 경우나 모두 동북아시아 어느 곳에서도 나타나지 않은 독특한 碑形이라는 점, 특히 중국의 석비문화에서는 그 사례를 찾을 수 없다는 점을 강조한다. 그 대신 거석이라는 외형상 유사성을 갖고 있는 사슴돌이나 선돌에서 연원과 계통을 찾고자 한다. 혹자는 사슴돌이 청동기시대와 초기 철기시대 중앙

碑. …… 此則碑禁尚嚴也. 此後復弛替. 晉武帝咸寧四年, 又詔曰: 「此石獸碑表, 既私褒美, 興長虛僞, 傷才害人, 莫大於此. 一禁斷之. 其犯者雖會赦令, 皆備毀壞. 」至元帝太興元年, 有司奏: 「故驃騎府主簿故恩營葬舊君顧榮, 求立碑. 」詔特聽立. 自是後, 禁又漸頹. 大臣長吏, 人皆私立. 義熙中, 尚書祠部郎中裴松之又議禁斷, 於是至今.」(밑줄 필자); 『晉令拾遺』 "諸葬者皆不得立祠堂石碑石表石獸."

4) 팜 레 후이, 2017, 「베트남의 10세기 이전 石碑에 대하여」, 『목간과 문자』 17.

5) 『後漢書』 권20 銚期王霸祭遵列傳 "遼東吏人為立祠, 四時奉祭焉."

6) 조법종, 2015, 앞의 논문, p.136.

7) 강진원, 2017, 앞의 논문, pp.211~212.

아시아 지역에 분포했던 것이므로 광개토왕비와는 시공간적으로 멀리 떨어져 있다고 하면서, 사슴돌보다는 고구려 영역 내에 있는 선돌에 더 무게를 두어 설명하기도 한다. 그러나 광개토왕비의 비문에는 중국의 정격 한문과 구별할 수 없는 문장이 쓰여 있다.[8] 필자도 비문 속의 文末 '之'의 용법이 결코 중국의 언어 습관에서 벗어나는 것이 아니라는 점을 밝힌 바 있다.[9] 뿐만 아니라 비문의 형식 또한 序言과 銘辭으로 구성되어 있는 전형적인 중국 석비의 비문 형식으로 쓰여 있다.[10] 고구려가 석비를 중국적 문화라고 규정하고 그것이 자신의 정체성이나 독자성에 저해되는 것이라고 생각했다면, 중국의 석비와 동일한 형식의 비문도 받아들이지 않고 사슴돌이나 선돌을 세우면 그만이었을 것이다. 석비문화의 가장 핵심적인 비문의 형식과 내용을 그대로 이어가면서, 또 바로 전에 중국에서 유행하던 규수형 석비의 외형을 받아들였던 터에, 석비의 외형만을 중국적인 것이라 배척하고 비중국적인 것을 선택한다는 것은 아무래도 설득력이 떨어진다. 고구려가 자신이 이미 수용했던 중국의 한자문화와 문물제도를 타자의 것이라고 여긴 것이 아니라, 오히려 그것을 중국과 주변의 이민족 그리고 고구려 모두가 공유하는 문화라고 보았기 때문에야말로 규수형 석비라든가 정격 한문과 전형적 비문 형식이 가능했을 것이다. 그렇다면 그 석비문화 안에서 가장 자신의 독자성과 정체성을 드러낼 수 있는 형태를 찾았을 가능성이 훨씬 높다.

이처럼 고구려는 후한시기 이래 성행했던 석비문화를 충분히 인지했을 가능성이 크다면, 왜 규수형 그리고 석주형 사면비의 형태를 선택했을까라는 문제에 대답하지 않으면 안 된다. 그저 중국의 석비 중에 그러한 형태가 있었기 때문이라는 것만으로는 설명이 부족하다. 후한 중후기가 되면 대다수의 석비 외형이 모두 출현한다.[11] 비좌도 단지 비신을 고정하는 목적을 넘어, 두 마리의 龍이 옥벽을 물고 있는 모습이 장식되어 있는 비좌(高頤碑)가 있는가 하면 이미 龜趺도 확인된다(王舍人碑, 樊敏碑).(그림 2) 碑側에 용과 호랑이가 맨 윗부분까지 감겨 올라가는 모습이 화려하게 장식되어 있는 것도 보인다. 碑首의 모습이 가장 다양한데, 크게는 圭首形, 圓首形, 方首形으로 구분되지만, 비수에 暈紋, 蟠螭, 蟠龍, 靑龍, 白虎 등 화려한 장식이 새겨져 있다. 주지하듯이 수당 이후 많은 권세가는 모두 앞다투어 귀부와 화려한 장식이 덧붙여진 석비를 제작하였다. 그런데 고구려 왕실은 왜 이렇게 훨씬 화려하게 장식된 석비를 사용하지 않고, 단지 규수형 또는 석주형 사면비의 외관을 선택했을까?

그 까닭은 각 외관이 특정한 의미를 갖고 있었으므로 석비 건립 목적에 가장 적합한 외관을 선택했기

---

8) 초기 국어학 논의에서 비문에 등장하는 한문의 어순이나 조사 '上', 문말 '之'를 근거로 초기 고구려 이두로 연결시킨 주장에 대한 문제점은 권인한, 2015, 『廣開土王碑文 新研究』, 박문사, pp.227~255 참조.

9) 김병준, 2011, 「낙랑군의 한자 사용과 변용」 『고대 동아시아의 문자교류와 소통』, 동북아역사재단, pp.39~84.

10) 광개토왕비문 중 '其詞曰(기사왈)'로 끝을 맺으면서 2칸의 공란을 두었고, 다음 행부터 영락 5년의 기사를 시작으로 하여 연대기적으로 서술하고 있는데, 여기서 보이는 공란은 광개토왕의 훈적 내용을 담기 위해 의도적으로 띄어쓴 것이며, 이는 중국 묘지나 묘비에서 보이는 뇌사(誄辭)의 형식적인 차용이다(여호규, 2014, 「廣開土王陵碑의 문장 구성과 서사 구조」 『영남학』 25).

11) 이하 후한시기와 위진남북조시기의 석비는 永田英正 編, 1994, 『漢代刻石集成』, 同朋舍; 李豫, 2009, 『秦漢刻石選譯』, 文物出版社; 三國時代出土文字資料班, 2005, 『魏晋石刻資料選注』, 京都大學人文科學研究所; 西林昭一·陳松長, 2009, 『新中國出土書蹟』, 文物出版社를 주로 참조하였다.

때문이라고 생각한다. 즉 고구려가 규수형의 외형을 선택했을 때에는 석비를 건립하는 목적이 규수형이 담고 있는 의미와 부합했기 때문이며, 석주형의 외형을 선택했을 때에는 석주형이 담고 있는 의미를 고려했기 때문일 것이다.

이처럼 집안고구려비와 광개토왕비의 각기 다른 외형은 우연히 결정된 것이 아니라, 각각의 碑形이 갖고 있는 의미를 충분히 인지했을 가능성이 크다. 또한 그것이 왕급 장례 기념비라면 그 건립 과정은 결

그림 2. 후한시기 碑座

코 간단히 진행되지 않았을 것이다. 이렇게 석비 외형에 대한 충분한 인지, 왕급 기념비의 제작이라는 점을 전제한다면, 고구려가 각각의 석비 건립 목적에 가장 알맞는 비형을 '선택'했을 것임은 자명하다. 본고는 이하 각각의 비형이 어떤 의미를 갖고 있었는지를 살펴봄으로써, 집안고구려비와 광개토왕비가 왜 각각 규수형과 석주형 사면비를 선택하였을까에 대해 답해보고자 한다.

II. 석비의 연원과 전개

석비의 외형이 갖고 있는 의미에 대한 논의가 전혀 없었던 것은 아니다. 王命 전달의 권위와 신성함을 드러내기 때문이라든가,[12] 禮와 信을 강조하고자 예법에 적한 형태인 규형비가 중시되었다고[13] 언급한 연구도 있다. 하지만 모두 '圭'라는 글자에 대해 중국 고대문헌에서 정의하고 있는 단편적 구절을 그대로 인용하고 있을 뿐이다. 즉 '圭'에 대해『白虎通義』와『禮記』『說文』에서 '信' '潔' '瑞'의 의미로 해석한 것, 그리고 朝會에서 천자와 신하를 상징하는 물품이므로 유교문화의 특징을 반영한 숭배의 神物이라고 이해한 것에 기초하여 규수형이 곧 禮와 관련된 법도나 '信'을 강조하기 위한 것이라고 추정했다. 이러한 이해

---

12) 고광의, 2013, 앞의 논문, p.66.
13) 조우연, 2013,「集安 高句麗碑에 나타난 왕릉제사와 조상인식」,『한국고대사연구』70, p.143.

는 모두 석비를 오래된 옛 기물이라는 골동품으로서 접근해 온 중국 측 석비 연구에서 영향을 받았다.[14] 그런데 이런 해석은 禮器로서의 '圭'라는 기물을 설명한 것이지, '圭形'이 갖고 있는 의미를 풀이한 것이 아니다. 석비가 곧 圭는 아니므로, 圭가 아닌 圭形의 의미가 천착되어야 한다. 또 '圭'가 갖는 '禮' '信' '潔' '瑞'라는 의미도 매우 추상적이어서 모든 禮器에 적용될 만큼 매우 광범위하다. 고문헌에서 '圭'라는 기물을 어떻게 이해했는가는 그 나름대로 의미가 있지만, 그에 앞서 圭形이 어떻게 쓰이고 있었는지에 대한 의미가 천착되어야 한다.

석비의 외형이 갖는 의미에 그다지 많은 관심을 기울이지 않았던 가장 중요한 까닭은 석비의 핵심적 요소는 비문일 뿐, 그 외형은 단순한 장식에 불과하다고 생각하기 때문인 것 같다.[15] 다시 말해 석비의 외형 그 자체에 특정한 의미가 담겨있는 것이 아니라, 개인의 미적 취미에 따라 그 외관이 얼마든지 변할 수 있다고 간주한다는 것이다. 그러나 석비는 서사재료인 비석과 서사내용인 비문이 함께 결합된 것이다. 비문과 같은 내용이 돌로 만든 비석이 아닌 다른 곳에 기록되었을 때 그것을 석비라고 부를 수 없고, 반대로 돌로 만든 비석에 비문의 형식을 갖추지 못했을 때에도 석비라고 부를 수 없는 것이다.

1. 춘추시기 이전

여기서 석비의 연원 문제를 잠시 짚어보도록 하자. 그동안 석비 외형을 논의할 때면 언제나 그 외형이 어디에서 출현했는지를 주요한 주제로 다뤄왔다. 기존의 연구들은 석비의 연원을 다룰 때에도 역시 고문헌에 등장하는 碑라는 글자가 어떻게 등장하는지에 주목한다. 그 논의를 정리하면, 우선 돌로 제작되어 해 그림자를 측정하여 시간을 재는 용도로 쓰였다는 설,[16] 둘째, 희생 가축을 매어두는 용도로도 쓰였다는 설,[17] 셋째, 끈을 묶어 下棺할 때 쓰는 용도라고 보는 설로[18] 나누어볼 수 있다. 그런데 첫 번째와 두 번째 견해는 '廟門으로 들어가면(入廟門)' '종묘에서는(宗廟則)'이라는 표현에서도 알 수 있듯이 그 碑가 모두 宮廟 안에 있다는 것을 전제로 논의하고 있는 반면, 세 번째 견해는 장례시 下棺을 언급하는 것으로 보아 무덤 옆에 있는 비를 대상으로 한다. 석비의 대다수가 묘주를 기념하기 위한 장례기념비이기 때문

---

14) 王思禮·賴非, 1990,「漢碑淵源·分期和碑形釋義」, 中國書法家協會山東分會 編, 『漢碑研究』, 齊魯書社, pp.24~36; 范邦瑾, 1990,「東漢墓碑淵源」, 上同, pp.50~51; 楊磊, 2011,「漢魏晋南北朝石碑形制研究」, 山東藝術學院碩士學位論文, pp.80~92.

15) 홍승현, 2015,「墓碑의 출현과 後漢末 墓碑銘의 정형화」『中國古中世史研究』35; 홍승현, 2016,「漢代 墓記·墓碑·墓誌의 출현과 상호 관련성」『中國古代中世史研究』42 등. 논문의 초점이 비문의 내용에 있기도 하지만, 외형과 비문의 내용 사이에 대응관계를 찾을 수 없다고 생각했기 때문일 것이다.

16) 『儀禮』《聘禮》"饔, 飪一牢, 鼎九, 設於西階前, 陪鼎當內廉, 東面北上, 上當碑, 南陳." 鄭玄注 "宮必有碑, 所以識日影, 引陰陽也. 凡碑引物者, 宗廟則麗牲焉, 以取血, 其材, 宮廟以石, 窆用木." (밑줄 필자)

17) 『禮記』祭義 "祭之日, 君牽牲 … 既入廟門, 麗于碑." 鄭玄注 "麗, 猶繫也." 孔穎達疏 "君牽牲入廟門, 繫著中庭碑也." (밑줄 필자)

18) 『釋名』釋典藝 "此本葬時所設也, 施轆轤以繩被其上, 引以下棺也. 臣子追君父之功美, 以書其上, 後人因焉. 無故建于道陌之頭, 顯見之處, 名其文就為之碑也.";『禮記』喪服大記 "君葬用輴, 四綍二碑, 御棺用羽葆. 大夫葬用輴, 二綍二碑, 御棺用茅. 士葬用國車. 二綍無碑, 比出宮, 御棺用功布." 鄭玄注 "碑, 桓楹也, 御棺居前為節度也." 孔穎達疏 "四綍二碑者 … 此諸侯也. 天子則六綍四碑."

그림 3. 춘추시기 秦景公墓의 下棺 나무기둥

에, 석비의 연원을 논의할 때는 세 번째 견해가 주요한 견해로 자리 잡게 되었다.[19] 원래는 하관용이었던 것에 누군가 君父의 공덕을 기록하였는데 後人이 이를 사람들 눈에 자주 뜨이는 곳에 세워놓았다는 것이다.

그러나 그 논지의 흐름은, 일단 碑의 발음이 被와 같고 그 被의 의미를 棺과 연결시킨 결과 끈으로 관을 묶어(被) 끌어당겼다고 추론하게 되었고, 다시 여기에 누군가 글을 썼던 것을 후대 사람들이 또 모방했다는 것이다.[20] 아마 석비에 뚫려 있는 구멍이 곧 하관할 때 끈을 묶었던 용도라고 상상했기 때문일 것이다. 그러나 이는 지나친 견강부회식 설명이다. 사실 수혈식 묘장에서 하관할 때 사용했을 것이라고 추정되는 기둥이 확인되기는 했다. 춘추시기 秦 景公의 무덤의 묘광 양쪽 편에서 구멍이 뚫려있는 나무 기둥이 발견되었다. (그림 3) 그러나 이것은 하관할 때에 평형을 유지하기 위한 보조 도구에 불과하며, 현재 그 사례가 널리 확인되지도 않았다. 더구나 이 나무 기둥은 하관한 이후에 다시 覆土되어 무덤이 완성되면 다른 사람의 눈에 뜨이지도 않는 것이었다. 옛 사람이 막연히 추정한 내용을 고문헌에 실렸다고 사실로 받아들여서는 곤란하다. 석비의 가장 기본적 정의가 글자가 새겨진 돌, 즉 비석과 비문이 결합되어 있는 것인 이상, 돌기둥 그 자체만으로 석비의 기원으로 받아들일 수 없는 것이다.

2. 전국시기~전한시기

그런데 돌로 만든 기둥 모양의 독립된 개체와 그곳에 쓰인 비문이 결합된 것이라는 물질적 요소 외에, 석비를 정의하는 요소로서 또 하나를 추가해야 할 필요가 있다. 즉 석비가 만들어졌던 서사 배경, 즉 기본적으로 석비가 무엇인가를 오래 기억하고자하는 목적에서 만들어졌다는 기념비라는 점이 고려되어야 한다는 것이다.

현재 돌에 글자가 새겨진 가장 오래된 석각은 〈石鼓文〉이라고 알려져 있다. 秦王의 수렵에 관한 내용을 篆書로 높이 2尺, 직경 1尺여 정도의 돌에 새겼는데, 그 돌의 모양이 鼓와 닮아 石鼓文이라고 부른다.

---

19) 고광의, 2013, 앞의 논문, p.64; 홍승현, 2013, 앞의 논문, p.71; 강진원, 2017, 앞의 논문, p.204 등.
20) 唐代 陸龜蒙이 『野廟碑』에서 碑의 발음과 같은 悲로서 碑의 의미를 해설했던 것도 마찬가지의 견강부회식 설명이다. "碑者, 悲也. 古者懸而窆, 用木. 后人书之以表其功德, 因留之不忍去. 碑之名由是而得."

그림 5. 開通褒斜道磨崖, 侍廷里父老僤買田約束石券

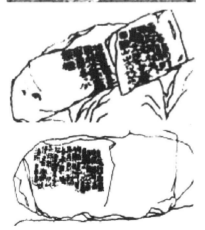

그림 4. 石鼓文, 守丘刻石, 連運港刻石

전국시기의 각석으로는 하북성 平山縣 전국 中山王墓의 〈守丘刻石〉이 있다. 외형은 높이 90㎝, 넓이 50㎝, 두께 40㎝의 자연석으로서, 國王을 위해 물고기를 포획하는 池圃를 감시하는 자인 公乘 得, 능묘를 지키는 舊將 曼이 나중에 올 賢者에게 삼가 告한다는 내용의 글이 적혀있다.[21] 守墓者의 인명, 직업, 그리고 비를 세우는 목적이 기록되어 있다. 秦始皇刻石은 현재 그 실물이 남아있지 않으나, 진시황이 순행을 하며 鄒嶧山, 泰山, 琅邪, 之罘에 세운 각석의 내용은 『사기』 秦始皇本紀에 남아있다. 전한시기에 들어와도 돌에 글자를 새기는 방식은 크게 유행하지 않았다. 王莽시기에는 돌에 새겨진 경계석이 확인된다. 1987년 連雲港에서 발견된 이 경계석은 모두 두 개인데, 첫 번째 각석은 1987년 連雲港市 連島鎭 連島村 해안의 암벽에서 발견되었다. 이 刻石은 左石(80㎝, 폭 70㎝)·右石(높이 95㎝, 폭 75㎝)로 兩分된 형태의 화강암에 모두 4行으로 새겨진 총 40字의 刻文이 확인되었다. 두 번째 刻石은 1998년 連雲港市 蘇馬灣에서 발견되었고, 화강암의 크기는 높이 약 90㎝, 폭 약 21㎝이며 12행으로 된 60字의 刻文이 새겨져 있었다. 후한 초기의 것으로는 〈開通褒斜道磨崖〉와 〈漢侍廷里父老僤買田約束石券〉이 있다. 〈開通褒斜道磨崖〉는 褒斜道를 개통한 뒤 이를 기념하기 위해 만든 것으로서, 넓이 107㎝, 높이 80㎝의 돌 위에 새겼다. 永平6년 漢中郡이 황제의 詔書를 받아 2690명을 동원하여 포사도를 개통하였다는 사실 그리고 공사에 들어간 각종 비용을 적었다. 〈漢侍廷里父老僤買田約束券〉는 높이는 154㎝, 넓이는 80㎝, 두께는 12㎝의 자연석을 이용하여 비면을 정리한 뒤 213자의 각문을 새겨넣었다. 里父老의 업무에 필요한 각종 비용을 충당하기 위해 父老僤을 결성하여 자금을 갹출하였던 내용이 기록되어 있다.(그림 4·5)

이와 같이 비록 그 수는 많지 않지만, 일단 돌에 글자를 새기는 사례는 전국시기까지 올라갈 수는 있다. 따라서 석비를 구성하는 기본적인 요소, 즉 돌, 비문, 기념비라는 요소는 모두 갖추었다는 점에서 석비의 연원을 전국시기 석고문 이래 전한시기까지의 석각에서 찾을 수 있겠다. 다만 그것이 새겨진 돌은 지붕이나 받침대 등과 같은 특별한 장식이 덧붙여지지 않은 자연석을 그대로 이용하였고, 석각에 새겨진 내용도 대부분 황제나 군수의 치적을 칭양하는 내용, 혹은 경계를 결정하거나 계약의 내용을 적은 것들이었던 반면, 아직 무덤 속 묘주를 추모하는 장례기념비로서의 묘비는 보이지 않는다. 석비의 가장 중요한 장르인 묘비가 출현하고, 동시에 독립된 개체로서 석비의 외관이 일정한 형태로 규정되기 시작한 것은 후한시대에 접어들면서부터이다.

3. 후한시기

후한이 되면서 무덤과 관련한 여러 석조물이 부쩍 늘어났다. 1세기 이후부터 거의 모든 종류의 장례기념비들(闕, 祠堂, 사람과 동물 모양의 立像)이 돌로 만들어지기 시작했다.[22] 무덤 건축재료로 돌을 거의 무시해 왔던 고대 중국인들이 갑자기 돌에 주목하고 거기에 새로운 의미를 부여하였던 것이다. 돌이 갖는 모든 자연적 특성들 즉 강하고, 평평하고, 특히 내구성이 강하다는 것은 영원 혹은 不死를 의미하였던 것이다. 그때까지 고대인들이 상상했던 사후 세계가 이제는 돌에 표현되기 시작했던 것이 바로 화상석이다.[23]

---

21) "監罟囿臣公乘得, 守丘臼(舊)(將)曼, 敢謁後賢者."

22) 물론 전한 시기부터 文帝의 皇陵인 霸陵이 石山에 조영된 것을 위시하여 中山王陵 등 山東 지역의 제후왕묘가 崖墓 형식을 채택하는 등 일부 돌을 사용한 무덤이 조영되기도 했지만, 제후왕 이상의 지위를 가진 자에게 국한되었을 뿐이다.

23) 우홍 저, 김병준 역, 2001, 『순간과 영원』, 아카넷, pp.302~346.

그 화상석의 그림 옆에 간간히 글자를 새기기도 하였다. 그림 속에 畫題를 기록하는 것이 대부분이지만, 종종 묘주의 신원을 기록한 題記도 보인다. 〈馮君孺人墓室題記〉는 무덤 내부 墓門의 남쪽 기둥에 "鬱平大尹 / 秩上大□ / 馮孺□, 復 / 無有所與"라고 되어 있고, 主室의 中柱에는 "鬱平大尹馮君孺人, 始建國天鳳五年十月十枩日癸巳葬, 千歲不發", 前室南耳室에는 〈鬱平大尹馮君孺人車庫〉, 中室입구에는 〈鬱平大尹馮君孺人中大門〉, 측실 남쪽 입구에는 〈鬱平大尹馮君孺人臧閣〉라는 題記가 있다. 묘비의 비문을 구성하는 기본 요소가 나타나기 시작한 것이다.

하지만 글자가 새겨진 돌이 무덤 안에 있다면, 그것을 정식 묘비라고 부를 수 없다. 후대에도 무덤 안에서 발견되는 것은 墓誌라고 불러 석비와 구별한다. 무덤 바깥 사당 속 화상석에도 묘주의 생애와 신원을 기록한 글자가 새겨져 있다. 가령 〈路公食堂畫像題記〉는 행렬도 화상 옆쪽에 "□□元年二月廿日□□ □□□□荊路公昆弟, □天鳳三年立食堂, 路公治嚴氏春秋, 不踰"라는 글귀가 새겨져 있다. 그러나 이러한 종류의 題記는 사당 내부에 장식되어 있는 화상석의 일부이며, 아직 독립적인 개체로서의 석비라고는 할 수 없다.

한편 무덤 바깥에 위치해 있으면서, 화상석의 일부로서 새겨진 것이 아니라 독립적 개체의 형상에 글자가 새겨진 경우가 闕이다. 묘역의 입구에 세워진 石柱인 闕에는 보통 이곳이 누구의 묘역 혹은 神道라는 내용이 기록되거나,[24] 이러한 석조 기념물을 제작하였던 자손의 효성을 드러내기 위해 얼마나 많은 돈과 시간이 투여되었는지를 새기거나,[25] 혹은 묘역임을 알려줌과 동시에 그 측면에 烏還哺母라는 額題를 달고 후손의 효성을 드러내는 내용이 길게 새겨져있다.[26] 그뿐만 아니라 闕에는 묘주의 이름과 관적, 사망일, 장례일, 가족관계, 조정에서 받은 贈賜의 기록, 짧은 頌辭 등이 서술되어 있는 경우도 있으므로[27] 사실 묘비와 구별하기가 쉽지 않다. 다만 闕은 묘역의 입구라는 의미인 반면 묘비는 闕과는 별도로 묘주를 위해 무덤 앞에 마련된 별도의 독립된 매체이다. 闕에 묘비와 유사한 내용이 기록되어 있기는 해도, 석비보다 더 이른 시기부터 등장한 것이 아니라 석비가 유행하는 시점에 등장할 뿐이므로, 闕을 묘비의 연원이라고 하기보다 석비가 유행하면서 석각 습관이 闕까지 확대되었다고 보는 것이 무난하다.

이상에서 석비의 연원을 살펴보았던 것은 그 연원이 무엇인가에 따라 그 외관의 의미가 달라질 수 있

---

24) 〈李業闕題字〉 "漢侍御史李公之闕"; 〈王稚子闕題字〉 "漢故兗州刺史洛陽令王君稚子之闕"; 〈馮煥闕題字〉 "故尙書侍郎河南京令豫州幽州刺史馮使君神道"

25) 〈莒南孫氏石闕題記〉 "元和二年正月六日, 孫仲陽□升父物故, 行□□禮□作石闕, 賈直萬五千."

26) 〈幽州書佐秦君石闕石表銘〉 "(八號石柱左側面)維烏維烏, 尙懷反報, 何況於人號治四靈, 君臣父子, 順孫弟弟, 二親薨沒, 孤悲惻怛, 鳴號正月, 旦夕思慕沆心, 長岡五內, 力求天命, 年壽非永, 百身莫贖, 欲呼顯相, 尙無餘日, 鳴呼, 匪愛力財, 迫于制度, 蓋欲章明孔子葬母四尺之裔行上德, 比承前聖歲少, 以降昭皆, 永爲德儉, 人且記入於經, 秦仙爰敦宣情, 徵之斯石, 示有表儀, 孝弟之至, 通於神明, 子孫奉祠, 欣肅愼焉."(八號石柱正面) "永元十七年四月, 以令改爲元興元年, 其十月, 魯工石巨宜造."

27) 〈皇聖卿闕題銘〉 "南武陽平邑皇聖卿冢之大門, 卿以元和元年十二月廿□日己卯□殤□元和三年八月□"; 南武陽功曹闕題銘 "故南武陽功曹·鄕嗇夫·府文學掾平邑君□卿之闕, 卿□□□□□困苦, 天下相感□□□□仟□□三□觀朝廷□□明君 □直任人□□二□來□德□道, 以爲國三老, □□□□章和元年二月十六日,□子文學叔□□石工□□□鄕嗇夫□□□□□□□ □□□伯□廷□□直四萬五千,此上□□皆食□倉."

기 때문이었다. 가령 기존의 많은 연구에서 장례 때 하관하기 위한 기둥 혹은 희생물을 묶어둔 기둥을 석비의 연원으로 보는 이상, 석비의 가운데 구멍을 하관이나 희생 속박에 필요한 실용적 용도로만 이해하게 되었고, 또 석비의 다른 외관도 단순한 장식 이상으로 보기 힘들게 된다. 그러나 하관용 혹은 희생 속박용 기둥을 석비의 연원이라고 본 것은 석비가 단순한 돌기둥 혹은 무덤 근처의 기둥이라고만 정의했기 때문이다. 돌기둥 그 자체가 중요한 것이 아니라, 거기에 글자가 새겨져 있는 서사매체라는 사실이 석비의 더 본질적인 요소이다. 이렇게 석비는 돌이라는 재료와 그곳에 비문이 쓰여져 있다는 것, 그리고 무엇인가를 기억하려는 기념비적 성격이 결합된 것이라고 정의해야 한다면, 그 연원은 석고문 이래 전한시기까지 단속적으로나마 지속되어 온 돌에 글씨가 새겨진 석각에서 찾아야 한다. 그것이 비문과 외관이 전형적 구성을 갖게 되는 완성태가 되는 것은 후한에 접어들면서 석조 장례기념비가 크게 유행하면서부터였다.

III. '시각 문서'의 계승 : 서사재료로서의 석비

후한시대 석비의 비문 형식이 전형적 구성을 갖게 되었던 것과 마찬가지로,[28] 외관도 일정한 형태를 띠게 되었다. 그 외관은 크게 두 가지로 나누어볼 수 있다. 첫째는 석비를 구성하는 주요 부분의 형태, 둘째는 석비를 장식하는 요소이다. 전자는 비수, 비신, 비좌의 형태를 일컬으며, 후자는 석비를 장식하는 각종 동물이나 회화적 요소를 말한다.[29]

먼저 전자 즉 석비의 기본적 형태에 대해 살펴보자. 후자가 전자의 형태 위에 덧붙여지는 회화적 요소로서 추가적 장식적 것이며 따라서 모든 석비가 반드시 준용해야 하는 것도 아니었던 반면, 圭首形·圓首形·方首形과 같은 비수의 형태라든가 판비형의 양면비 혹은 석주형 사면비과 같은 비신의 형태는 석비 외관의 기본형에 해당된다. 비신에 뚫려있는 碑穿도 초기 석비 외관의 전형적 기본요소이다.

이러한 기본적 외관은 어떤 의미를 갖고 있는 것일까? 앞 장에서 석비를 이해할 때에는 서사재료인 비석과 서사내용인 비문이 함께 결합된 기물이라는 데에 주목해야 한다고 했는데, 바로 이 점이 외관의 의미를 풀 수 있는 중요한 열쇠라고 생각한다. 석비란 비문을 담고 있는 이른바 서사매체라면, 이러한 서사매체의 형태는 그 비문의 내용에 의해 결정될 수 있다는 가정이 가능하기 때문이다.

진한대 주요 서사매체인 목간의 내용과 목간의 형태 사이에 대응관계가 있다는 것은 이제 상식에 속한다. 예컨대, 목간의 길이라는 형태와 내용의 상관관계를 보자. 본래 1척의 길이 간이 일반적으로 통용되었는데 황제의 권위를 드러내기 위해 황제의 명령서(슈)는 이보다 약간 긴 1척 1촌의 길이 간에 쓰이게

---

28) 홍승현, 2015, 앞의 논문.
29) 석비의 형태의 기본적 분류는 楊磊, 2011, 앞의 책이 잘 정리해 놓았다. 본고도 이를 많이 참조하였으나, 석주형 사면비와 같은 분류는 필자가 별도로 추가하였다.

되었다. 다시 유학이 성행하게 되면서 經書는 2척 4촌의 간에 쓰였고, 律도 2척 4촌의 간에 쓰였다. 황제와 성인의 권위를 드러내기 위해 간의 길이를 달리했던 것이다. 그밖에도 목간에 봉니를 넣어 도장을 찍었던 封檢을 비롯해 觚, 傳, 符 등으로 불리는 간은 모두 특정한 내용을 특정한 용도에 사용하기 위해 만들어진 것들인데, 그 용도를 외형으로 판별할 수 있도록 특정한 형태로 제작되었다. 목간을 보고 읽는 사람들에게 시각적 효과를 극대화하려는 의도가 담겨있었다는 것이며, 이를 '시각 목간'이라는 말로 부르기도 한다.[30]

마찬가지로 석비가 목간처럼 '글자가 쓰인 서사매체'라는 점에 주목한다면, 석비의 형태 또한 목간처럼 석비의 내용과 대응하였을 것이라고 추정할 수 있게 된다. 더욱이 석비가 유행하기 시작하였던 시기가 바로 목간이 가장 중요한 서사재료로서 사용되던 漢代였다는 사실은, 석비의 외관을 목간의 형태와 연결시켜보아야 할 필연성을 시사하고 있다. 본격적인 외관의 의미를 탐색하기 전에 석비의 비문이 목간의 기본 서사형식을 참조했던 한두 가지 사례를 들어보자.

後漢 光武帝 建武28년(52)경의 刻石으로 알려진 〈三老諱字忌日記〉는 三老의 제7대 孫에 해당되는 邯이라는 자가 세운 것으로서, 三老 1인만이 아니라, 三老 부부, 그 아들 부부 모두 4명의 諱字와 忌日을 기록하고, 이어 손자 손녀 10인의 이름을 기록하였다. 그런데 그 기록 방식을 보면 인명을 그냥 나열하지 않고, 전체 4단으로 나누어 제 1단에는 三老와 부인, 제 2단에는 아들 부부 4명, 그리고 제 3단과 4단에 걸쳐 손자 손녀 10인을 기록했다. 세대 항렬에 따라 단을 나누어 기록하였던 것이다. 이러한 서사 방식은 진한시대 호적문서의 기록방식을 그대로 차용한 것이다. 湖南省 龍山縣에서 발견된 里耶秦簡의 호적부에 이와 동일한 기록방식이 확인되었다. 제 1단에 호주와 그 남자 동생을, 그리고 제 2단에는 호주 및 남자 동생의 부인을, 제 3단에는 아들을, 제 4단에는 딸을, 제 5단에는 노비를 각각 나누어 기록하였던 것이다.[31] 이처럼 당시의 행정문서에서 戶 내의 항렬과 지위에 따라 단을 나누어 기록하였던 방식을 본

그림 6. 석비에 보이는 한대 간독의 서사 양식과 서체

---

30) 富谷至, 2010, 『文書行政の漢帝国 −木簡・竹簡の時代−』, 名古屋大学出版会, pp.29~105.

31) 『里耶秦簡』 K2/23 "(1단) 南陽戶人荊不更宋午 弟不更熊 弟不更衛 (2단) 熊妻日□□ 衛妻日□ (3단) 子小上造傳 子小上造逐 □子小上造□ 熊子小上造□ (4단) 衛子小女子□ (5단) 臣曰[礻+靑]" (湖南省文物考古研究所 編, 2006, 『里耶秦簡發掘報告』, 岳麓書社, p.205.)

받아 석비에서도 동일한 서사방식을 사용했다. 그런가하면 단을 나누어 기술할 필요가 없는 부분에서는 하나의 간에 길게 써내려가는 일반적 목간 서사방식을 취했다. 〈三老諱字忌日記〉이외에도 〈北海相景君碑〉를 비롯해 석비 건립에 참여한 자들의 경비 부담 내역을 적는 경우 역시 모두 단락을 나누어 기록하였다. 또 字體도 주목할 만한 부분이 있다. 일반적으로 석비의 자체는 정형화된 八分 서체이며, 정중함과 경건함을 갖춘 것으로 평가된다.[32] 그런데 〈張景碑〉에는 府와 縣 두 관부가 차례로 발행한 공문의 내용을 새겨 놓았는데, 비문 중에는 한대 간독에서 특징적으로 등장하는 懸針의 자체가[33] 나타난다('府'). 이처럼 석비에는 목간의 서사 양식이 그대로 반영되어 있다면, 그 형태도 반영되었을 가능성이 높다.(그림 6)

석비 이외에 무덤 내부 화상석이나 무덤 바깥 사당 화성석, 그리고 石闕에도 문자가 새겨졌지만, 화상석이나 석궐은 모두 이미 형태가 결정되어 있었던 것들이다. 화상석에 적힌 제기는 그림이 그려진 뒤 그림의 여백 공간에 기입되었다. 석궐도 문의 기둥 모습으로 이미 형태가 결정되었기 때문에 그 기둥의 빈 공간에 글자가 기입되었다.(그림 7)

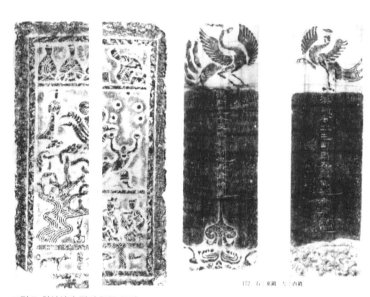

그림 7. 화상석과 궐의 題記 공간

반면 석비는 독립적인 개체로서 새로운 형태를 모색해야 했다. 이 때 석비는 비문을 담는 서사매체로서 간주되었고, 그리하여 당시의 주요 서사매체였던 목간의 형상을 본땄다는 것이다. 이하 비수와 그곳에 뚫려진 碑穿의 의미, 그리고 석주형 사면비가 각각 어떻게 목간의 형상과 연결되는지 살펴보자.

1. 圓形 碑首

석비의 비문은 기념해야 할 대상과 그 공덕을 가장 간략하게 표현한 것이라고 할 수 있다. 묘비라면 그 무덤이 누구의 것인지를 알려주는 墓表 역할이 가장 핵심적인 것이며, 여기에 더해 貫籍, 가족관계, 관직 등을 기록하여 그가 누구인지를 축약적으로 기술했으며, 후손과 故吏들이 그를 애도하고 그리워하는지도 운율이 담긴 함축적 銘辭의 형식으로 추기하였던 것이다. 이러한 내용에 적합한 문서형태는 무엇이었

---

32) 고광의, 2013, 앞의 논문, p.66.
33) 冨谷至, 2010, 앞의 책, pp.151~154.

을까?

한대에는 기본적으로 길고 좁은 목간에 내용을 적고 이를 끈으로 묶는 방법이 있는가 하면, 넓은 목판에 많은 내용을 적는 방법이 있었다. 하지만 양자 모두 그것을 어디론가 전달해야 할 필요가 있을 때에는 개별 간을 모두 모아 묶고 맨 앞에 이 문서의 표찰을 붙였다. 가령 문서의

그림 8. 목간의 표찰 형태

양이 많지 않으면 개별 간을 표찰과 같이 직접 묶기도 했지만, 많은 경우 문서를 바구니나 포대에 넣은 뒤에 묶은 뒤 거기에 표찰을 매달았다. 이 문서의 표찰에는 문서의 명칭, 장부의 명칭, 혹은 첨부된 물품의 품명과 수량 등을 기록하였다. 다시 말해 문서의 내용을 가장 집약적으로 표현했던 것이다. 예를 들면 "陽朔元年六月吏民出入簿"(29.3AB)은 陽朔元年 6월에 관문을 출입한 吏民의 名籍을 묶고 나서 그 앞에 이 표찰을 달던 것이다. 그밖에 "地節三年閏月吏民出入關致簿"(73EJT1:4), "第十六隧斬幡一完"(99ES17SH1:4A), "兵完折傷簿 / 始建國天鳳元年玉門大煎都兵完堅折傷簿"(1925AB) "平望朱爵隧亡矢銅鏃百 / 其卅四干斥呼 / 五十六完"(2117) 등 수많은 표찰이 확인된다.(그림 8)

그런데 이 표찰의 형태가 특이하다. 보통의 목간이 긴 장방형의 형태인 것과 달리, 표찰은 (1)머리부분에 둥그스름한 모양을 붙이고, (2)그 둥그런 부분을 그물망과 같은 사선의 격자문양을 그리거나 혹은 검게 칠하고, (3)끈을 넣어 문서나 바구니 등에 묶도록 만든 구멍이 있다. 그런데 이 3가지 표찰 형태가 바로 석비의 특징적 모습과 그대로 부합한다.[34] 석비에도 (1)' 많은 경우 圓形 비수가 붙어 있다. 그리고 (2)' 목간과 똑같은 그물모양은 아니지만 暈紋이나 蟠龍 등으로 비수 부분을 장식하고 있다. (3)'목간의 구멍과 같은 곳에 비천이 뚫려져 있다. 누구라도 한 눈에 석비의 형태가 목간 표찰의 형태를 본땄음을 알아챌 수 있을 정도로 유사하다.

목간의 표찰을 일컫는 楬과 석비를 일컫는 碣이 부수를 제외한 나머지가 동일하다는 것도 주목할 만하다. 『周禮』 秋官職金에 대한 후한시대 鄭司農의 주석에 의하면, 세금으로 징수한 물건의 품질을 분별하여 그것이 완전한지 손상되었는지, 수량이 얼마인지를 楬에 적었다고 했는데, 이것이 곧 목간의 표찰이다.

---

34) 도미야 이타루 저, 임병덕 역, 2003, 『목간과 죽간으로 본 중국고대문화사』, 사계절, pp.116~120.

반면 『설문해자』에 의하면 碣을 '特立之石'이라고 풀이하고, 또 두헌의 공적비를 '碣'이라고 했던 것에서 석비를 '碣'로 부르기도 했다. 양자 모두 '曷'의 글자를 공유한다는 것은 양자의 기능이 동일하다는 것을 말해준다.[35]

요컨대 석비의 비문이 목간의 표찰과 동일한 기능을 갖고 있다고 생각했기 때문에 목간 표찰이 갖는 형태적 특징을 석비에 그대로 옮겨 놓았던 것이다. 초기의 석비인 〈麃孝禹碑〉의 윗부분에는

그림 9. 초기 석비의 비수(麃孝禹碑와 韓勅碑, 孔謙碑)

목간 표찰과 동일한 그물모양이 표시되어 있다. 그 뒤 점차 돌에 그물모양을 새기는 대신 〈韓勅碑〉에 보이듯이 별도로 비수를 마련해 석비의 윗부분에 덧붙이게 되었고, 다시 그 비수에 그물모양을 대신하는 여러 가지 장식이 추가되었다고 생각된다. 〈孔謙碑〉의 경우 둥그런 형태의 비수가 마련되고 그곳에 三線暈紋을 장식했는데, 이것이 목간의 그물모양을 대신한 것이라고 판단된다.(그림 9)

2. 碑穿

후한 이래의 석비에는 비수의 題額 아래 혹은 碑身 중앙에 둥그런 구멍이 뚫려져 있고 이를 碑穿이라고 부른다. 매우 두드러진 형상이라서 많은 연구자들이 그 연원에 대해 관심을 기울였다. 그렇지만 『예기』와 『석명』과 같은 고문헌에 나타난 옛 학자들의 추정을 그대로 따르는 데에 머무를 뿐이었다. 그러나 앞에서 이미 설명했듯이 비천을 희생을 묶는 용도라든가 하관 용도로 설명하는 것은 견강부회일 뿐이다.

비천이라는 특징적 외관이 나타난 것도 역시 비수와 마찬가지로 목간의 형태를 본땄기 때문이다. 비문의 내용이 석비가 기념하는 대상의 신원과 사망일자, 그리고 추도의 감정을 모두 요약하여 함축적으로 설명하는 것이기 때문에 석비를 목간의 표찰과 동일시했고, 또 자연스럽게 목간 표찰의 형태를 그대로 석비에 적용하였을 것이다. 하지만 목간 표찰과의 유사성이 가장 큰 부분은 비문의 제목에 해당되는 題額이다. 제액과 비천의 유무를 분석해 보면, 제액이 있는 경우는 비수의 형태와 상관없이 비천이 뚫려져 있는 경우가 대부분이라는 점을 발견할 수 있다. 몇 가지 예만 들어보면, 가령 圓首形의 경우 〈韓仁碑〉는 비수에 〈漢循吏故聞熹長韓仁銘〉라는 제액을 새기고 그 제액 바로 아래에 비천을 뚫어놓았고, 비록 殘碑

---

35) (淸)朱駿聲, 『說交通訓定聲』 泰部 第13에서도 양자의 관계에 주목하고 있다.

그림 10. 제액과 비천 (韓仁碑, 趙菿殘碑, 鄭固碑, 鮮於璜碑)

이지만 〈趙菿殘碑〉도 〈漢故郎中趙君之碑〉라는 제액 아래에 비천이 뚫려 있다. 규수형의 경우에도 〈鄭固碑〉는 〈漢故郎中鄭君之墓〉 제액 아래에, 〈鮮於璜碑〉는 〈漢故鴈門太守鮮于君碑〉 제액 아래에 비천이 있다. 이렇게 비천이 제액 아래에 위치해 있었던 것은 비천과 제액이 하나의 조합이라고 생각했기 때문이다.(그림 10)

즉 석비가 목간 표찰의 형태를 참조할 때, 목간 표찰 중 둥근 부분과 그물모양은 비수와, 끈을 묶는 구멍은 비천과 연계시켰다면, 그 표찰에 적힌 내용은 題額에 해당된다고 보았던 것이다. 석비의 비수와 제액, 비천이 곧 목간 표찰의 형태와 동일시되었던 것이다. 그 때문에 비천은 대부분 제액 바로 아래에 위치해 있었다. 그 뒤 제액 외에 장문의 비문이 추가되면서 비천의 위치가 제액 바로 아래가 아니라 비신 가운데로 내려오기도 하였다.

3. 圭形 碑首

다음은 석비의 圭首 형태에 주목해 보자. 표찰 목간의 윗부분은 대부분 둥그런 모양을 하고 있으므로 맨 처음 비수의 형태는 圓形이었을 것이다. 따라서 원형 비수가 먼저 고안되고 난 뒤에 끝이 뾰족한 규형 비수로 전개되었다고 보는 것이 무난한 이해일 것이다. 그렇다면 규형에는 어떤 의미가 있었던 것일까?

우선 『白虎通義』와 『禮記』, 『說文』와 같은 고문헌에서는 '圭'라는 기물의 뜻을 '信' '潔' '瑞'라고 풀이하였다. 하지만 석비가 '규'가 아닌 이상, '규'가 갖고 있는 끝이 뾰족한 '규형'이 고대인들에게 어떻게 받아들여졌는지에 대한 설명이 필요하다.

『儀禮』에는 使者가 自國에서 출발할 때부터 귀국할 때까지의 과정이 자세하게 설명되어 있다. 먼저 使者는 본국에서 출발할 때 군주가 玉珪를 本國의 종묘에서 꺼내어 직접 건네받는다. 그리고 그것을 들고 방문국에 도착하면, 방문국의 郊에서 일단 慰勞를 받고 廟에 들어가 玉珪를 교환하였는데, 예법에 맞게

堂上에서 절차에 따라 교환하였다. 이렇게 珪를 교환하는 위치나 자세가 중요했던 이유는 聘問할 때 들고 온 珪가 本國의 宗廟에 보관하였던 寶器이자 해당국의 正體를 상징하는 물건이었기 때문이다. 다시 말해 珪는 조상의 신령이 강림한 물건으로 받아들여졌던 것이다.[36]

朝聘 의례를 행할 때 군주와 신하 사이의 信物로서 사용되었던 圭는 전국시기 이후가 되면 다양한 형태로 바뀌었다. 끝이 네모나게 되거나 뭉툭해진 모습도 많아졌다. 그러나 圭라는 옥기가 신령의 강림이라는 의미를 갖고 있었다는 관념은 지속적으로 계승되었다. 전국시기 이후에도 신령의 강림을 통해 의례의 권위를 제고할 필요가 있을 때 圭의 형태, 즉 끝이 뾰족한 형태의 기물을 제작하여 사용하였다. 그 대표적인 경우가 맹서 의식이었다. 『시경』, 『좌전』, 『국어』 등에서는 서주시기 이래 이러한 맹서 의식이 자주 등장한다. 군주에게 충성을 다짐하는 맹서 의식이 있는가하면, 군주의 명령을 집행하기 위한 법적 효력을 갖추기 위한 맹서 의식도 있었다. 또 獄訟이 이루어질 때 자기의 진술이 거짓이 아니라는 것을 증명하기 위해 맹서를 하는 경우도 적지 않았다. 전국시기 包山楚簡 중에는 이러한 맹서의 사례를 쉽게 확인할 수 있다. 문서의 이동을 관리하기 위한 「受幾」 문서에는 "명령을 전달하지 않으면 벌을 받을 것이다(不致命, 阩門有敗)"라는 상투화된 맹서 문구가 있는가하면, 옥송문서인 「案卷」에서는 옥송이 진행되면서 피험의자가 자기의 진술을 증명하려고 맹서를 하는 경우(雇女返,場貯,竸不害皆既盟), 그리고 주변의 증인들이 맹서를 하는 경우(凡二百人十一人, 既盟, 皆言)가 보인다.[37]

이러한 맹서 의식 때에 사용되었던 문서 실물은 전국시기 侯馬盟誓와 溫縣盟誓에서 확인된다. 1965년 山西省 侯馬市 동쪽 교외 晉國의 맹서 유지에서 모두 5000여 건의 玉片과 石片의 맹서가 발견되었고, 그 뒤 1979년 河南省 溫縣 武德鎮에서 다시 한 번 晉國의 맹서 유지에서 124개의 수혈갱과 1만여 건의 석편 맹서를 발굴하였다. 이 맹서 기록은 붉은 색 문자로 쓰였으며, 그 주요 내용은 기원전 5세기 초 晉國의 내란과 관련하여 맹서 의례에 참여한 자들이 趙氏 군주에 복종하고 그 적대세력과 절대로 교류하지 않을 것을 맹서한다는 것이다. 문서의 형식은 대체로 "나(맹서 의식에 참가한 자의 이름)는 君의 처소에서 맹약한 이후에, 만약 감히 이 맹서에 쓰인 대로 따르지 않거나 감히 다른 적대 세력으로 들어가면, 위대하신 明神이 誅滅의 罰을 내릴 것이다"와 같다. 맹서 의식에 모인 사람들은 희생을 잡고(殺牲), 피를 함께 나눠 마시고(歃血), 맹서를 낭독한 뒤에 그 맹서가 적힌 玉石片을 구덩이에 넣었다. 그런데 바로 이 옥석편이 모두 끝이 뾰족한 규형을 하고 있다는 것이다. 일부 끝이 약간 둥근 弧形 석편도 있지만, 호형 석편은 규형 석편에 비해 두께도 얇고 쉽게 쪼개지며 색깔도 어두어 글자가 판별하기 어려운 반면, 규형 석편은 외형도 規整하고 글자의 필획도 매우 가늘고 단정하다.[38] 또 규형 옥편은 구덩이 맨 아래에 깔려 있기 때문에, 제일 먼저 구덩이에 넣었던 자가 지위가 가장 높은 자일 텐데 그들이 규형의 옥편을 갖고 있었

---

36) 송진, 2012, 「중국 고대 境界 出入과 그 성격변화」, 서울대학교 박사학위논문, pp.62~65.

37) 陳偉 等著, 2009, 『楚地出土戰國簡冊(十四種)』, 經濟科學出版社. 32간, 123간, 136-137간. 방윤미, 2017, 「包山楚簡 司法文書를 통해 본 戰國楚의 文書行政體系」, 『東洋史學研究』 139 참조.

38) 呂靜, 2007, 『春秋時期盟誓研究 −神靈崇拜下的社會秩序再構建』, 上海古籍出版社, pp.290~292.

고, 그 다음 사회적 지위가 가장 높은 자가 규형의 석편을 넣었고, 마지막으로 사회적 지위가 가장 낮은 자가 호형의 석편을 구덩이에 넣었다고 추정된다. 다시 말해 맹서 의식에 부합하는 가장 완전한 맹서 옥편은 끝이 뾰족한 규형이며, 그렇지 못한 것은 제대로 마무리하지 못했을 뿐이라는 것이다. 이렇게 끝이 뾰족한 규형의 맹서문을 만들었던 까닭은 자신의 뜻을 신령 앞에서 맹서하기 위해 맹서가 담긴 옥편에 신령이 강림하여 깃들 수 있도록 끝이 뾰족한 규형을 만들었던 것이다.

또 하나의 사례는 신강성 樓蘭과 尼雅지역에서 발견된 카로슈티 문자로 적힌 圭形 목간이다.[39] 이 목간은 왕의 명령, 정책결정을 간결하고 지급하게 전달하기 위한 내용인데, 다음과 같은 전형적 구절을 갖는다. 1) 위대한 대왕이 기록한다. 某某에게 명령을 다음과 같이 내린다. 2) 이제 여기에 某某가 다음과 같이 보고한다. 3) 이 楔形 봉인 명령서가 도착하면, 4) 곧 이 사람들은 맹서와 증인에 의해, 서로 바라보고 주의 깊게 음미하라. 5) 왕법에 의해 결정해야 한다.[40] 즉 왕에 의한 명령과 敎示를 통지하는 내용인 이 목간에 '맹서'와 '증인'이라는 단어가 반복적으로 빈번하게 나타난다는 것이다. 실제로 매번 맹서 의식이 시행된 것은 아니었고 포산초간 「受幾」와 같이 상투화된 문구일 가능성이 크지만, 이러한 규형의 목간이 사용되었던 것은 圭型이라는 형태에 신령이 강림해 온다는 것을 전제로 하여 제작되었다고 판단된다.(그림 11)

후마맹서나 온현맹서 그리고 카로슈티 목간에서 모두 규형이 서사재료의 형태로 선택되었던 것은 규형의 형태

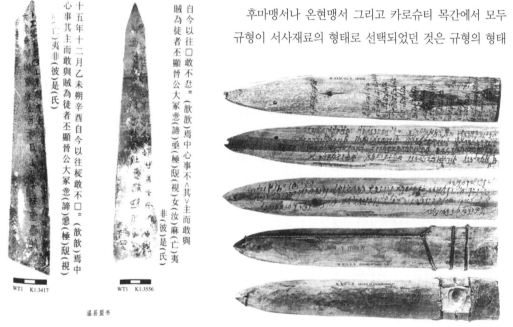

그림 11. 溫縣盟誓 圭形 玉片과 카로슈티 圭形 목간

---

39) 카로슈티 문자로 적혀 있지만 이곳에서 발견되는 목간의 형태는 기본적으로 진한대 목간의 영향을 받은 것으로 판단된다.

40) 赤松明彦, 2011, 「樓蘭·ニヤ出土カロシュチイ一文書について」, 冨谷至 編, 『流沙出土の文字資料 —樓蘭·尼雅文書を中心に』, 京都大學出版會, pp.375~376, pp.403~406.

에 신령이 강림해 와서 그 서사재료에 쓰인 내용을 신령의 권위에 의해 보증한다는 의미를 담고 있다. 바꾸어 말하면 그러한 신령이 깃든 것이었기 때문에 감히 맹서의 내용을 위반할 수 없도록 하겠다는 의미를 담고 있는 것이다. 석비의 규형 비수도 이러한 목적에서 선택된 외관이었다고 생각한다.

묘비에는 일반적으로 묘주의 이름과 사망 일자 등 묘주와 관련된 신원이 소개되고, 묘주의 공덕에 대한 頌辭가 기록되는 것과 함께, 후손들의 간절한 애도 그리고 영원히 묘주를 잊지 않겠다는 약속이 표현된다. 이렇게 작성된 비문은 석비를 건립하는 시점 혹은 능묘제사가 지속적으로 거행되는 시점에, 묘주를 추도하는 후손 혹은 문생고리 등이 모여 일정한 의례를 행하면서 낭송되었을 것이다. 이러한 엄숙한 의례 과정에서 비문을 낭송하는 것은 곧 참석한 모든 자들이 함께 동의하고 약속하는 것을 의미한다. 바꿔 말하면 이때의 비문은 반드시 지켜야 할 엄숙한 맹서라고도 할 수 있다. 특히 비문의 내용 중 頌辭에 "혼에 신령이 있다면 이 곳에 강림하소서",[41] "혼에 신령이 있다면, 이곳에 강림해 내려와 아낌없이 후손에게 드리워주소서",[42] "신이여 알고 계시는가, 이 제단에 강림하소서"[43]라는 문구가 자주 등장하는 것은 바로 이러한 참석자의 맹서를 보증하는 것이었다. 이 맹서를 보증하기 위해 신령의 강림이 필요하였다면 조상의 신령이 강림하는 의미를 갖는 규형의 외관이 선택되는 것은 당연한 일이다. 요컨대 석비에 쓰인 텍스트에 신령이 강림하도록 함으로써 석비를 세우는 작업에 동참한 후손이나 故吏들이 이곳에 깃든 신령 앞에 맹서를 하는 효과를 갖도록 했던 것이다.

4. 石柱形 四面碑

석비에 대한 연구에서는 후한 이래의 석비 형태 중에 사면비의 존재를 언급하지 않는다.[44] 또 현존하는 석비를 대부분 수집해 놓은 석비 집성자료들을 얼핏 훑어보더라도 사면비는 눈에 띄지 않는다. 또 집성된 석비의 재원을 보아도 비신의 폭과 두께의 비율은 3~4:1 정도로 추산된다.[45] 하지만 비록 비신의 폭이 두께보다 훨씬 넓은 판비형의 형태를 띠고 있는 것은 사실이지만, 비문은 비신의 앞면 혹은 앞뒤 두 면에만 새긴 것이 아니라는 점도 주의해 두어야 한다. 〈韓勅碑〉는 정면에 16행, 윗변에 17행 외에도 양측 비측에 모두 각각 4행의 글자가 새겨져 있다. 기본적으로는 앞면, 그리고 뒷면에 쓰는 것이지만, 비용 출연자의 명단 공간이 부족하면 비측에도 글자가 새겨졌다.

또 좁은 의미의 석비라는 개념에 포함되지 않지만, 석궐의 존재에 대해서도 주목해야 한다. 석궐은 묘역의 시작을 뜻하는 門의 의미로 건립되었기 때문에 당시 문의 기둥 모습을 띠었다. 전체적으로는 사각형 혹은 장방형의 석주와, 그 기둥을 지탱하는 기단, 그리고 망루의 모습을 형상화한 闕樓와 지붕으로 구성되어 있다. 그 높이나 구조가 모두 일치하는 것은 아니지만, 高頤闕의 경우 6m에 달할 정도로 그 규모

---

41) 〈鄭固碑〉 "魂而靈, 亦鎭斯勒."

42) 〈淳于長夏承碑〉 "薰魂有靈, 垂後不憯镋."

43) 〈漢故鴈門太守鮮于君碑〉 "神有識兮營壇場."

44) 葉昌熾, 『語石』, 柯昌泗, 『語石異同評』; 楊磊, 2011, 앞의 논문 등.

45) 楊磊, 2011; 앞의 논문, pp.44~70에 제시한 석비의 폭과 두께를 기준으로 하였다.

가 거대하다. 바로 그 석궐의 중심부분인 기둥의 빈 공간에 글자가 기입되었으며, 종종 앞면만이 아니라 측면에도 새겨졌다. 〈嵩山開母廟石闕〉은 西闕의 북면과 동면에 글자가 새겨져 있고,[46] 〈高頤闕題字〉의 경우에도 글자가 여러 면에 걸쳐 새겨져있다.[47] 후한시기 석비와 함께 유사한 비문과 장식이 새겨진 또 하나의 매체가 석궐이라는 것이다. 그리고 그 석궐은 일반 석비에 비해 규모가 크고 묘역의 입구에 세워져서 주변의 많은 사람들 눈에 쉽게 띄는 특징을 갖기도 한다.

후한시기 이후의 석비에서는 보이지 않지만, 시기를 올라가면 그 예를 찾을 수 있다. 그것은『사기』진시황본기에 기록되어 있어 널리 알려진 진시황 각석이다.『사기』에는 진시황이 6국을 멸망시킨 뒤에 전국을 순행하며 "立石"하고 거기에 "刻石"하였다고 하고, 그 비문의 '辭'를 轉載하였다. 嶧山·泰山·琅邪·之罘·東觀·碣石·會稽의 6곳에 세워진 각석은 진시황이 전쟁을 종결시켜 천하가 평안해졌다는 것을 칭송하는 내용이다. 지금은 극히 일부 잔편만이 남아있을 뿐, 대부분 무너져 원래의 모습이 어떠한지 알 수

없다. 다만『風俗通義』「封泰山禪梁父」에는 "대저 태산에 봉선을 할 때 높이 1장 2척의 돌을 세워 그곳에 각석하였으며, 한무제가 봉선할 때에는 넓이 1장 2척, 높이 9척 규모였다"라는 기록이 있으며, 宋代 李跂의 〈學而集〉에는 태산각석에 대해 宋徽宗 大觀 2년(1108)에 이미 돌이 흙 속에 묻혀 남아있는 높이는 불과 4~5척에 지나지 않았다고 하고, 4면의 주위에는 모두 글자가 있었는데, 모두 22행이며 행마다 12자가 있었다는 기록이 남아있다. 또 청대의 畢沅과 阮元이 편찬한『山左金石志』에는 琅邪臺刻石에 대해

그림 12. 漢闕(交阯都尉沈府君神道闕, 嵩山開母廟石闕)과 진시황각석(추정)

---

46) 永田英正 編, 앞의 책, p.62.
47) 重慶市文化局 等, 1992,『四川漢代石闕』, 文物出版社, pp.31~34.

"높이가 1丈 5尺, 아랫부분의 넓이가 6척, 중간부분의 넓이가 5척, 위쪽부분의 넓이가 3척이며, 맨 꼭대기는 2척 3촌이다. 남북의 두께는 2척 5촌이다"라고 기록하고 있다. 비록 단편적인 기록에 불과하지만, 진시황각석은 석주형 사면비에 새겨졌으며 그 크기도 최소한 3m 정도는 되는 거대한 立石이었을 것이라고 상정해도 좋다.(그림 12)

이와 같이 일반 석비의 비측에도 비문이 새겨졌고, 석주형 사면비와 유사한 형태의 석궐이 다수 건립되었으며, 나아가 秦漢시기 이래 진시황이나 한무제와 같은 황제에 의해 석주형 사면비가 건립되었을 것이라면, 후한시대 이후에도 석주형 사면비가 세워졌을 가능성을 배제할 이유는 없을 것 같다.

여기서 석비가 한대 목간의 표찰 형태를 본 따서 그 외관을 결정했을 것이라는 앞서의 결론을 다시 생각해 보자. 한대 목간 중에는 표찰 목간만큼이나 매우 독특한 형태를 띤 것으로 '檄'이라는 다면목간이 있다. '檄'이란 군사 관련 명령이나 긴급한 일을 공지하거나 훈계해야 할 일을 적어, 그것을 여러 면에 적어 대중에게 공개하기 위한 목적으로 만든 간을 말한다. 공지하고자 하는 내용을 대중들의 눈에 띄기 쉬운 곳에 게시함으로써 명령을 내린 자의 권위를 높이고 그 명령의 효율적 실시를 꾀하려고 했던 것이다.[48] 따라서 그 수량은 많지 않을지 몰라도, 석비를 통해 이와 같은 목적을 이루려고 한다면 목간의 주요 형태로 사용되었던 다면목간 '檄'의 형태를 채택하지 않을 까닭이 없었을 것이다.

IV. 사후 승선의 희구 : 장례기념비로서의 석비

이상에서 석비의 기본적 형태가 결정되는 과정을 추적해 보았다. 본 장에서는 그 기본형 위에 다시 덧붙여진 각종 회화적 장식의 의미를 천착해 보도록 하겠다. 사당이나 闕에 새겨진 비문에는 종종 후원자들이 썼던 전형적인 문구가 들어 있다. 〈우리들은 남산의 남쪽에서 좋은 돌을 골랐는데, 그 돌은 흠이 없고 누렇게 변색되지도 않은 완벽한 품질의 돌이었다. 앞에는 제단을 세우고 뒤에는 [돌로] 만든 사당을 세웠다.〉[49] 비문 자체는 죽은 자의 공덕을 기리는 것이었지만, 비문의 뒷부분에 이를 제작한 후손과 故吏의 정성을 특기해 두고 있다. 이는 사당이나 석궐이 무덤 바깥에 세워져 많은 사람들이 드나들며 볼 수 있다는 점에 착안하여, 효성 및 유학적 덕목이라는 명성을 얻어 결국 選擧를 통해 실질적인 출세를 하겠다는 의지가 반영되었던 것이다.[50] 이에 비해 묘비에는 조상의 가계, 사망일자와 함께 공덕이 크게 강조되어 텍스트의 초점이 기념비 건립 후원자보다는 조상에게 맞춰지게 된다. 다시 말해 묘비는 적어도 다른 기념비 비문보다 조상의 공덕을 기리고 조상을 위로하는 것에 주된 목적을 두었다고 할 수 있다. 그렇

48) 冨谷至, 2010, 앞의 책, pp.50~103.

49) "選擇名石南山之陽, 擢取妙好色無斑黃, 前設壇墠, 後建祠堂, 良匠衛改彫文刻畫, 羅列成行, 擭騁技巧, 委蛇有章, 垂示後嗣, 萬年不亡."

50) 무홍 저, 김병준 역, 2001, 앞의 책; 홍승현, 2013, 앞의 논문.

그림 13. 三線 暈紋의 비수,
雙龍玉璧의 비좌

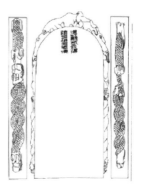

그림 14. 비측의 장식

다면 그러한 묘비의 외관 역시 조상을 위로하려는 의지가 반영되었을 것이라고 추정할 수 있겠다.

후한 중후기에 이르게 되면 비수에 다양한 장식이 덧붙여진다. 圓首暈紋碑에는 비수에 3개의 弧形으로 오목하게 홈을 파서(暈) 3중의 부조 효과를 내고 있으며, 특히 〈巴郡胸忍令景云碑〉의 비문 주변에는 음선으로 감긴 넝쿨이 장식되어 있고, 碑側에는 日月, 청룡과 백호가 새겨져 있다. 暈紋 안쪽으로는 오른쪽으로부터 朱雀, 여인이 문을 반쯤 열고 밖을 내다보는 장면, 그리고 토끼 머리의 사람 모습이 표현되어 있다. 圓首蟠螭碑는 비수에 螭가 蟠踞하고 있는 모습이 특징적이다. 비좌는 龜趺와 장방형이 있는데, 모두 장식이 잘 되어 있는 편이다. 〈樊敏碑〉의 귀부는 크고 사실적으로 형상화되어 있다. 龜首가 약간 한쪽 편으로 치우쳐 있는 점이 특이하다. 〈高颐碑〉의 장방형 비좌에는 2마리의 용이 좌우 相對하고 입에는 綬帶와 玉璧을 물고 있는 형상이 부조되어 있다. 圓首蟠龍碑는 비수에 龍이 蟠踞하고 있으며 매우 화려하게 부조되어 있다. (그림

그림 15. 마왕퇴백화에 보이는 死後 升仙의 관념

13) 〈張遷碑〉의 비수에는 두 마리 봉황이 구슬을 갖고 노는 모습, 비측에는 용과 호랑이가 몸을 꼬며 올라가는 모습이 새겨져 있다.[51] (그림 14)

이처럼 묘비에는 비수와 비측에 용과 호랑이, 주작과 같은 神獸가 표현되어 있는가 하면, 비좌에는 龜趺가 마련되어 있고, 또 비수에는 세 가닥 暈線이 새겨져 있거나 문을 반쯤 열고 바깥을 살며시 내다보는 여인의 모습이 새겨져 있다. 그런데 이러한 장식은 단순히 화려함과 아름다움을 위한 미적 장식에 불과한 것이 아니라, 이를 만들고 보았던 漢代人들의 사후세계 인식을 그대로 반영하고 있는 것이다. 그 구체적 의미를 이해하기 위해 한대인의 사후세계 인식을 가장 잘 담고 있는 馬王堆 T자형 帛畵과 비교해보자.(그림 15)

마왕퇴 백화는 크게 4부분으로 구성되어 있다. 맨 아랫 단은 지하의 세계, 그 다음 윗 단은 지상의 세계에서 남아있는 후손들이 제사를 드리는 장면, 그 다음 단은 두 마리 용이 玉璧을 교차하며 묘주를 태우고 승선하는 장면, 그리고 맨 윗 단은 천상의 세계가 그려져 있다. 맨 아랫 단 지하의 세계에는 力士가 대지를 떠받들고 있는 모습이 있는데, 力士의 배 모습이 거북이의 등과 유사한 점 등 역사에게서 추출되는 거북의 신체적 특징들 그리고 뱀을 두르고 있는 모습으로 보아 후대에 뱀과 거북이가 조합된 玄武의 모습과 동일하다. 그래서 이 力士를 곧 거북이의 인격화된 모습이라고 해석한다.[52] 고대 중국인은 大地를 떠받드는 거북의 관념을 매개로 하여 우주축의 위쪽에 새, 아래쪽에 거북이를 배치하는 구조를 상상하였다. 실제 거북이가 체중의 200배가

그림 16. 화상석의 거북이와 석비의 귀부

되는 중량을 감당한다는 것, 그리고 거북의 단단한 귀갑이 이러한 관념을 형성하는 주요 배경이었다.[53] 『楚辭』 천문편에 "거대한 자라가 神山을 머리에 이고 있다"고 한 것이나, 『列子』 湯問편에 "발해 동쪽에 있는 神山을 15마리의 거북이가 5마리씩 교대로 머리를 쳐들어 떠받치게 했다."라는 기록이 그에 해당하는 문헌증거이다. 산동 沂南 화상석묘의 中室 八角擎天柱를 비롯해 화상석 곳곳에 거북이가 맨 아랫부분에서 곤륜산을 떠받치고 있는 장면이 등장한다. 그러므로 석비의 비좌로 사용된 龜趺는 곧 바로 문헌과 화상석, 그리고 마왕퇴백화에 등장하는 거북이 혹은 玄武라고 보아도 좋다.[54] (그림 16)

마왕퇴백화의 맨 윗단 천상의 세계에는 윗부분이 삼각형으로 된 天門과 그곳을 지키고 있는 두 명의 문지기, 天門 안쪽에 두 마리 용과 日月, 새와 두꺼비 등의 神獸와 이름을 확정하기는 어려운 女神 등으

---

51) 〈池陽令張君殘碑〉도 殘碑이기는 하지만 비측에 호랑이가 위쪽으로 상승하는 모습이 남아있다.

52) 渡部武, 1991, 『畵像が語る中國の古代』, 平凡社, p.27.

53) 이성구, 2008, 「四神의 形成과 玄武의 起源」, 『中國古中世史研究』 19, pp.33~35.

54) 〈孟琁殘碑〉에는 비신의 맨 아래에 玄武가 그려져 있는데, 이것 역시 같은 맥락에서 이해된다.

그림 17. 화상석과 석비 비수에 보이는 天門의 상징

로 가득 차 있다. 上記한 산동 沂南 화상석묘의 門柱에도 거북이가 지탱하고 있는 산이 三峰이며 또 서왕모가 앉아있는데, 전승되어 오는 곤륜산의 형상이 三峰을 하고 있는 것으로 보아 이 山을 天門이 있는 곤륜산으로 보아도 좋을 것 같다. 그렇다면 석비의 비수에 새겨져 있는 三線의 暈紋도 곧 곤륜산을 상징하기 위한 표현 방식이며, 그곳에 새겨지는 蟠螭와 蟠龍(鮮於璜碑), 朱雀(柳敏墓碑) 역시 천상의 세계를 상징함을 어렵지 않게 추정할 수 있다. 또 화상석에는 〈胸忍令景云碑〉의 비수와 똑같이 문을 반쯤 열고 밖을 내다보는 여인의 모습이 확인된다. 여인은 보이지 않고 문만 반쯤 열려진 경우도 있다. 어느 경우나 天門을 상징하고 있음에는 변함이 없다.(그림 17)

한편 마왕퇴백화의 가장 핵심적 내용은 가운데 부분으로서, 두 마리 용이 가운데 있는 옥벽을 교차하며 소위 龍舟를 이루어 죽은 묘주를 태우고 천상의 세계로 승선하는 모습이 표현되어 있다. 장례기념비의 가장 중요한 주제인 묘주의 升仙 장면이다. 전국시기 湖南省 長沙市 子彈庫 楚墓 출토 帛畵와 陳家大山 楚墓 출토 帛畵에도 모두 묘주가 龍舟에 올라타 승선하는 장면이 그려져 있다. 화상석에도 헤아릴 수

없을 정도로 이러한 주제가 반복되고 있다. 얼핏 승선과 관련이 없어 보이는 橋上交戰圖와 같은 그림도 결국 다리를 건너 힘든 여정을 지나 승선을 희구하는 모습이 담긴 것이며, 심지어 다리 아래에 그려지는 진시황의 升鼎圖 역시 묘주의 승선을 위한 龍이 튀어나오기를 갈망하는 목적에서 함께 그려졌다는 것이 필자의 해석이다.[55] 용

그림 18. 湖南省 長沙市 子彈庫 楚墓 및 陳家大山 楚墓 출토 帛畵에 보이는 龍舟

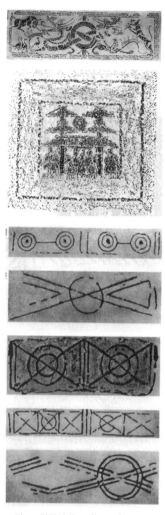

그림 19. 화상석에 보이는 玉璧

외에도 호랑이, 주작 모두 묘주가 곤륜산이라는 천상의 세계로 갈 수 있도록 도와주는 신령스러운 동물로 나타난다.[56] 사실 백화나 화상석에 표현된 지하세계, 천상세계와 연관된 모든 요소들도 결국은 묘주의 승선을 위한 배경 장치에 해당되는 것이다. 〈張遷碑〉와 같이 석비의 측면에 용과 호랑이가 몸을 꼬며 위쪽으로 올라가는 모습도 바로 이러한 희구를 담은 장식이라고 보아도 좋다.

마지막으로 마왕퇴백화의 가운데에 있는 龍舟 아래 玉璧에 주목해 보자. 이 옥벽은 신석기시대 이래 생명력의 상징으로서 신이 강림하여 머무는 神主라고 이해해 왔다. 玉璧은 신령을 강림케 하는 매개물이었던 것이다.[57] 그 때문에 신령을 몸에 끌어들이기 위해 佩玉을 하기도 하고, 각종 산악제사에서도 항상 玉圭와 玉璧이 제물로 공헌되고, 『呂氏春秋』 仲春紀에서도 동물 번식기인 仲春에는 희생 제물 대신에 玉圭와 玉璧을 제사의 供物로 사용하였다. 한대 제후왕의 사체가 玉衣를 입혔다는 것도 玉이 갖고 있는 신령 혹은 생명력을 상징한다고 할 수 있다. 백화 속 옥벽도 升仙을 보증하는 생명력이라고 해석할 수 있을 것 같다. 화상석에서는 이러한 옥벽을 대단히 손쉽게 찾아볼 수 있다. 두 마리의 용이 옥벽을 물고 있는 장면도 주요한 화제이지만, 용 혹은 龍舟와 상관없이 독립적으로 화면에 등장하거나 기호화된 장식으로서 빈번하게 나타난다.(그림 19) 석비 〈高頤碑〉의 비좌에도 두 마리의 용이 옥벽을 물고 있는 모습이 형상화되어 있지만, 비신에 구현된 비천도 외견상 화상석 상의 옥벽과 매우 유사하기 때문에 비천이 옥벽의 상징이라고 여겨진다.

요컨대 석비의 장식은 기본적으로 맨 아래쪽 비좌에 龜趺를 만들어 지하에서 대지를 떠받치는 거북이를 상응시키고, 맨 위쪽 비수에 三線의 暈紋과 龍虎, 朱雀 등을 표현함으로써 곤륜산으로 대표되는 天門과 각종 神獸의 천상 세계를 상징한 뒤, 비측에 상승하는 龍虎를, 그리고 비신에 옥벽을 상징하는 碑穿을 뚫음으로써, 옥벽이 갖는 생명력을 바탕으로 龍虎의 힘을 빌어 묘주가 死後에 천상세계로 승선하려는 희구를 반영하였던 것이라고 생각된다. 물론 이와 같은 장식이 덧붙여진 석비는 대부분 묘비이며, 그 의미는 묘주의 승선과 연결되어 있다고 할 수 있다.

55) 김병준, 2006, 「漢代畵像石의 橋上交戰圖分析」, 『講座美術史』 26, p.413.

56) 김병준, 2001, 「서방 전래문물과 곤륜산신화」, 『고대중국의 이해』 5, 지식산업사, p.149.

57) 이성구, 1997, 『中國古代의 呪術的 思惟와 帝王統治』, 일조각. pp.113~115.

다만 앞에서 이 비천이 목간의 표찰에 있는 구멍을 본 따서 만들어졌을 것이라고 추정하였는데, 여기서 비천이 묘주의 승선을 위한 옥벽을 상징했을 가능성을 다시 상정한 것은 어떻게 설명할 수 있을까? 그 해답은 이 두 가지 과정이 시간적 선후관계에 놓여 있다는 데에서 찾을 수 있다. 즉, 먼저 비문을 적는 서사재료로서의 기능이 고려되어 석비의 기본적 외관이 결정되었다. 그리하여 비수와 제액, 비천을 구성요소로 하는 기본적 형태가 마련되었다. 그 뒤 석비 중 묘주의 승선을 희구하는 묘비가 유행하면서 그 목적에 맞는 장식적 요소가 추가되었고, 이 과정에서 비수는 하늘의 세계로, 비좌는 지하의 세계, 그리고 비천은 옥벽으로 각각 비정되었다는 것이다. 본래는 서사재료로서의 형태를 본 따서 그 외관이 결정되었지만, 차후에 묘주의 승선을 기원하기 위한 장식적 요소가 교묘하게 중첩되었다는 것이다. 그리고는 시간이 지나가면서 본래 목간 표찰의 구멍으로서 선택된 비천의 기억은 잊혀지고, 나중에 중첩된 옥벽의 의미가 비천에 남게 되었다고 생각한다.

이러한 추정은 묘주의 승선을 기원하는 묘비의 경우 석비에 비천이 구현되는 반면, 묘주의 공덕을 추모하는 묘비가 아닌 경우에는 비천이 없는 데에서 확인된다. 〈裵岑紀功碑〉처럼 전쟁에서 흉노를 물리쳤다는 紀功碑라든가, 山에 사당을 세운 것을 기념하는 〈封龍山頌〉이나 〈西嶽華山廟碑〉라든가, 공묘에 百石卒史 1인을 설치해 줄 것을 상주한 내용인 〈乙瑛碑〉와 공묘에서 공자를 제사지내고 공자 故里의 담장 등을 수리할 것을 상주한 내용인 〈史晨碑〉과 같은 석비에는 비천이 없다. 기공비의 목적은 그 인물의 승선을 기원하는 것이 아니기 때문에 승선과 관련된 비천 등이 구현되지 않았던 것이다.

V. 결론 : 집안고구려비와 광개토왕비의 선택

석비는 무언가를 기념하기 위해 돌로 만든 독립적 개체에 글자가 쓰인 것을 말한다. 따라서 그 석비의 기원도 이러한 세 가지 조건을 갖춘 것에서 찾아야한다. 따라서 고문헌에서 석비의 기원으로 언급하는 하관용 기둥이라든가 희생을 묶는 기둥은 잘못된 추정에 불과하다. 전한시기에 들어오면서 석각이 많아지기 시작하지만 돌을 장례기념비로서 주목하기 시작한 것은 후한에 접어들면서 부터이고, 석비는 이때부터 본격적으로 유행하게 된다.

이 즈음 석비는 기본적 외관을 갖추게 되는데, 이때 석비는 서사매체로서 당시 가장 중요한 서사매체인 목간의 형태를 본따 외관이 갖추어지게 되었다. 가장 대표적 '시각 문서'인 표찰 목간의 형태를 본따게 되었는데, 문서의 제목 및 간략한 내용이 적혔던 표찰 목간과 석비의 비문이 동일한 기능을 가졌다고 판단했기 때문이다. 표찰 목간은 윗부분에 둥그런 모양을 하고, 그 둥그런 부분에 그물망과 같은 사선 격자 문양을 칠하며, 끈을 묶는 구멍이 뚫려 있는데, 석비는 이를 따라 윗부분에 비수를 만들고, 그 비수에 暈紋이나 龍虎 등의 장식을 하고, 둥그런 비천을 題額 아래에 뚫게 되었다. 한편 맹서문에 신령이 강림할 수 있도록 규형이 사용되었던 서사 전통을 이어, 석비의 비수도 비문의 내용을 다짐하고 약속하는 맹서의 의식을 위해 신령의 강림을 뜻하는 규형이 유행하게 되었다. 또한 중대한 일을 대중에게 공개적으로 게시함으로써 권위를 높이려는 사면비도 건립되었다. 이처럼 석비는 서사재료로서의 기능이 먼저 고려되어 '시각 목간'의 형태를 계승하며 기본적 외관이 결정되었다. 그런데 석비 중에서도 묘주의 승선을 희구하는 묘비가 특히 유행하면서 그에 적합한 장식적 요소가 다시 추가되었다. 마왕퇴백화에 나타난 것과 마찬가지로 사후에 龍舟를 타고 천상의 세계로 승선하는 관념을 묘비에 표현하였다. 그 결과 비수는 하늘의 세계로, 비좌는 지하의 세계, 그리고 비천은 생명의 상징인 옥벽으로 비정되었던 것이다. 석비의 외관은 목간이 갖고 있는 시각적 효과를 그대로 계승하였을 뿐 아니라, 승선이라는 관념까지 담게 되었다. 이 점에서 '시각 목간'을 이은 '시각 석비'가 탄생했다고 할 수 있겠다.

집안고구려비와 광개토왕비는 이러한 시각적 효과를 극대화하려는 '시각 석각' 문화 위에서 선택되었을 것이다. 왕릉 옆에 세울 석비였기에 더욱 더 석비의 목적에 적합한 석비의 형태를 고려하고 신중히 선택했을 것임에 틀림없다. 결코 인접 국가로부터 석비의 지식을 전해들었거나 혹은 고구려 영역 내의 석비를 직접 보았기 때문이라는 우연한 상황에 의해 결정된 것은 아니었다고 생각한다. 비문에서 확인되는 정격 한문의 수준과 능묘의 구조 등을 보면, 고구려가 이미 오래 전부터 중국의 군현과 접촉하며 장례기념비의 문화를 충분히 숙지하고 있었을 것이다. 단지 다양한 형태의 존재만을 아는 것이 아니라, 그 형태가 갖는 시각적 효과와 의미를 알고 있었을 것이다. 고구려비는 석비문화에 대한 충분한 숙지 위에서 만들어진 것이다. 마지막으로 본고에서 논증한 후한 이래의 석비 형태가 갖는 의미를 집안고구려비와 광개토왕비의 외관에 적용하여, 각각의 형태가 선택된 까닭을 간단히 추론해 보고자 한다.[58]

먼저 집안고구려비와 광개토왕비는 그 비문을 보건대 묘주의 승선과는 직접적인 관련이 없다. 따라서 석비 중 묘주의 승선을 희구하는 장치들이 선택되지 않았다. 비수에 천상세계를 표현한다든지, 비좌에 귀부를 만든다든지 하지 않았을 뿐 아니라, 옥벽을 상징했을 비천도 채택하지 않았다. 그 대신 규수형 비수를 선택했는데, 규수형은 신령의 강림을 통해 비문의 내용을 보증하는 의미를 갖는다. 즉 석비의 목적인 수묘인의 관리를 위해 수묘인들에게 敎令을 인지시키고 이를 지킬 것을 맹서하도록 했을 것인데, 이를 위해서 맹서문에 해당하는 석비에 규수의 형태가 필요했을 것이다. 집안고구려비 내용에 "만약 令을 어긴 자가 있으면, (산 자는) 후세토록 □□를 繼嗣하도록 하고, (판 자는) 碑文을 보아 罪過를 부여한다"라고 되어 있는 것이 그 증거이다.

한편 광개토왕비는 앞서 제작된 집안고구려비의 규수형 외관을 인지한 상태에서, 그 시각적 효과를 더욱 극대화하기 위해 선택되었을 것이다. 수묘인들의 맹서와 그것을 보증하는 규수형의 필요를 여전히 인정하면서도, 더 많은 사람들에게 이를 게시함으로써 교령을 반포한 왕의 권위를 높이고 시행 효과도 증진시킬 수 있기 위해 석비의 형태를 탐색하였을 것이다. 그 결과 규모가 크고 많은 사람들 눈에 뜨이는 곳에 왕명 등 중요한 사항을 공지하는데 쓰였던 석주형 사면비가 가장 적합하다고 판단하여 이를 선택했을 것이라 생각한다.

---

58) 집안고구려비 비문의 성격에 대해서는 여호규, 2016, 「韓·中·日 3國 學界의 〈集安高句麗碑〉 硏究動向과 課題」, 『東方學志』 177을, 광개토왕비 비문에 대해서는 권인한, 2016, 앞의 책을 참조하였다.

형태와 관련된 두 고구려비의 성격에 대해서는 차후 좀 더 정밀한 분석이 필요하지만,[59] 고구려가 이미 동아시아에 널리 퍼진 능묘 장례기념비 문화를 충분히 숙지하고 있었고, 그중에서 자신의 필요에 가장 적합한 것을 선택하는 과정이었다는 사실만큼은 다시 한 번 강조하고 싶다. 한자의 다양한 용법을 충분히 인지했기에 그중에서 한반도의 언어습관과 가장 가까운 것을 선택하여 이두로 발전시킬 수 있었던 것처럼,[60] 석비의 경우에도 외부문화의 수용과 숙지, 그리고 그에 기초한 적극적 선택과 변용이라는 틀을 적용하여 이해해야 한다.

투고일: 2017. 4. 18   심사개시일: 2017. 4. 26   심사완료일: 2017. 5. 29

---

59) 가령 집안고구려비에 규수형이 채택된 까닭이 맹서 의식에 필요한 신령의 강림이라는 본고의 결론에 따르면, 그동안 이를 敎勅碑라고 보았던 견해는 재고해야 할 것이다. 즉 필자는 집안고구려비의 건립을 (1) 陵墓 앞에 守墓人을 소집시켜 놓고 이들에게 守墓를 신령 앞에서 맹서하도록 하는 의식을 행한 뒤, (2) 그 사실을 석비에 새기되 신령의 강림을 뜻하는 규수형의 형태를 채택했던 과정으로 이해한다. 광개토왕비의 경우는 동일한 의식을 행했지만, 신령의 강림이라는 주술적 의미보다 많은 사람들의 눈에 띄도록 게시하여 왕의 권위를 현창하려는 세속적 의미를 더 강조하기 위해 석주형 사면비를 선택한 것이라고 생각한다.

60) 김병준, 2011, 앞의 논문.

강진원, 2017, 「고구려 석비문화의 전개와 변천 —비형(碑形)을 중심으로」, 『역사와 현실』 103.

耿鐵華, 2013, 「중국 지안에서 출토된 고구려비의 眞僞 문제」, 『韓國古代史硏究』 70.

고광의, 2013, 「신발견 〈集安高句麗碑〉의 형태와 書體」, 『高句麗渤海硏究』 45.

권인한, 2015, 『廣開土王碑文 新硏究』, 박문사.

김병준, 2001, 「서방 전래문물과 곤륜산신화」, 『고대중국의 이해』 5, 지식산업사.

김병준, 2006, 「漢代畵像石의 橋上交戰圖分析」, 『講座美術史』 26.

김병준, 2011, 「낙랑군의 한자 사용과 변용」, 『고대 동아시아의 문자교류와 소통』, 동북아역사재단.

도미야 이타루 저, 임병덕 역, 2003, 『목간과 죽간으로 본 중국고대문화사』, 사계절.

무홍 저, 김병준 역, 2001, 『순간과 영원』, 아카넷.

방윤미, 2017, 「包山楚簡 司法文書를 통해 본 戰國 楚의 文書行政體系」, 『東洋史學硏究』 139.

송진, 2012, 「중국 고대 境界 出入과 그 성격변화」, 서울대학교 박사학위논문.

여호규, 2014, 「廣開土王陵碑의 문장구성과 서사구조」, 『영남학』 25.

여호규, 2016, 「韓·中·日 3國 學界의 〈集安高句麗碑〉 硏究動向과 課題」, 『東方學志』 77.

이도학, 2013, 「高句麗守墓發令碑에 대한 接近」, 『韓國思想史學』 43.

이성구, 1997, 『中國古代의 呪術的 思惟와 帝王統治』, 일조각.

이성구, 2008, 「四神의 形成과 玄武의 起源」, 『中國古中世史硏究』 19.

조법종, 2015, 「광개토왕릉비의 四面碑특성과 동북아시아적 전통 —주변국가의 석비 및 기념물과의 비교」, 『高句麗渤海硏究』 51.

조우연, 2013, 「集安 高句麗碑에 나타난 왕릉제사와 조상인식」, 『한국고대사연구』 70.

팜 레 후이, 2017, 「베트남의 10세기 이전 石碑에 대하여」, 『목간과 문자』 17.

홍승현, 2013, 「後漢代 墓碑의 성행과 建安十年 禁碑令의 반포」, 『東洋史學硏究』 124.

홍승현, 2015, 「墓碑의 출현과 後漢末 墓碑銘의 정형화」, 『中國古中世史硏究』 35.

홍승현, 2016, 「漢代 墓記·墓碑·墓誌의 출현과 상호 관련성」, 『中國古中世史硏究』 42.

范邦瑾, 1990, 「東漢墓碑淵源」, 中國書法家協會山東分會 編, 『漢碑硏究』, 齊魯書社.

西林昭一·陳松長, 2009, 『新中國出土書蹟』, 文物出版社.

楊磊, 2011, 「漢魏晋南北朝石碑形制硏究」, 山東藝術學院碩士學位論文.

呂靜, 2007, 『春秋時期盟誓硏究 —神靈崇拜下的社會秩序再構建』, 上海古籍出版社.

王思禮·賴非, 1990, 「漢碑淵源·分期和碑形釋義」, 中國書法家協會山東分會 編, 『漢碑硏究』, 齊魯書社.

重慶市文化局 等, 1992, 『四川漢代石闕』, 文物出版社.

陳偉 等著, 2009, 『楚地出土戰國簡册(十四種)』, 經濟科學出版社.

渡部武, 1991, 『畵像が語る中國の古代』, 平凡社.

冨谷至, 2010, 『文書行政の漢帝国 −木簡·竹簡の時代−』, 名古屋大学出版会.

三國時代出土文字資料班, 2005, 『魏晋石刻資料選注』, 京都大學人文科學研究所.

永田英正 編, 1994, 『漢代刻石集成』, 同朋舍；李櫶, 2009, 『秦漢刻石選譯』, 文物出版社.

赤松明彦, 2001, 「樓蘭·ニヤ出土カロシュチイ−文書について」, 冨谷至 編, 『流沙出土の文字資料 −樓蘭·尼雅文書を中心に』, 京都大學出版會.

〈Abstract〉

From Visual Wooden Slips To Visual Stone Stele : How the Goguryo Stelae was selected

Kim, Byung-joon

Stele had developed its shape since the first part of Later Han period. Its shape modeled the wooden slips as a medium to be written. More specifically, the tally wooden slips known for 'visual wooden slips' were taken as the model, because both share same features in terms of contents and function, such as writing the title or summary on the surface. The tally wooden slips had a round top, in which reticular pattern was filled and a hole was perforated for the sake of binding with other wooden slips or the basket. Accordingly, the stele made its top round, decorated with dragons and tigers or mysterious mountains, hole-perforated under the stele title. Triangular-shaped top was also taken into the stele, which modeled after the triangular-shaped wooden slip. This shape was thought to mean the descent of the holy spirit for the purpose of oath. In addition to these, four-sided rectangular stone pillar was followed after the four-sided or many-folded wooden slips, both of which were used to post in front of many people for the strengthening the prestige of the emperor. At the same time, more decorations were added in the memory of the deceased. The decorations of the top part meant the heaven, the low part meant the underground world, while the perforated hole was taken as the symbol of life. All these visual decorations could be named as 'visual stele', which succeeded to the 'visual wooden slips'.

Jian Goguryo stele and King Gwanggaeto stele were selected to maximize these visual effects. These were very carefully reviewed by the Goguryo people because it would be erected by the king's mausoleum. Jian Goguryo stele took triangular-shaped top for the purpose of the descent of holy spirit. King Gwanggaeto stele was taken to highlight the prestige of the king and increase the effect of the edict, In sum, Goguryo had fully understood the stele culture prevailing in East Asia and selected the shapes of the stelae which fit its political purpose, which developed to be its own culture.

▶Key words: visual wooden slips, visual stele, Jian Goguryo stele, King Gwanggaeto stele, triangular-shaped top, four-sided rectangular stone pillar

논 문

日本 初期 石碑의 형태에 대한 검토

前澤和之 著[*]

오택현 譯[**]

〈국문초록〉

日本의 渡来文化의 하나인 초기 石碑에 대해 현존하는 18점 중 3점이 모여있는 群馬県 高崎市의 山上碑(681年)·多胡碑(711年頃)·金井沢碑(726年)의 형태·비문을 중심으로 그 〈전파−수용−전개〉 양상을 검토하고자 한다.

현지의 승려와 불교신앙자가 건립한 山上碑과 金井沢碑는 그 지역의 安山岩인 自然石을 그대로 사용했으며, 형태는 신라의 대구 塢作碑·南山新城碑 제1비와 유사하다. 그리고 이 지역에 새로운 郡이 성립된 사정을 기록한 多胡碑는 지역에서 생산되는 砂岩을 가공해 笠石·碑身·台石으로 구성된 정돈되어진 형태로 신라의 진흥왕순수비인 磨雲嶺碑·北漢山碑와 유사하다. 이들 형태를 비교해보면 석비는 7세기 후기부터 8세기 전기에 이 지역에 도래했던 신라의 사람들이 가지고 온 정보를 이 지역의 유력자가 수용

---

* 上野三碑世界記憶遺産登録推進協議会委員

** 동국대학교 사학과

해 받아들이고, 石材와 형태 등 碑文의 표기와 刻字 방법에 창작력을 가미해 건립했다고 보는 것이 가능할 것이다. 이러한 상황은 『続日本紀』에 이 시기 僧·官人을 포함한 다수의 신라에서 사람들이 주변지역에 이주했다는 기사가 있다는 것에서 증명된다고 생각된다.

이것들 石碑가 건립되었던 지역은 5세기 후기에 말의 사육 기술과 함께 한반도에서 사람들이 가져온 이주된 유적이며, 6세기 후기~말기의 고분의 부장품에서도 중국·한반도에서 가지고 온 다수의 문물을 살펴 볼 수 있다. 또 오래 전에 성립되었던 韓級이라는 지명과 도래인이 창건했다고 하는 辛科神祀가 현존해 있다. 더욱이 『続日本紀』의 기사와 출토문자 자료에 의해 신라에서 도래한 사람들의 후예인 子氏가 다수 거주하고 있던 것이 판명되었다. 즉 여기는 일본 열도에서 초기 석비의 문화가 수용된 보기 드문 지역 중 하나이며, 그것이 가능했던 것은 오래 전부터 다른 민족과 공생하는 사회가 만들어져 있었기 때문에 도래해 온 새로운 문화의 가치를 일찍부터 이해하는 것이 가능했기 때문이라고 생각된다.

이들 3 사례에서 보는 것같이 일본열도에서 초기 석비의 수용은 한반도 특히 신라의 영향을 크게 받았다. 중국의 풍습을 받아들인 것은 多賀城碑(762)와 浄水寺의 石碑群(790~1064)에 불과하고, 螭首·亀趺를 동반하는 형식의 석비가 만들어졌던 흔적은 보이지 않는다. 게다가 그 영향은 한정적이어서 일본열도에서 중국풍 석비의 건립 보급에는 이르지 못했다. 이렇게 동아시아 각지의 초기석비의 양상을 비교검토하면 사람과 문화의 교류 실태를 보다 精緻하게 하는 것이 가능할 것이라는 것을 강조하고 싶다.

▶핵심어: 山上碑, 多胡碑, 金井沢碑, 渡來, 新羅, 石碑

I. 서론

일본에 남겨진 渡来文化의 하나인 石碑를 통해 〈전파-수용-전개〉과정을 7~11세기의 상황을 통해 검토하고자 한다. 이에 대해서는 이미 新川登亀男에 의해 사료적인 측면에서 논점 정리와 요점이 제시되었지만,[1] 여기에서는 「上野三碑」로 통칭되는 3基의 형태·碑文을 중심으로 고고자료와 지역의 역사자료를 포함해 검토를 진행하고자 한다.

II. 日本의 古代 石碑 상황

현존하는 7~11세기의 명문이 있는 石塔·磨崖碑 등을 포함해 石碑는 18점이 보인다(〈도표 1〉).

---

1) 新川登亀男, 1998, 「古代東國의「石文」系譜論序説 −東アジアの視点から−」, 『東國石文の古代史』(平野邦雄監修·あたらしい古代史の会編), 吉川弘文館.

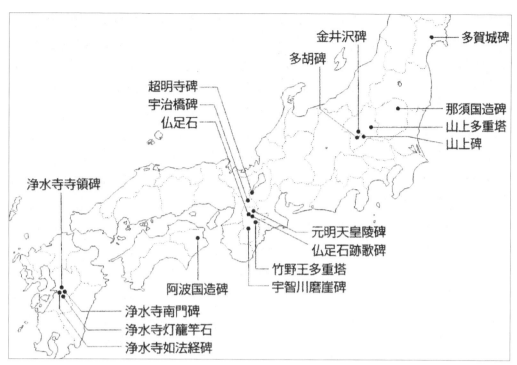

도표 1. 石碑·石塔의 소재지

고대 일본의 石碑·石塔

No.	명칭	소재지 또는 유래지	연대	종류구분
1	宇治橋碑	京都府宇治市	大化2(646)년 이후	架橋記念碑
2	山上碑	群馬県高騎市	辛巳(681)년	追善供養碑(僧)
3	那須國造碑	栃木県大田原市	庚子(700)년	墓碑·顕彰碑(評督)
4	多胡碑	群馬県高騎市	和銅4(711)년	建郡碑
5	超明寺碑	滋賀県大津市	養老元(717)년	記念碑(僧)
6	元明天皇陵碑	奈良県奈良市	養老5(721)년	墓碑
7	阿波國造碑	德島県石井町	養老7(723)년	墓碑
8	金井沢碑	群馬県高騎市	神亀3(726)년	供養碑(知識結縁)
9	竹野王多重塔	奈良県明日香村	天平勝宝3(751)년	記念碑(造塔)
10	仏足石	奈良県奈良市	天平勝宝5(753)년	佛足石
11	仏足石跡歌碑	奈良県奈良市	天平勝宝5(753)년?	歌碑
12	多賀城碑	宮城県多賀城市	天平宝字6(762)년	記念碑(修造)
13	宇智川磨崖碑	奈良県五條市	宝亀9(778)년	磨崖碑(偈文)
14	淨水寺南門碑	熊本県宇城市	延暦9(790)년	造寺碑
15	淨水寺灯籠竿石	熊本県宇城市	延暦20(801)년	寄進碑(僧)
16	山上多重塔	群馬県桐生市	延暦20(801)년	造塔銘(如法経)

No.	명칭	소재지 또는 유래지	연대	종류구분
17	淨水寺寺領碑	熊本県宇城市	天長3(826)년	寺領碑
18	淨水寺如法経碑	熊本県宇城市	康平7(1064)년	如法経塔
a	伊子道後溫泉碑	(愛媛県松山市)	法興6(596)년	記念碑(溫泉)
b	藤原鎌足碑		天智8(669)년	墓碑
c	采女氏塋域碑	(大阪府太子町)	乙丑(689)년	塋域碑
d	南天竺波羅門僧正碑	(奈良県奈良市)	神護景雲4(770)년	造像碑
e	大安寺碑	(奈良県奈良市)	宝亀6(775)년	造寺碑
f	沙門勝道歷山水瑩玄珠碑	(栃木県日光市)	弘仁5(814)년	顕彰碑
g	益田池碑	(奈良県)	天長2(825)년	記念碑(造池)

1~18은 현존하고 있는 것, a~g는 滅失된 것

전국적으로 활발하게 진행되고 있는 유적의 발굴조사와 토목공사에서도 이 시기의 石碑가 출토된 사례가 없어, 고대의 일본 사회에서는 石碑를 건립하는 의식이 거의 없었던 것으로 보인다. 그것은 당시 法제도인 '養老職制律'의 諸司遣人妄称己善 條의 모체가 되었던 唐律 長吏輒立碑 條의「実無政迹, 輒立碑者, 徒一年」이라고 하는 부분을 생략하고 있는 것에서도 알 수 있다. 또 養老喪葬令立碑 條에는「凡墓, 皆立碑, 記其官姓名之墓」라고 하는 구절이 있는데, 大宝令의 注釋인 古記에「石에 題를 새기는 것」이란 설명이 있기 때문에 石碑의 건립은 造墓의 일부로서 의식되고 있었다고 볼 수 있다. 이러한 상황에 대해서 平野邦雄는 1) 碑의 상부와 台座, 螭首와 亀趺처럼 조형물로서 정제된 체제를 가지고 있는 것이 많지 않다는 특징, 2) 立派된 石碑를 통해 스스로의 功績을 과시하고 오랫동안 후세에 전하게 하는 관습이 거의 없다는 것을 지적하였다.[2] 현재까지의 상황을 정리하면 7세기 말부터 8세기 후기에 많이 만들어졌고, 京·畿内와 東國(일본 열도 동반부의 東山道로 구분되는 내륙지역)에 많으며, 불교·사원에 관련되는 것이 절반 이상을 점하고 있다는 것을 알 수 있다. 石碑는 건립 목적, 소재와 형태의 측면에서 오랜 세월 비바람에 견딜 수 있으며, 글자의 수정과 改竄, 이동과 폐기가 어려운 속성을 가지고 있다. 따라서 석비의 건립은 사람이 가져온 정보와 기능을 매개로 하여 전파되는 것으로 볼 수 있다. 일본 열도의 상황이 보여주는 역사적 의미를 검토할 때에는 이러한 점에 입각하여 생각하지 않으면 안 된다.

III. '上野三碑'를 통한 검토

그러한 고대 東國에 해당하는 群馬県 高崎市 西南部의 직경 3km 범위에 근접해 있는 山上碑(681年)·多

---

2) 각주 1의 平野邦雄의 「序」를 참조하면 된다.

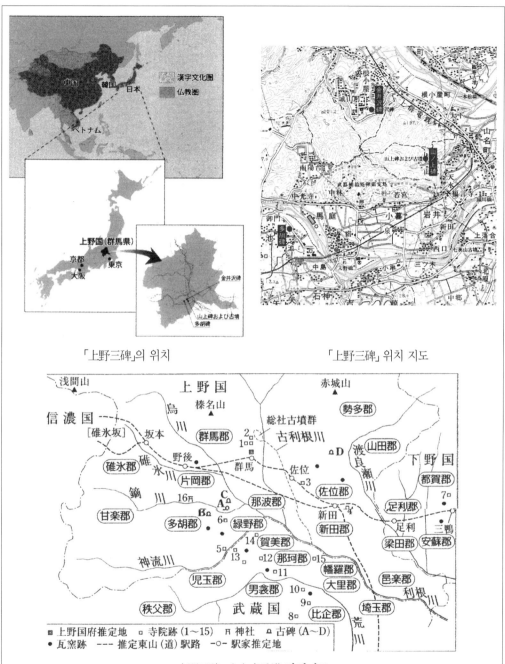

「上野三碑」의 위치   「上野三碑」 위치 지도

上野三碑·山上多重塔 관련지도

1. 上野國分二寺, 2. 山王廢寺, 3. 上植木廢寺, 4. 寺井廢寺, 5. 綠野寺, 6. 黑熊中西遺跡, 7. 大慈寺, 8. 慈光寺, 9. 寺谷廢寺, 10. 諦光寺廢寺, 11. 馬騎の内廢寺, 12. 大佛廢寺, 13. 城戸野廢寺, 14. 五明廢寺, 15. 西別付廢寺, 16. 貫前神社(上野國一宮), A. 上野碑(681년), B. 多胡碑(711년), C. 金井澤碑(726년), D. 山上多重塔(801년)

〈도표 2〉

胡碑(711年頃)·金井沢碑(726年)을 살펴보고자 한다(〈도표 2〉).

이 3점은 45년 사이에 지역의 사람들에 의해 건립되었던 것으로 1,300년간에 걸쳐 보존되며 전해져 온 일본 最古의 石碑群이다. 이것들은 古代의 國名을 붙여서 「上野三碑」로 총칭되고 있으며, 모두 문화재보호법에 의해 특별사적(국보와 동격)으로 지정되어 있다.

이들 石碑를 살펴보는 이유로 첫 번째는 무리지어 있기 때문에 상호 관계를 비교 검토 하는 것이 가능하다는 점, 두 번째는 山上碑·金井沢碑는 자연석을 사용했고, 多胡碑는 方形角柱형으로 정형된 碑身과 笠石·台石으로 되어 있어 형태적인 면에서 명확한 차이점을 볼 수 있다는 점이다. 세 번째는 이 지역에는 풍부한 고고자료가 있고, 또 『日本書紀』, 『続日本紀』 등에 관련된 기사가 보인다는 점 등 석비건립의 배경과 〈전파-수용-전개〉 양상을 검토할 수 있는 소재가 많기 때문이다.[3]

IV. '上野三碑'에 대하여

건립된 연대순으로 각 비석의 요점을 정리하면 다음과 같다.

---

3) 上野三碑에 관련된 주요 문헌은 다음과 같다.

黒板勝美, 1926, 「上野三碑」, 『内務省 史蹟精査報告 第一』; 尾崎喜左雄, 1980, 『上野三碑の研究』; 群馬県, 1985, 『群馬県史 資料編4 原始古代4』; 群馬県, 1991, 『群馬県史 通史編2 原始古代2』; 群馬県歴史博物館, 1994, 『日本三古碑は語る(第48回企画展図録)』; 國立歴史民俗博物館編集, 1997, 『古代の碑(展示解説図録)』; 東野治之, 2004, 「上野三碑」, 『日本古代金石文の研究』, 岩波書店; 東野治之·佐藤信編, 2005, 『古代多胡碑と東アジア』, 山川出版社; 松原弘宣, 2006, 「日本古代の石碑と情報伝達」, 『古代東アジアの出土資料と情報伝達』, 愛媛大學法文學部; 高島英之, 2006, 「日本古代の碑とその背景」, 『古代東國地域と出土文字資料』, 東京堂出版; 前沢和之, 2008, 『古代東國の石碑』, 山川出版社; 松田猛, 2009, 『上野三碑』, 同成社; 國立歴史民俗博物館, 2014, 『文字がつなぐ 古代の日本列島と朝鮮半島(國際企画展示図録)』.

(1) 山上碑(도표 3)

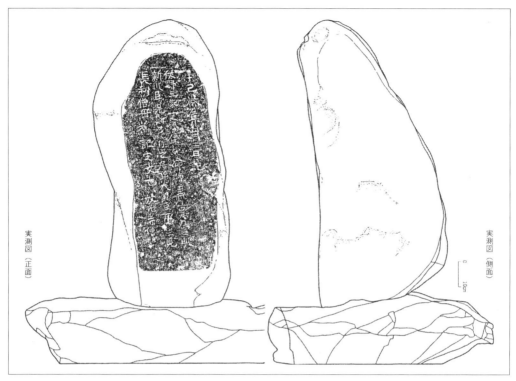

<도표 3> 출전: 国立歴史民俗博物館, 1997, 『企画展示 古代の碑』

소재지: 群馬県 高崎市 山名町 山神谷 지역의 언덕 위에 고분과 함께 있음.

시 기: 辛巳歳(681년, 天武天皇 10년) 10월 3일. 완전한 형태로 남아 있는 일본 最古의 석비.

석 재: 하루나산(榛名山) 起源의 輝石安山岩.

형 태: 부정형의 자연석의 碑身을 받침돌에 꽂아 넣은 형태. 현재의 받침돌은 후대의 보수품.

크 기: 높이 111㎝, 너비 47㎝, 두께 52㎝.

건립자: 放光寺僧 長利(姓은 不明).

비 문: 남쪽을 향한 면에 4行 53字. 서체는 隷書体의 특색을 띰. 풍화가 진행되어 선명하지 못한 부분
도 있지만 대략 다음과 같이 판독됨.

      辛己歳集月三日記

      佐野三家定賜健守命孫黒売刀自

      新川臣児斯多々弥足尼孫大児臣娶生児

      長利僧母為記定文也 放光寺僧

내 용: 서두에 건립의 연월일을 기록하고 있는데, 서풍이나 비문에 기록된 放光寺 등을 고려할 때 '辛

己歲'는 681년(天武天皇 10)으로 보는 것이 타당하다. 본문은 '佐野三家(屯倉)'의 관장자가 된 健守命의 子孫인 黒売刀自가 新川臣의 아들인 斯多々弥足尼의 子孫인 大児臣와 결혼하여 낳은 아들 長利僧이 어머니를 위해 기록한 글이라고 해석된다. 그리고 비문 끝에는 본문 마지막에서 한 글자 정도 띠어서 '放光寺僧'이라고 건립자의 신분을 기록하고 있다. 비문은 지방 씨족의 가족과 혈연관계를 기록한 것으로서도 주목되고 있다. 비문은 일본어 어순대로 한자를 나열하는 방법으로 적고 있으며, 도래문화인 한자를 일본어 표현에 응용한 가장 오래된 사례 중 하나이다. 이것은 신라의 壬申誓記石(552년 혹은 612년) 비문과 비슷한 모습이다.

(2) 多胡碑(도표 4)

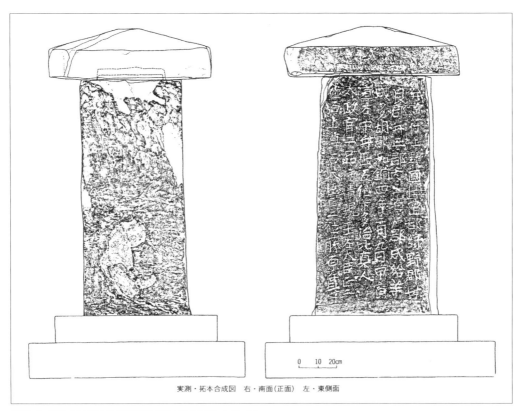

実測・拓本合成図　右・南面(正面)　左・東側面

〈도표 4〉 출전: 国立歴史民俗博物館, 1997, 『企画展示 古代の碑』

　　소재지: 군마현(群馬県) 다카사키시(高崎市) 요시이마치(吉井町) 이케(池) 지역의 鏑川 右岸의 높은 지
　　　　　역에 있으며, 土壇 위에 있음.
　　시　기: 和銅4年(711년)경. 연월일은 명기되어 있지 않지만 立郡으로부터 가까운 시기에 건립된 것으
　　　　　로 보임.

석 재: 근처에서 산출된 牛伏砂岩.

형 태: 方形 角柱狀의 형태를 갖춘 碑身의 윗부분에 머릿돌[笠石]을 올렸고, 비신의 아랫부분은 받침돌에 넣었다. 현재의 콘크리트 받침돌은 후세에 만든 것임.

크 기: 높이 129㎝, 너비 69㎝, 두께 62㎝. 笠石은 높이 27㎝, 폭 95㎝, 깊이 90㎝.

건립자: 명기되어 있지 않지만 신설된 多胡郡의 首長으로 임명된 「羊」으로 볼 수 있음.

비 문: 남쪽을 향한 면에 6行 80字. 서체는 해서체로 山上碑와 비교할 때 새로운 요소가 보임. 文字는 크고 명확하며 다음과 같이 판독됨.

> 弁官符上野國片岡郡緑野郡甘
> 良郡并三郡内三百戸郡成給羊
> 成多胡郡和銅四年三月九日甲寅
> 宣左中弁正五位下多治比真人
> 太政官二品穗積親王左太臣正二
> 位石上尊右太臣正二位藤原尊

내 용: 서두에 太政官의 '弁官'으로부터 建郡에 관한 통지가 그 대상인 '上野國'과 '片岡郡·緑野郡·甘良郡' 등의 3郡에 '符'되었음을 이야기하고 있다. 본문에서 그 내용은 '三百戸'를 '并'하여 새롭게 하나의 '郡'을 '成'하는 것임을 설명하고, 그 결과 이 郡을 '羊'에게 '給'하여 '多胡郡'으로 '成'하였다고 서술하고 있다. 이어서 그것이 행해진 날짜와 그것을 '宣'한 당사자인 '左中弁正五位下多治比真人'의 이름이 적혀 있다. 그 뒤에는 마지막으로 새로운 郡 설치의 결정자이자 太政官의 우두머리였던 '二品穗積親王左太臣正二位石上尊(朝臣麻呂)'과 '右太臣正二位藤原尊(朝臣不比等)'의 이름을 존칭으로 나타내고 있다. 郡의 首長(大領)에 임명된 '羊'에 의해 立郡의 경위를 명기하고 후세에 전하기 위해 건립된 것으로서, 비문은 『続日本紀』의 和銅4년 3월 辛亥(6일)의 多胡郡설치 기사인 '割上野國甘良郡織茂·韓級·矢田·大家, 緑野郡武美, 片岡郡山等六郷, 別置多胡郡'과 일치한다.

(3) 金井沢碑(도표 5)

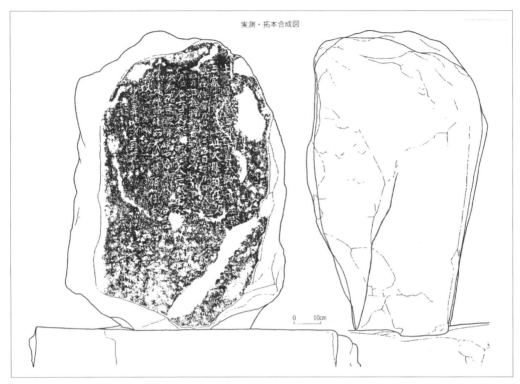

実測·拓本合成図

0 10cm

〈도표 5〉 출전: 国立歴史民俗博物館, 1997, 『企画展示 古代の碑』

소재지: 군마현(群馬県) 다카사키시(高崎市) 야마나마치(山名町) 가루이자와(金井沢) 지역의 구릉 중
　　　복부에 있음.

시　기: 神亀3年(726) 2월 29일.

석　재: 하루나산(榛名山) 기원의 輝石安山岩.

형　태: 부정형의 자연석 석비를 받침돌에 꽂아 넣음. 현재의 받침돌은 후대의 보수품. 山上碑와 비슷함.

크　기: 높이 110㎝, 너비 70㎝, 두께 65㎝.

건립자: 三家子□(한 글자 不明).

비　문: 남쪽을 향한 면에 9行 112字. 서체는 山上碑와 공통되는 隷書体의 특색을 지님. 풍화가 진행
　　　되어 선명하지 않은 부분이 많지만 대략 다음과 같이 판독됨.

　　　　上野國群馬郡下賛郷高田里

　　　　三家子□為七世父母現在父母

　　　　現在侍家刀自他田君目頬刀自又児加

　　　　那刀自孫物部君午足次馴刀自次乙馴

刀自合六口又知識所結人三家毛人

次知万呂鍛師磯マ君身麻呂合三口

如是知識結而天地誓願仕奉

石文

神亀三年丙寅二月廿九日

이 중 다음의 글자들에 대해서는 다른 판독이 제시되어 있음.

「下」→「卞」, 「他」→「池」, 「乙」→「若」

내　용: 서두에서 건립자는 '三家子口'이며, 그의 거주지 혹은 本貫地는 '上野國群馬郡下賛郷高田里'임을 이야기하고, 본문에서는 '知識(을) 結'하여 '天地(에) 誓願하는 '石文'이라고 건립의 목적을 이야기하고 있다. 그 대상자는 '七世父母'와 '現在父母'라는 것과 知識을 結하여 誓願을 행하는 '現在 侍家刀自(인) 他田君目頬刀自' 등 일족 5人을 나열하여 기록하고, 願主를 포함하여 '六口'라고 설명하고 있다. 그리고 그에 앞서 '知識(을) 結'했던 '三家毛人'등 '三口'의 이름을 나열하여 기록하고 있다. 마지막에 행을 바꾸어 건립 시기인 '神亀三年丙寅二月廿九日'을 기록하고 있다. 비문을 통해 당시의 國郡郷里制의 실시 및 호적 작성의 관계 등 지방에서의 율령정치의 움직임, 氏族 사이의 혼인과 가족에서의 여성의 입장 등 당시 지역사회의 실태에 대해 다양한 정보를 읽을 수 있다.

V. 형태적 측면에서의 검토

현재 존하고 있는 고대 石碑의 형태에 대한 검토를 통해 일본에서 전파되는 양상을 개관해 보고자 한다. 형태는 다음과 같이 구분할 수 있다.

板石 형태	: 宇治橋碑(646년 이후), 超明寺碑(717년), 佛足石跡歌碑(753년)
自然石 형태	: 山上碑(681년), 金井沢碑(726년), 多賀城碑(762년)
笠石, 碑身, 台石의 조합	: 那須國造碑(700년), 多胡碑(711년경), 阿波國造碑(723년, 塼製). 宇治橋碑도 여기에 속할 가능성이 지적되고 있음.
직방체 형태	: 元明天皇陵碑(721년), 佛足石(753년)
石塔에 새긴 것	: 竹野王多重塔(751년), 山上多重塔(801년)
磨崖에 새긴 것	: 宇智川磨崖碑(778년)
方形柱 형태	: 浄水寺南大門碑(790년), 同寺領碑(826년), 同如法経碑(1064년)
燈籠에 새긴 것	: 浄水寺灯篭竿石(801년)

본고에서 검토한 上野三碑를 보면 山上碑는 자연석을 사용한 일본 最古의 석비이고, 같은 재료의 석재

를 사용한 金井沢碑가 그 다음이다. 이들의 형태는 신라의 대구 塢作碑(578)·南山新城碑의 제1비(591)·壬申誓記石(552 또는 612)과 매우 비슷하다. 多胡碑는 山上碑보다는 늦고 金井沢碑보다는 빠른 시기에 건립되었다. 그러나 꼼꼼하게 가공된 碑身에 머릿돌을 올리고, 받침돌에 꽂아 넣은 정리된 형태를 보여주고 있어 両碑(多胡碑는 山上碑와 金井沢碑)와는 큰 차이가 있다. 이 형태는 신라의 진흥왕순수비인 磨雲嶺碑(568)·黄草嶺碑(568)·北漢山碑(568)과 공통된다. 이것을 건립한 首長에 任命된 「羊」은 이와 같이 신라에서 비석사용 형태에 따른 용도 차이를 알고 있었던 것으로 생각된다. 이렇게 목적에 따라 서로 다른 형태를 채용했다는 점에서도 上野三碑가 新羅에서 전파된 석비건립 지식을 기초로 해서 성립되었다고 보는 것은 틀림없다.

이처럼 最古의 石碑群인 上野三碑의 양상에서 일본의 초기 석비건립 계기의 하나가 신라에서 전래한 인물들이 가지고 온 정보였다는 것은 확실하다. 게다가 遣唐史를 통한 唐과의 교류가 활발하게 되면서 석비건립도 영향을 받게 된다. 『唐大和上東征伝』에는 743년에 鑑真이 日本으로 처음 渡航을 시도할 때 「修文, 鐫碑等工手」를 동반했던 것이 기록되어 있는 것처럼 석비건립에도 그 영향을 받게 된다. 그러한 사례로서 같은 東國에 있는 多賀城碑(762)를 예로 들 수 있을 것이다. 이것 역시 자연석을 사용했는데, 碑文이 새겨진 면을 재단한 것처럼 매끄럽게 정리했다는 점에서 형태적인 차이를 보이고 있다. 높이는 248cm로 예외적으로 크고, 頂部는 일본에서는 다른 예가 없는 부드러운 곡선으로 된 円首라는 형태상의 특징, 비문을 界線 안에 적고, 그 중앙 상부에 한층 큰 글씨로 「西」라고 적혀져 있는 점이 題額을 상기시킨다는 점 때문에 平川南은 唐代 石碑文化의 영향을 받았을 가능성이 있다고 지적했다.[4] 이렇게 모양으로 보면 새로운 석비의 형태와 碑文의 형식이 도입되었던 것은 건립자인 鎮守将軍의 藤原恵美朝臣朝獦은 당시 정계의 실력자로 唐風의 정치를 목표로 했던 藤原恵美朝臣仲麻呂의 息子였을 가능성이 높다. 조금 늦은 시기인 浄水寺의 4基의 石碑도 碑文에 「大唐三蔵聖教序」에 의한 표현이 보이는 등 중국의 문화와 제도에 관심이 높았던 승려 斐善·薬蘭에 의해 건립되었던 것이다. 그러나 唐代의 碑가 많고, 統一新羅의 太宗 武烈王碑(662)에도 보이는 螭首·亀趺와 같은 조형물을 동반한 것이 없다는 것에서 그 영향은 한정적이여서 일본의 석비건립 보급에는 이르지 못했던 것이다.

VI. 碑文의 측면에서의 검토

上野三碑 중 가장 빠른 山上碑의 碑文을 통해서 석비건립의 전파와 수용 양상을 검토하고자 한다. 碑文에는 「長利僧母為記定文也」라는 건립자와 비문 건립 목적이 기록되어 있다. 비문을 건립한 자의 어머니가 북동측에 있었다고 추정되는 佐野三家(屯倉)의 관장자의 계보와 연결된다는 점에서 長利는 지역의 유력씨족의 일원이었다고 볼 수 있을 것이다.[5] 그 長利가 僧으로 있던 放光寺는 佐野지역에서 약 25km

---

4) 安倍辰夫·平川南編, 1989, 『多賀城碑 －その謎を解く』, 雄山閣出版.

山王廢寺〈放光寺〉가람 (추정)
「출전 : 橋市教育委員会作成資料」

출토된 塑像群

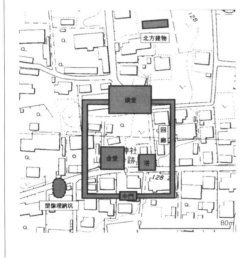

綠釉陶器一括資料(群馬県立歴史博物館所藏)

「放光寺」銘瓦

출토된 軒丸瓦

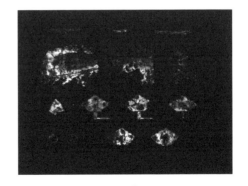

金銅製이金具

〈도표 6〉

북쪽의 前橋市 総社町(旧群馬郡)에 있는 山王廃寺의 발굴조사에서 「放光寺」라고 쓰여진 瓦가 출토된 것 때문에 여기가 해당지로 판명되었다(〈도표 6〉).

사방에 약 80m의 회랑 내부에 塔·金堂이 동서로 나란히 서있는 가람배치이고, 창건은 660∼70년경, 廃絶은 10세기 말로 추정되고 있어 山上碑의 시기와도 일치한다. 그 탑의 심초와 기단판축의 훌륭함은 飛鳥·斑鳩 지방 寺院과 비교해도 손색이 없으며, 폐기된 상태로 출토된 3,000점이 넘는 如來·神将·胡人像과 須弥山을 모방한 塑像片은 放光寺가 동국 지방사원으로서는 가장 오래되었다는 것과 동시에 특별한 莊嚴을 가지고 있었다는 것을 보여준다. 잠시 후인 1030년(長元3)에 작성된 「上野國交替実録帳」이라 불리는 공문서 초안에서는 放光寺가 國家에서 國分寺 다음에 위치시킨 定額寺라는 것을 알 수 있다.[6] 이러한 사원을 건립할 수 있던 氏族으로는 가까이에 있는 総社 古墳群과의 관계, 正倉院에 소장되어 있는 布에 上野國 群馬郡의 「上毛野朝臣甥」의 이름이 보이므로 上(毛)野國을 대표하는 氏族으로 오래전부터 중앙정권에 깊이 관련되었던 上毛野氏로 보는 것이 타당할 것이다.

이렇게 上野三碑 성립의 계기는 유력지방 사원인 放光寺의 승려가 된 長利에 의한 것이었다. 일본의 고대사회에서 사원은 『日本書紀』의 推古天皇 2년(594) 2월 丙寅 조에 「爲君親之恩, 競造仏舍, 即是謂寺」로 위치를 부여하게 되는데, 645년(大化元) 8월에 호족들에게 사원 건립을 권유하는 정책을 시행한 결과, 675년(天武天皇4) 4월에 大斎를 거행할 때 2,400여 명의 僧尼를 모았다고 하는 것처럼 7세기 후반에는 각지에서 호족에 의해 사찰조영이 활발하게 행해지게 되었다. 또 天武天皇 때에는 東國의 불교정책의 중심이 되는 下野藥師寺(栃木県下野市)의 창건도 추진되었다. 이러한 움직임을 통해 土木·建築·造瓦 등의 기술, 仏像과 仏具, 資財와 経典 등 다양한 문물이 동국에 전달되지만, 동시에 僧尼를 비롯한 불자의 왕래와 교류도 활발하게 이루어졌음을 상상할 수 있다. 長利가 승려가 되었던 放光寺는 東山道 경로의 요지에 이른 시기에 조영되었던 중앙정권과 관계를 가진 유력사원으로서 문물의 集散과 정보의 교환, 더욱이 인적교류의 거점이 되고 있었을 가능성이 높다. 碑文에 일부러 「放光寺僧」으로 기록한 것은 석비건립의 아이디어를 얻은 장소와 그곳에서의 입장을 명확하게 하고자 했던 것으로 이해할 수 있을 것이다.

VII. 신라와의 교류

다음으로 생각할 것은 신라 석비 정보가 放光寺에 전해진 사정이다. 이 시기의 일본과 신라와의 교류에 대해서 李成市는 고구려 멸망 후인 668년부터 696년까지 29년간 신라에서 25회, 일본에서 8회의 사절의 왕래가 있었고, 697년부터 731년 34년간에는 신라에서 10회, 일본에서 10회의 사절파견이 있었다는 것을 지적했다.[7] 그리고 使者·留學生·留學僧들에 의해 신라의 문물·예술·제도 등이 일본에 전해졌는

---

5) 土生田純之·高崎市編, 2012, 『多胡碑が語る古代日本と渡来人』, 吉川弘文館.

6) 前澤和之, 2009, 『「上野國交替実録帳」に見る國分寺と定額寺 −國守による管理を中心に−』, 『國士館考古學』第5号.

데, 正倉院에 전래된 신라촌락문서는 藤原宮期(694~710)의 그러한 일본의 문자문화에 대한 영향을 입증하는 자료가 되고 있다. 대국적으로는 이러한 교류에 의해 신라의 석비와 관련된 정보가 승려와 사찰조영에 관계된 기술자를 통해 放光寺의 長利에게 전해졌을 것이다.

시기에 차이는 있지만 『日本書紀』의 기사에서 구체적인 상황을 찾아보면 다음과 같다.

> 687年(持統天皇 元年) 3月 新羅의 14人을 下毛野國으로 보냈다.
>
> 4月 新羅의 僧尼·百姓 22人을 武蔵國에 居住하게 했다.
>
> 689年(持統天皇 3年) 4月 新羅의 人을 下毛野國에 居住하게 했다.
>
> 690年(持統天皇 4年) 2月 新羅의 沙門 詮吉·級湌 北助知 등의 僧과 官人 등 50人이 帰化했
>
> 다. 新羅의 官人인 韓奈末 許満 등 12人을 武蔵國에 居住하게 했다.
>
> 690年(持統天皇 4年) 8月 帰化했던 新羅人들을 下毛野國에 居住하게 했다.

이 시기의 사료에는 上(毛)野國에 대해 언급하는 것은 보이지 않지만 『続日本紀』의 天平神護 2년(766) 5월 壬戌 條에는 「在上野國新羅人子午足等一百九十三人賜姓吉井連」이라는 내용이 있어, 上野國에서는 일찍부터 신라에서 도래했던 다양한 사람들이 거주하고 있었으며, 지역공동체를 형성하고 있었음을 알 수 있다. 위에 인용한 下(毛)野國과 武蔵國으로 간 僧尼과 官人들은 東山道의 駅路를 통과했을 가능성이 높고, 上野國의 國府와 群馬駅 근처에 위치한 放光寺에 들렀을 것은 충분히 생각할 수 있다. 那須國造碑 (700)는 碑文의 연호표기의 검토와 근처에 건립되었던 浄法寺廃寺跡에서 출토된 軒丸瓦의 문양의 계통에서 이 시기에 도래했던 신라인이 석비의 건립에 관계되었던 것은 확실하다.[8] 그것과 마찬가지로 山上碑도 7세기 후기 신라와의 교류 하에 東國으로 갔던 僧尼와 官人이 가지고 온 정보를 접하면서, 깊은 불심과 높은 지식을 가지고 있었던 長利가 여기에 창의력을 더해 석비를 건립한 것이라고 생각해도 큰 무리가 없을 것이다. 이것을 석비 건립문화가 일본열도에 전파되고 수용된 구체적인 하나로서 제시하고자 한다.

VIII. '上野三碑' 지역

上野三碑의 상호 관계를 검토하고 이것들이 건립되었던 배경이 된 지역의 역사적 특성을 보고자 한다. 먼저 山上碑와 金井沢碑의 관계를 검토하고자 한다. 金井沢碑의 碑文에는 「如是知識結而天地誓願仕奉石文」이라고 石文을 만드는 목적이 기록되어 있고, 서두에는 「上野國群馬郡下賛郷高田里」의 「三家子□」를 통해 三家子□가 그 당시 사람이라는 것을 알 수 있다. 그리고 居所가 「下賛郷」으로 「三家」의 성을 가지고

---

7) 李成市, 2014, 「古代日朝文化交流史」, 『歴博國際シンポジウム 古代日本と古代朝鮮の文字文化の交流』, 大修館書店.

8) 眞保昌弘, 2008, 『日本の遺跡25 侍塚古墳と那須國造碑』, 同成社 등을 참고했다.

있는 것 때문에 山上碑에 보이는 佐野三家를 관장했던 建守命의 계보를 가진 인물로 보는 것이 가능하다. 三家의 성을 가진 인물이 山上碑를 建立한 長利과 어떠한 직접적인 관계를 가지고 있는지는 명확하지 않지만, 양자는 血緣·地緣으로 연결되어 있었다고 생각된다. 그래서 金井沢碑는 山上碑를 계승하여 만든 형태이며, 45년간의 공백을 가지고 건립된 것이다. 양자의 석재와 형태가 일치하고, 건립된 장소도 같은 구릉지 내에 있는 것, 碑文은 모두 불교신앙에 관련된 내용인 것에서도 이와 같은 추론을 입증할 수 있는 것이다. 일본에서 석비건립 의지가 계승된 것은 그 밖에 浄水寺의 8~11세기의 4기가 알려져 있지만, 山上碑-金井沢碑는 그 最古의 사례로서 의의를 가진다.

다음으로 多胡碑와 山上碑·金井沢碑과의 관계이다. 多胡碑가 건립된 시기는 山上碑와 金井沢碑 사이에 건립되었는데, 石材와 형태가 전혀 다르며, 碑文의 刻字방법과 내용도 큰 차이가 있다. 때문에 목적과 주체자 등을 통해 전자와 후자와의 직접적인 관계를 밝히는 것은 불가능하다. 그로 인해 多胡碑는 시점을 바꿔 上野三碑가 건립된 지역의 역사적 특징을 검토하고자 한다. 711년 (和銅4) 3월에 甘良·緑野·片岡의 3郡에서 6郷을 분할해 多胡郡이 신설되었는데, 이 지역에는 옛날의 緑野屯倉·佐野屯倉이 설치되어 있어 窯業·製鉄業·織物業이 発達되었고, 石材·砥石·木材 등의 입수도 편리했다. 또 國府가 두어졌던 群馬郡에 인접해 武蔵國 北部(現在의 埼玉県)와 信濃國(現在의 長野県)과 연결되는 육로, 鏑川·烏川에 의한 수로 등 교통의 중요지점이 되었다. 그 때문에 8세기 초 국가의 긴급한 과제였던 対蝦夷政策을 위한 東國의 拠点을 만들고자 지역을 재편할 필요가 생겼고, 그 과정에서 새로운 郡이 설치된 것이다. 多胡郡을 구성하는 郷 중에는 본래 甘良郡에 속했던 韓級가 있는데, 글자를 통해보면 이 지역은 오래전 韓의 지역에서 도래했던 사람들의 거주지로서 형성되었다는 것이 주목된다.

多胡郡과 주변 지역의 유적을 보면, 5세기 중엽부터 6세기 후반에 조영된 剣崎長瀞西遺跡(高崎市剣崎町)에서는 가야와 신라의 것과 같은 積石塚方墳과 長鎖式 귀걸이, 말을 묻은 土坑에서 출토된 轡 등 도래인의 거주를 확인하는 것이 가능한 유물이 다수 발견되었다. 또 6세기 후반에 조영된 観音山古墳(高崎市綿貫町)과 6세기 말에 조영된 観音塚古墳(高崎市八幡町)의 부장품인 獣帯鏡·鉄冑·金銅製杏葉·承台付銅鋺 등에서도 이 지역의 사람들이 계속적으로 한반도와 교류를 행하고 있음을 알 수 있다.[9] 또 『日本書紀』에는 上野國 지역과 이 곳을 본관으로 하는 上毛野氏와 한반도와의 관련성을 보여주는 기사가 다수 기재되어 있다. 그 일부를 살펴보면 다음과 같다.

応神天皇 15年 8月丁卯 時遣上毛野君祖荒田別·巫別於百済, 仍徴王仁也.
仁徳天皇 53年 新羅不朝貢, 同年 夏5月 遣上毛野君祖竹葉瀬, 令問其闕貢, (中略)竹葉瀬之
　　　　　弟田道, (中略)即虜四邑之人民以帰焉.
推古天皇 9年(611) 9月戊子 新羅之間諜者迦摩多到対馬, 則捕以貢之, 流干上野.
天智天皇 2年(663) 3月 遣前将軍上毛野君稚子, (中略)率二萬七千人, 打新羅.

---

9) 각주 4 등을 참고했다.

이러한 考古資料와 古代史料로 인해 上野三碑가 건립된 上野國 서남부에는 오래전부터 원래 살고 있던 사람들과 도래인들이 공생하는 사회가 형성되어 지역의 전통이 되고 있었음을 이해할 수 있는데, 韓級鄕은 그러한 장소 중의 하나였다. 韓級鄕에는 大宝年間(701~703)에 도래인에 의해 창건되었다고 하는, 郡의 総鎮守가 된 辛科(韓級의 다른 표기)神社(高崎市 吉井町)가 현재도 남아있다. 또 上野國 分寺跡에서 출토된 9세기 전기의 기와에 적혀진 글자에는 「辛科子浄庭」, 「山字子文麻呂」, 「武美子」 등이 있으며, 多胡郡의 辛科·山字(옛 이름은 山部)·武美鄕 등에 신라계 인물들이 거주하면서 國分寺의 知識으로 활약하였음을 알 수 있다.[10] 이 출토사료에 의해 天平神護 2년 5월에 吉井連이 된 子氏 19인 이외에도 이들과 연관된 많은 신라계 사람들이 多胡郡 내에 거주하고 있던 것이 판명된 것이다.

지금까지의 내용을 정리하면 長利에 의해 山上碑에서 비롯된 三碑의 건립은 우연히 건립된 것이 아니라 옛날부터 공생사회가 형성되어 있던 지역에서 역사적 특성을 가지고 건립되었다고 이해하는 것이 가능하다. 안타깝게도 이후에 석비가 건립된 흔적이 확인되지 않지만 上野三碑는 일본에서의 석비의 伝播·受容·継承을 보여주는 사례로서 고대동아시아 문화교류를 밝히는데 있어서 커다란 가치를 가진 역사유산인 것은 확인할 수 있을 것이다.

IX. 결론

결론으로서 多胡碑에 관련된 이야기를 몇 가지 소개하고, 고대 석비가 가진 보편적 가치에 대해 언급하고자 한다.

多胡碑는 현재에도 지역 사람들에 의해 「ひつじさま」로 불리며 숭배되고 있는데, 그러한 의식은 14세기에 성립된 『神道集』에 기재된 多胡碑文의 「羊」에서 유래한 羊太夫 설화와 근세의 『羊太夫一代記』 등의 전승에도 보인다. 1945년(昭和21) 8월 일본이 패전 했을 때, 多胡碑는 지역 주민에 의해 원래의 위치에서 옮겨져 동쪽의 밭 지하에 숨겨졌다. 이것은 문부성과 群馬県의 지시에 의한 것이었는데, 전국에서 패전 당시, 역사유산을 숨겼던 것이 밝혀진 사례는 多胡碑와 高崎市의 観音塚古墳 출토품뿐이다. 進駐해 오는 점령군에 의해 문화재의 접수와 파괴되는 것을 경계했던 것으로, 이렇게 역사유산을 숨기는 행위에 이르게 된 것은 多胡碑가 오랜 기간에 걸쳐 지역과 친밀한 관계를 가지고 있던 것을 보여주는 증거이다.[11] 이렇게 현지의 사람들의 힘으로 오랜 기간 지켜 온 역사유산은 현재 널리 활용될 뿐만 아니라 후세에 계승시켜 본래의 가치를 발휘하게 하고자 하는 현지 사람들의 의지가 담긴 것이다.

다음은 碑文의 서법에 관해 이야기하고자 한다. 1764년(宝暦 14) 3월에 파견되었던 조선통신사의 書記인 成大中에게 이 지역 下仁田의 高橋道斎와 江戸의 서예가 沢田東江가 多胡碑의 탁본과 저서 『上毛多胡

---

10) 『史跡上野國分寺跡発掘調査報告書』, 1989, 群馬県教育委員会를 참고하면 된다.
11) 平成27年度多胡碑記念館第39回企画展図録, 2015, 『埋められた多胡碑 終戦直後の秘話』, 多胡碑記念館.

郡碑帖』를 기증했다. 그것을 받은 成大中은 귀국 후에 「書多胡碑」를 지었는데, 거기에는 입수한 경위와 宋德文이 「中國에는 이미 없어진 漢隷의 古法이 있다」고 칭찬했다고 하는 내용이 쓰여있다. 이러한 정보 는 燕行使에 의해 淸國의 수도인 北京에도 전해져 1839년에 葉志詵이 지는 『平安館金石文字七種』에는 「日本残碑雙鈎本一巻」으로 多胡碑文과 발문이 수록되었고, 多胡碑는 淸國의 금석학 관계자에게 널리 알 려지게 된다. 1880년(明治13)에 일본에 온 淸國의 楊守敬이 일본의 서예가들에게 반포한 楷書字典 『楷法 溯源』에 多胡碑碑文의 39글자가 수록되어 있다는 점에서 多胡碑碑文의 글자는 書道史上에서 貴重한 것 으로 널리 인식된다.[12] 그 이후 오늘날에 이르기까지 多胡碑文는 書道의 교본으로서 널리 사용되고 있으 며, 글자를 통한 국제교류에도 큰 공헌을 지속적으로 하고 있다.

본문에서 서술한 내용과 지금까지 언급한 이야기에서도 명확한 것은 각각의 지역에 남겨진 고대석비 의 검토를 통해 우리들은 옛 사람들의 활동의 발자취를 알 수 있었고, 발휘된 지혜를 배우는 것이 가능하 다. 그뿐 아니라 계승되어 왔던 과정을 검토해 보는 것으로서 세계의 현실을 보는 눈을 키우고, 보다 나 아진 국제사회를 실현할 수 있는 자원으로서 활용할 수 있다는 것을 배울 수 있었다.

투고일: 2017. 4. 22.   심사개시일: 2017. 4. 29.   심사완료일: 2017. 5. 28.

---

12) 第27回企画展図録, 2005, 『多胡碑の朝鮮·中國への流伝 「海を渡った多胡碑」展』, 多胡碑記念館.

〈참고 1〉

석비의 형태

(1) 자연석을 이용한 것(橋本繁의 作成資料를 참고함)

山 上碑(681年)

金井沢碑(726年)

丹陽 赤城碑(545年頃)

昌寧 眞興王拓境碑(561年)

大邱 戊戌塢作碑(578年)

慶州 南山新城碑(591年)

(2) 笠石(橋本繁의 作成資料를 참고함)

多胡碑(711年)

碑身高さ 129㎝ 幅 69㎝ 厚さ 62㎝

那須国造碑(700年)

碑身高さ 120㎝ 幅 48.5㎝ 厚さ 28㎝

磨雲嶺碑

高さ 146.9㎝ 幅 44.2㎝ 厚さ 30㎝

黃草嶺

高さ 130.3㎝ 幅 42.7㎝ 厚さ 32㎝

北漢山

高さ 155.1㎝ 幅 71.5㎝ 厚さ 16.6㎝

〈참고2〉

積石塚方墳と長鎖式耳飾(剣崎長瀞西遺跡)

楊守敬編『楷法溯源』に載せらたれ多胡碑文

『続日本紀』
天平神護2年5月壬戌条
「新羅人子午足」が見える

『続日本紀』
和銅4年3月辛亥条
「韓級」郷が見える

참/고/문/헌

國立歷史民俗博物館, 1997, 『古代の碑』(企画展示図録).

國立歷史民俗博物館, 2014, 『文字がつなぐ古代の日本列島と朝鮮半島』(國際企画展示図録).

新川登亀男, 1999, 「古代東國の「石文」系譜論序説 −東アジアの視点から−」, 『東國石文の古代史』(平野邦雄 監修·あたらしい古代史の会編), 吉川弘文館.

東野治之, 2004, 「上野三碑」, 『日本古代金石文の研究』, 岩波書店.

東野治之·佐藤信編, 2005, 『古代多胡碑と東アジア』, 山川出版社.

前沢和之, 2008, 『古代東國の石碑』, 山川出版社.

松田猛, 2009, 『上野三碑』, 同成社.

平川南, 2012, 「多胡碑の輝き」, 『多胡碑が語る古代日本と渡来人』, 吉川弘文館.

李成市, 2014, 「古代日朝文化交流史」, 『歴博國際シンポジウム 古代日本と古代朝鮮の文字文化の交流』, 大 修館書店.

〈Abstract〉

A Review on the Shape of Japanese Early Stone stela in Japan

Maezawa kazuyuki

This study aims to investigate into the 〈propagation−acceptance−development〉 pattern shown in Yamanoue Stela(681), Tago Stela(around 711), and Kanaizawa Stela(726) located in Takasaki−si, Gunma−ken Prefecture. These three Stelas only exist among 18 in total as part of Ancient Immigrants culture of Japan.

Yamanoue Stela and Kanaizawa Stela erected by local Buddhist monks and adherents of Buddhism used the natural intact stones as produced in the region and were similar to the first monument of Daegu Ojakbi and Namsan Sinseongbi of Shilla. And Tago Stela, a record of the process that a new county was formed in the region is composed of menhir, body of monument, and moss−grown stone by processing the sandstones produced in the region. This is similar to Maunryeongbi and Bukhansanbi, the monuments commemorating King Jinheung's tour. To compare the shapes, it can be seen that the stone monument was built when local influential people accepted the information that the people of Shilla, who came to this region from late 7th century to early 8th century brought with and added their creativity to stone monument, marks on epitaph, and inscription method. This is also proven by an article in 『Shoku Nihongi』 that a great number of people of Shilla including Buddhist monks and officials emigrated to the neighboring areas during this period.

These stone Stelas were built in historic sites where people emigrated from the Korean peninsula with horse breeding method in late 5th century. And in burial goods of ancient tomb from the late 6th century to the end of 6th century, multiple products from China and Korean peninsula were observed. Also, the place name Hangeup which was named a long ago and Shingwa shrine which was known to have been founded by the people who came to this region are still existent. Furthermore, it turns out that people whose family name is ko(子), many descendants of the people who came from Shilla had lived here, according to an article in 『Shoku Nihongi』 and excavated texts. This is one of the rare places where the culture of initial stone monuments was accepted by the Japanese Archipelago. What made this possible is probably that already, a symbiotic culture with other nations was formed a long ago, which made it possible to understand the value of new emerging culture early on.

As shown in these three examples, the initial acceptance of stone Stela in Japanese Archipelago was influenced a lot by the Korean peninsula, especially Shilla. Dahaseongbi (762) and Seokbigun of Jeongsusa Temple (790~1064) only accepted the Chinese custom, and the traces of stone monument accompanied with Isu and Guibu are not seen. As the influence was limited, it could not lead to the establishment and propagation of Chinse stone monuments into Japanese Archipelago. Like this, I'd like to stress that if we compare the patterns of initial stone monuments from every corner of the East Asia, it will be possible to elaborate the actual condition of cultural exchange between humans.

▶Key words: Yamanoue Stela, Tago Stela, Kanaizawa Stela, Ancient Immigrants, Shilla, stone Stela

논 문

베트남의 10세기 이전 石碑에 대하여
-새롭게 발견된 陶璜廟碑를 중심으로-

Phạm Lê Huy 著[*]

오택현 譯[*]

〈국문초록〉

최근에 10세기 이전의 역사에 대한 문헌자료의 극복을 위해 베트남의 역사가들은 고대에 작성된 비문에 관심을 갖게 되었다. 이러한 연구는 비문에 새겨진 글자뿐만 아니라 역사적인 배경도 살펴보게 된다. 또 비석이 만들어질 때 어떠한 기법이 사용되었는지, 멀리 떨어진 지역 사회에서 나타나게 되었는지에 대해서도 흥미를 가지게 되었다. 고대 비석에 대한 관심은 2013년에 발견된 陶璜廟碑에 의해 더욱 활발하게 진행되었다. 3세기 후반 吳(三國)~晉代의 交州刺史였던 陶璜는 삼국시기에 매우 중요한 역할을 수행하였다. 비석은 앞면(314년)과 뒷면(450)에 새겨져 있으며, 모두 베트남에서 가장 오래된 석비로 알려져 있다. 본고를 통해 첫째로 필자는 陶璜廟碑를 고찰하고 이를 설명하고자 한다. 그리고 이 비석의 형태를 동아시아에서 발견된 다른 비석들과 비교·검토하는 작업을 행할 것이다. 이러한 작업은 4세기 초의 비석건립과 지역사회에서 활동하던 인물들의 상관관계를 밝힐 수 있을 것이라 기대되기 때문이다.

▶핵심어: 陶璜廟碑, 交州刺史, 石碑, 晉

* 베트남국가대학하노이캠퍼스 인문사회과학대학

** 동국대학교 사학과

I. 들어가며

베트남 북부에서 중북부 지역의 역사를 살펴보면 10세기는 매우 중요한 전환점이다. 10세기에 들어와 曲承裕 吳權, 丁部領, 黎桓 등 문헌에 「土豪」라고 불리는 재지 호족이 지속적으로 대두되고 있고, 後梁·南漢·北宋의 정치·군사 개입을 배제하면서 紅河[메콩강]의 삼각주에 자립정권을 설립하는 시기이기 때문이다. 丁·前黎朝(968~1009)의 수도인 華閭京에서는 1960년대부터 陀羅尼經 石幢 등이 연달아 발견되고 있는데, 거기에 「昇平皇帝」 등의 존호가 보여 이들 자립정권이 중국황제와 대등한 의식을 가지고 있었음을 알 수 있게 되었다. 이후 연이어 李朝(1009~1225) 및 陳朝(1226~1400)의 여러 군주들도 대외적으로 宋과 元에 朝貢하며 「安南國王」 등의 책봉을 받지만, 國內에서는 「皇帝」로 자칭하면서 「冊」·「制」·「敕」·「誥」라고 하는 「王言」을 発令하며 군림하고 있었다.

10세기 이후의 역사에 대해서는 14세기에 작성된 『大越史略』와 『安南志略』, 15세기에 작성된 『大越史記全書』 등의 문헌과 금석문을 비롯한 다양한 종류의 사료로 남겨져 있다. 현재 李朝期 18점[1], 陳朝期 50점[2]의 금석문이 확인되고 있다. 黎朝 이후에 관해서는 정확하게 통계되지는 않지만, 베트남 사회과학원과 漢喃研究所에 수만 점의 탁본이 보관되어 있다. 아직 木簡은 출토되지 않았지만 「木夾」·「木牌」 등 목제품 문자자료의 존재도 최근 들어 주목되고 있어 연구에 활용되고 있다.

반면 10세기 이전과 관련된 사료는 매우 적어 역사규명을 하는데 장애 요인이 되고 있다. 1998년 漢喃研究所는 프랑스 極東学院과 협력하여 『越南漢喃銘文彙編 第一集~北属時期至李朝』을 간행하여, 7세기~13세기 중엽까지의 금석문을 모았다. 그러나 거기에 수록된 10세기 이전의 금석문은 겨우 3점뿐이었다. 이 중 貞元14年(798)의 靑梅社鐘銘과 原石이 남아있지 않은 咸通11年(870)의 天威径碑記를 제외하면, 1960년대에 발견된 大業14年(618)의 「大隋九眞郡寶安道場之碑文」이 유일하게 남겨진 石碑이다.

그런데 2012년에 仁壽元年(601)의 交州舍利塔銘, 2013년에 晉·劉宋대의 碑文이 발견되어 상황이 좋아졌다. 이렇게 새롭게 자료가 발견되면서 10세기 이전 베트남 북부와 중북부지역에 존재하고 있던 漢字로 작성된 碑銘은 모두 6점으로 증가되었다(표 1).

〈표 1〉 10세기 이전 베트남 소재 碑銘

No.	명칭	연대	본래 소재지	발견지	현재 보관장소	비고
①	晉故使持節冠軍將軍交州牧陶烈侯碑	[晉]建興2年(314)？(表面)	北寧省順成縣青姜社青淮村陶璜廟	同左	陶璜廟	
②	晉故使持節冠軍將軍交州牧陶烈侯碑	[劉宋]元嘉27年(450)(裏面)	北寧省順成縣青姜社青淮村陶璜廟	同左	陶璜廟	

---

1) Nguyễn Văn Thịnh, Văn bia thời Lý(李朝銘文), Nxb. ĐHQG(国家大学出版社), 2011.

2) Đinh Khắc Thuân, Văn bia thời Trần(陳朝銘文), Nxb. Văn hóa Dân tộc(民族文化出版社), 2016.

No.	명칭	연대	본래 소재지	발견지	현재 보관장소	비고
③	交州舍利塔銘	[隋]仁壽元年(601)	北寧省仙遊縣仏跡社仙遊山(天福峯?)	北寧省順成縣致果社春関村	北寧省博物館	
④	大隋九眞郡田寶安道場之碑文	[隋]大業14年(618)	清化省東山縣東寧社長春村黎玉廟	同左	ベトナム國立歴史博物館	
⑤	褚遂良墓碑	[唐]大中6年(852)	清化省(唐代愛州日南郡治北五里)	未發見	無	
⑥	天威径新鑿海孤(派)碑	[唐]咸通11年(870)	[中國]廣西省防城港市江山半島潭蓮運河(?)	未發見	無	

전자(표 1의 ③)는 仁壽元年(601)에 隋 文帝가 交州에 舍利를 반포할 때 함께 제작된 것이다. 舍利塔銘이지만 隋唐代의 墓誌와 같이 蓋石과 底石으로 이루어진 독특한 구성을 보여주고 있다. 형태를 분류하자면 베트남 最古의 墓誌型 石碑가 된다(사진 1).[3]

한편 陶璜廟碑(표 1의 ②와 ③)는 베트남에서 처음으로 발견된 圭首形 石碑로서 국내의 주목을 받고 있다. 본고에서는 새롭게 발견된 陶璜廟碑의 銘文과 그 형태의 특징에 대해서 소개하고자 한다.

사진 1. 仁壽元年 交州舍利塔銘

---

3) 해당 石碑에 관해서는 ファム・レ・フイ, 「ベトナムにおける隋唐代史研究と石刻史料」, 国際シンポジウム「環東アジア地域から見た隋唐帝国:一次史料と地域から考える」, 新潟大学, 2015年 2月 28日. 을 참조하면 된다.

II. 발견경위, 발견상태, 보관장소

石碑는 2013년 Bắc Ninh[北寧]省 Thuận Thành[順成]縣 Thanh Khương[青姜]社 Thanh Hoài[青淮] 村의 신묘에서 2개가 절단된 상태로 발견되었다(사진 2).

발견자인 北寧省博物館 직원 Nguyễn Phạm Bằng의 인터뷰 조사에 의하면 石碑는 1960년대까지는 표면의 중간부에 비스듬하게 금이 가기는 했지만 완전한 상태(절단되지 않은 상태)로 神廟에 세워져 있었다고 한다. 1967년 北爆[4]이 격해지던 상황에서 어떤 미국 공군의 전투기가 이 지역에 격추되었는데, 神廟에서 약 300m 떨어진 밭에 추락했다. 불발탄 처리를 위해 온 북베트남 군의 공병부대는 최종 처리작업으로 불발탄을 모두 폭발 시켰는데, 그 진동으로 石碑는 발견할 때처럼 2개로 절단되고, 쓰러지게 된 것이다.

베트남 最古의 (漢字)石碑라고 인정된 후 마을 사람들은 절단된 石碑를 붙여 神廟 앞에 「古代神碑記」라는 건물을 세워 비석을 전시하고 있다(사진 3).

사진 2. 2개로 쪼개진 발견당시 陶璜廟碑(사진제공: Nguyễn Phạm Bằng)

---

4) 北爆은 베트남 전쟁 때 미국이 북베트남에 대해 행한 폭격을 의미한다.

사진 3. 陶璜廟碑의 현재 모습

III. 石碑에 관한 연구

石碑는 碑首, 碑身, 碑座로 구성되어 있다. 석비를 접착한 후에 실측한 크기는 다음과 같다. 碑首의 높이는 37.5㎝의 삼각형(圭首形)으로 장식은 없다. 碑身은 157×95×15㎝이다. 碑座는 136×100×30㎝의 대형 長方形 석재(方趺)이다. 碑額에「晉故使持節冠軍將軍交州牧陶烈侯碑」라는 碑題가 隸書体로 새겨져 있다. 碑의 앞면과 뒷면 모두 銘文이 보인다.

碑의 앞면의 銘文은 文字가 한 가운데 부분을 중심으로 마멸되어 있어 해석이 곤란하지만 碑의 뒷면의 銘文은 거의 대부분이 확인될 정도로 상태가 좋다. 石碑를 발견한 후 Bằng 씨는 양쪽 면의 탁본을 뜨고, 동시에 文字를 번각하였다. 하지만 발표된 것은 碑의 뒷면의 銘文뿐이었다. 碑의 앞면에 대해서 Bằng 씨는 錄文 자체를 발표하지는 않았지만 文字의 남겨진 부분을 보면 吳(三國)~晉代의 交州刺史 陶璜의 업적에 관해 기재했다고 지적했다. 또 문장의 끝의 연대표기는「建興貳年九月壬」으로 해독되어, 晉愍帝의 建興2年(314)의 銘文이라는 重要한 견해를 제시했다.[5] 2014년 말, 필자는 드디어 탁본의 사진(사진 4)을 입

---

5) Nguyễn Phạm Bằng, Phát hiện văn bia cổnhất Việt Nam(ベトナム最古石碑の発見), Chuyên san Khoa học và Xã hội Nhân văn NghệAn(『ゲイアン省人文社会科学専刊』), 7, 2014.

수해 실물과 함께 재조사를 하였다.

그 결과 Bằng 씨가 발표했던 碑陰의 錄文을 보정하고, 새롭게 4글자를 추가 해독 해 그것을 토대로 石碑의 역사적 가치에 대해 논했다[Huy 2014, 2016]. 2015년에 일본의 新潟大学에서 베트남 의 石刻史料를 소개할 때 처음으로 碑 의 앞면의 銘文 해독을 시도하였는데,[6] 그 내용은 충분하지 않았다. 本稿에서 는 宗敎硏究所 직원이자 書道家인 Nguyễn Hữu Sử 씨와 함께 검토한 것 을 바탕으로 새롭게 해독안을 제시하 고자 한다.

Ⅳ. 碑文의 解讀

〈碑 앞면 銘文의 解讀〉

碑 앞면의 銘文은 앞에서 이야기한 것과 같이 文字의 마모가 심해 解讀이 곤란하지만 冒頭 部分에 약 10行, 末尾

사진 4. 陶璜廟碑의 拓本(사진제공: Nguyễn Phạm Bằng)

部分에 약 8行의 隸書体 文字가 確認된다(錄文 1, 사진 5). 아주 적은 정보이지만 陶璜廟의 銘文인 것은 확실하다.

陶璜(베트남어 : Đào Hoàng 혹은 Đào Hoành)은 三國末에서 晉初에 걸쳐 交州刺史로 활약했던 인물 이다. 그의 경력은 『晉書』 列傳에 상세하게 기록되어 있다. 『晉書』에 의하면 陶璜(字는 世英)은 丹楊郡 秣 陵縣(江蘇省 南京市 부근) 출신이다. 그의 부친 陶基는 吳의 交州刺史를 역임하였다.[7] 陶璜의 일족은 이 처럼 交州와 밀접한 관계가 있었다.

交州는 南海, 蒼梧, 鬱林, 合浦, 交阯, 九眞, 日南, 珠崖, 儋耳의 9개 郡을 관할했던 交阯刺史部가 建安 8年(203)에 交州(刺史部)로 개칭된 행정단위이다.[8] 黃武5年(226) 孫權은 지배의 편의를 위해서 海東 4郡

---

6) ファム・レ・フイ, 「新発見の仁寿元年の交州舍利塔銘について」 『仏教文明と世俗秩序』, 勉誠出版, 2015.

7) 「陶璜字世英, 丹楊秣陵人也, 父基, 吳交州刺史」(『晉書』 卷57, 陶璜傳).

8) 「武帝元鼎六年, 討平呂嘉, 以其地爲南海, 蒼梧, 鬱林, 合浦, 日南, 九眞, 交阯七郡, 蓋秦時三郡之地, 元封中, 又置儋耳, 珠崖

(南海, 蒼梧, 鬱林, 合浦)을 廣州, 海南 3郡(交趾, 九眞, 日南)을 交州로 분할했다. 하지만 반란이 이어졌기 때문에 이러한 분립은 좌절되었다.[9] 永安7年(262) 7월에 孫休는 다시 南海, 蒼梧, 鬱林 3郡을 분할해서 廣州를 설치했다.[10] 廣州의 분할을 결정했던 배경으로는 당시 交趾郡(베트남 북부)에 새로운 親魏세력이 확대되어 가는 것을 염려했기 때문이다. 구체적으로 永安6年(261) 5월에 吳의 관리에 의해 폭정과 가혹한 노역을 견딜 수 없었던 交趾郡의 吏民이 太守 孫諝 및 察戰(監督官) 鄧荀을 죽이고, 吳에 반기를 들었다. 한편 같은 해 10월에 曹魏가 蜀漢 정벌을 시작한다는 정보가 각지에 퍼지면서 三國鼎立의 국면은 새롭게 전개되기 시작하였다. 交趾郡은 이에 편승하여 曹魏에 사자를 보내 內附를 청하였다.[11]

263年에 曹魏는 蜀漢을 멸망시키고, 四川에서 베트남 북부로 들어오는 교통로를 개통하였다. 그 이후 交州는 曹魏(이후는 晉)·吳 두 세력의 직접적인 전쟁터가 되었다. 泰始3年(267), 晉將 楊稷 등은 蜀에서 交趾로 진격하는 吳軍를 격파하고, 交趾·九眞 2郡을 제압하였다. 泰始4年(268) 7월에 吳主 孫晧는 제1차 반격을 개시하였지만, 吳軍이 같은 해 10월에 크게 패함으로써 主將·交州刺史 劉俊 및 將軍 修則이 함께 晉軍에게 참수되었다.[12]

陶璜이 활약을 보인 것은 다음 해(269) 11월에 재개된 제2차 반격이었다.[13] 陶璜은 吳의 蒼梧太守로서 監軍 虞汜 및 威南將軍 大都督 薛珝의 지휘 아래 荊州에서 合浦(廣西省 北海市)로 진군하여 分水(하롱만 부근?)에서 晉軍과 교전하였다. 처음으로 晉軍을 격파했던 陶璜은 薛珝에게 그 지휘능력을 의심받기도 했다. 하지만 그 후 晉의 九眞太守 董元을 기습하여 綿物직물을 탈취하는데 성공하여 薛珝의 신뢰를 받았다. 薛珝의 신뢰를 얻은 후에 陶璜은 合浦에서 다시 度交趾에 들어갔고, 泰始7年(271) 4월에 董元의 복병을 간파해 晉軍을 격파했다.[14] 또 재지세력인 扶嚴의 首領 梁奇에게 晉軍에게 빼앗은 錦物 수천 필을 주어 그 병력을 얻어 交趾城을 포위하였다. 『晉書』에 의하면 楊稷 등은 3개월간 그 자리를 지키며 구원군을 기다렸지만 구원군이 도착하지 않아 지쳐 같은 해(271) 가을 7월 26일(癸酉)에 성문을 열어 陶璜에게

二郡, 置交趾刺史以督之 (中略) 桓帝分立高興郡, 靈帝改日高涼, 建安八年, 張津爲刺史, 士燮爲交趾太守, 共表立爲州, 乃拜津爲交州牧」(『晉書』 卷15, 交州).

9) 「交趾太守士燮卒, 權以燮子徽爲安遠將軍, 領九眞太守, 以校尉陳時代燮, 岱表分海南三郡爲交州, 以將軍戴良爲刺史, 海東四郡爲廣州, 岱自爲刺史, 遣良與時南入, 而徽不承命, 舉兵戍海口以拒良等, 岱於上疏請討徽罪, 督兵三千人晨夜浮海 (中略) 徽聞岱至, 果大震怖, 不知所出, 即率兄弟六人肉袒迎岱, 岱皆斬送其首, 徽大將甘醴, 桓治等率吏民攻岱, 岱奮擊大破之, 進封番禺侯, 於是除廣州, 復爲交州如故」(『三國志』 吳書, 卷60 呂岱傳).

10) 「吳黃武五年, 割南海, 蒼梧, 鬱林三郡立廣州, 交趾, 日南, 九眞, 合浦四郡爲交州, 戴良爲刺史, 值亂不得入, 呂岱擊平之, 復還并交部, 赤烏五年, 復置珠崖郡, 永安七年, 復以前三郡立廣州」(『晉書』 卷15, 交州).

11) 「交趾太守孫諝貪暴, 爲百姓所患, 會察戰鄧荀至, 擅調孔雀三千頭, 遣送秡陡, 既苦遠役, 咸思爲亂, 郡吏呂興殺諝及荀, 以郡內附」(『晉書』 卷57, 陶璜傳).「五月, 交趾郡吏呂興等反, 殺太守孫諝, 諝先是科郡上手工千餘人送建業, 而察戰至, 恐復見取, 故興等因此扇動兵民, 招誘諸夷也, 冬十月, 蜀以魏見伐來告 (中略) 呂興既殺孫諝, 使使如魏, 請太守及兵」(『三國志』 吳書, 卷48, 永安6年 5月條).

12) 「吳將顧容寇鬱林, 太守毛炅大破之, 斬其交州刺史劉俊, 將軍修則」(『晉書』 卷3, 泰始4年 〈268〉 10月條).

13) 「遣監軍虞汜, 威南將軍薛珝, 蒼梧太守陶璜由荊州, 監軍李勖, 督軍徐存從建安海道, 皆就合浦, 擊交趾」(『三國志』 吳書 卷48, 建衡元年 〈270〉 11月條).

14) 「夏四月吳交州刺史陶璜襲九眞太守董元, 殺之, 楊稷以其將王素代之」(『資治通鑑』 卷79, 泰始7年 〈271〉 4月條).

사진 5. 陶璜廟碑의 앞면 탁본

투항했다고 한다. 陶璜은 뒤이어 九真郡을 점령했던 晉將 李祚를 정벌하고, 九真郡 및 「九真屬國三十餘縣」도 평정했다. 이렇게 交州에서 晉의 세력을 제거한 陶璜은 吳主 孫晧에게 「使持節, 都督交州諸軍事, 前將軍, 交州牧」에 임명되었다. 陶璜은 옛 동맹인 扶嚴를 역습해 재지세력을 멸망시킨다. 天紀3年(279) 廣州에서 郭馬의 반란이 발발하자 陶璜은 「交州牧」으로서 그 정벌에 가담했고, 다시 吳의 남방영토의 안정화에 공헌한다.[15] 280년에 吳가 멸망하자 孫晧는 陶璜에게 편지를 보내 晉에 항복할 것을 설득하였다. 陶璜은 그 제안을 받아들여 晉武帝에게 「本職」(「使持節」, 「交州牧」)을 그대로 인정받는 동시에 「前將軍」호를 「冠軍將軍」로 바꾸고, 「宛陵侯」로도 봉해졌다.[16]

기존에 陶璜은 300~301年에 죽었다고 생각되었다. 그러나 한국의 학자인 정재균이 지적한 것과 같이 그 후임인 吾彦(吳彦인가)의 官歷을 검토해 보니 陶璜은 그보다 10년이 이른 太熙元年(290) 4월 이전에 죽었던 것을 확실하게 알 수 있었다. 대체로 『晉書』 陶璜傳에 의하면 陶璜의 죽음 후 西晉의 朝廷은 「員外散騎常侍」 吾彦을 交州刺史로 임명하였다.[17] 한편 같은 책 吾彦傳을

---

15) 「三年夏, 郭馬反 (中略) 八月, 馬殺南海太守劉略, 逐廣州刺史徐旗, 晧又遣徐陵督陶濬將七千人從西道, 命交州牧陶璜部伍所領及合浦, 鬱林諸郡兵, 當與東西軍共擊馬」(『三國志』 吳書, 卷48, 天紀3年 〈280〉 夏條).

16) 「晧既降晉, 手書遣璜息融敕璜歸順, 璜流涕數日, 遣使送印綬詣洛陽, 帝詔復其本職, 封宛陵侯, 改爲冠軍將軍」(『晉書』 卷57, 陶璜傳).

17) 「朝廷乃以員外散騎常侍吾彦代璜」(『晉書』 卷57, 陶璜傳).

참고하면 吾彦은 金城太守, 敦煌太守, 雁門太守를 역임한 후, 順陽王 司馬暢의 內史가 되고, 더욱이 司馬暢으로 추천을 받아 「員外散騎常侍」로 승진되었다.[18] 司馬暢이 順陽王이 된 것은 太康10年(289) 11월 23일(甲申)[19]이기 때문에 吾彦이 順陽內史로 옮기게 된 것은 그 이후가 된다. 또 晉 武帝가 승하한 것은 太熙元年(290) 4월 20일(己酉)이다.[20] 吾彦이 「武帝의 시기」에 交州刺史에 임명되었다고 하는 『册府元龜』의 기사가 정확하다면 吾彦이 交州刺史가 된 것은 太康10年(289) 11월 23일부터 太熙元年(290) 4월 20일 사이였다고 단언할 수 있다. 결국 陶璜이 사망한 시점은 太熙元年(290) 4월 20일 이전이었던 것이 확실하고, 아무리 거슬러 올라가도 太康10年(289)이전이 될 수는 없다고 생각된다.

이상 『晉書』, 『資治通鑑』 등의 기술을 토대로 陶璜의 경력을 간략하게 살펴보았다. 碑 앞면의 銘文에는 「陶璜」의 이름이 전혀 보이지 않지만, 다음의 근거를 가지고 陶璜을 제사지낸 廟堂의 石碑라고 판단할 수 있을 것이다.

첫 번째로 碑額의 「晉故使持節冠軍將軍交州牧陶烈侯碑」는 「使持節 (中略) 交州牧」, 「冠軍將軍」이라는 晉代의 陶璜 官爵과 일치한다. 그것을 증명하듯 碑陰의 銘文에 「故將軍交州牧烈侯陶璜」과 「陶璜」의 이름이 등장하고 있다. 상세한 내용은 후술하겠지만 碑 뒷면의 銘文에 의하면 후세의 사람들은 「陶璜」의 「銘記」를 보고 감명 받아 陶璜의 제사를 지내는 「廟堂」을 修復하였다고 한다. 그 「銘記」는 碑 앞면의 명문이라고 생각된다.

두 번째로 Bằng 씨가 지적한 것과 같이 碑 앞면에 남겨진 내용은 단편적이지만 文献史料에 쓰여져 있던 陶璜의 업적과 일치한다. 제2행의 「蒼梧太守封丹楊侯」도 晉軍을 공격할 때 陶璜의 官爵에 맞는 내용이다.[21] 제4행의 「蜀交兵海隅分」은 楊稷이 蜀에게 交趾로 진격했던 사건에 관한 내용이라고 생각된다. 또 제5행의 「持節前將軍交州刺史」도 吳主 孫皓가 271년 전후에 陶璜에게 내린 官爵과 合致한다.[22]

세 번째로 石碑가 세워진 神廟는 본래 陶璜을 제사했던 陶璜廟이다. 1938년 프랑스의 「風俗考究会」는 베트남 북부~중부남부에 있는 각 촌락의 신들을 조사했다. 그 때 青淮村의 이장 등은 그 마을의 수호신은 陶璜이라고 서류로 프랑스 식민지정권에 보고하였다(사진 6).

당시 조사에 의하면 이웃 촌인 Đại Tự[大寺]村도 陶璜을 제사지내고 있음을 알 수 있다.[23] 이렇게 이 지역에서 본래 陶璜를 제사지내는 신앙이 오랫동안 존재하고 있었고, 지금까지 이르고 있음을 엿볼 수 있다.

---

18) 「吳亡, 彦始歸降, 武帝以爲金城太守 (中略) 轉在敦煌, 威恩甚著, 遷雁門太守, 時順陽王暢驕縱, 前後內史皆諂之以罪, 及彦爲順陽內史, 彦淸身率下, 威刑嚴肅, 眾皆畏懼, 暢不能誣, 乃更薦之, 冀其去職, 遷員外散騎常侍」(『晉書』 卷57, 吾彦傳).

19) 「徙扶風王暢爲順陽王」(『晉書』 卷3, 太康10年〈289〉11月 甲申條).

20) 「太熙元年四月己酉, 武帝崩」(『晉書』 卷4, 孝惠帝紀).

21) 文献史料에 陶璜이 丹楊侯에 봉해졌다는 기록이 보이지 않지만, 陶璜은 丹楊縣 出身이다. 『資治通鑑』에 '蒼梧太守丹陽陶璜'이라는 기록이 있는데, 그 丹陽은 丹楊侯를 생략한 것이라고 생각된다.

22) Nguyễn Phạm Bằng, Phát hiện văn bia cổnhất Việt Nam(ベトナム最古石碑の発見), Chuyên san Khoa học và Xã hội Nhân văn NghệAn(『ゲイアン省人文社会科学専刊』), 7, 2014.

23) 베트남사회과학원·사회과학도서관. 청구번호 : TTTS2941·2959

273

Thanh Hoai Le 5 Juin 1938.

Chung tôi là trưởng lý ký dịch làng Thanh Hoai khai trình tích như sau này?

1°) Tên Làng.

Làng Thanh Hoai (青淮社) không có tên nôm, thuộc tổng Khương trị (姜寺縂) phủ Thuận Thành (順成府) tỉnh Bắc Ninh (北寧省)

2°) Thần Thành Hoàng.

A. Huý Ngài là Đào Hoành (陶璜) không biết tên hiệu.

B. Ngài là nhân thần.

C. Sử tích Ngài không có sách, chỉ có bia ở làng, những bia mòn nhòe không xem rõ chữ. Nay chuyển khẩu rằng: Xưa đời nhà Ngô bên tàu phong ngài sang nước ta làm quan Giao châu. Ngài đem quân đánh phá được quân người Đông Nguyên (羡元) mở được ba quận là: Tân xương (新昌) Cửu Đức (九德) và Vũ Bình (武平) Ngài có lòng thương dân, thấy dân nghèo đói, thời Ngài phát tiền gạo cho, nhân dân đều được ơn nhờ công đức của Ngài. Làng chúng tôi thấy Ngài nhân đức như thế, thời xin đến khi ngài hóa, thì dân xin làm thần để phụng thờ, còn thế nào nữa thì dân không biết. Hiện lịch đại Đế triều đều có sắc phong cả. Đến năm Khải định thứ chín, sắc phong là: Túc tuấn Đại Khánh, phong tặng Quang ý Trung đẳng thần. (四 — 旬 大 慶 封 贈 光 懿 中 等 神)

사진 6. 1938年 「風俗考究会」의 조사 당시 青淮村의 보고서

네 번째로 陶璜廟는 룽케[壟溪]城 유적에서 동쪽으로 약 1km에 떨어진 곳에 위치하고 있는데 룽케城이 交趾郡의 郡治인 「龍編城」이었을 가능성이 높다. 룽케城에 대해서 기존에는 漢代의 「嬴婁城」이라고 하는 설도 있었지만, 일본인 학자 西村昌也씨에 의해 행해진 발굴조사[24] 및 최근의 문헌사료의 재검토[25]에 의

---

24) 西村昌成, 『ベトナムの考古学·古代学』, 同成社, 2011.

25) Phạm Lê Huy, A Reconsideration of the Leilou – Longbian Debate : In continuation of the works by Masanari

601年の舍利塔銘:
「交州龍編縣禅衆寺」

601年の舍利塔銘
の発見場所

Lũng Khê城遺跡
陶璜が建設した「龍編城」

陶璜廟

지도 1. 1938年「風俗考究会」의 조사 당시 青淮村의 보고서

하면 이것은 漢부터 南北朝에 걸친 龍編城 遺跡이라고 하는 설이 유력하다. 9세기 작성된『元和郡縣志』에 의하면 唐代의「龍編縣」에는「吳時刺史陶璜」가 쌓았던「交州故城」이 존재하고 있었다고 한다.[26] 또 2012년 이 지역에서는「交州龍編縣」이라는 仁壽元年(601)의 舍利塔銘도 발견되었다(지도 1). 이들 정보를 종합해서 생각해보면 陶璜廟는 陶璜에 의해 쌓아진 龍編城＝룽케城의 동측에 건설되었다고 생각된다.

이상의 근거를 토대로 이 石碑는 陶璜廟의 石碑(이하「陶璜廟碑」로 약칭)라고 단언할 수 있다.

그렇다면 陶璜의 경력에 대조하여 銘文의 일부 내용을 추측할 수 있을 것이다. 제8행에「卅戉」의 2글자가 보이는데「戉」은「戍」의 이체자이다. 이「卅戉」은 陶璜이 복속시켰던「九真屬國三十餘縣」에 둔「戍兵」일 가능성이 있다.『晉書』에 의하면 陶璜이 죽은 직후에「九真戍兵」이 반란을 일으켰지만 결국 진압되었다고 한다.[27]

Nishimura, Asian Review of World Histories, 2017.

26)「交州故城, 在縣東十四里, 吳時刺史陶璜所築」(『元和郡縣志』卷38, 安南都護府, 龍編縣).

27)「初, 陶璜之死也, 九真戍兵作亂, 逐其太守, 九真賊帥趙祉圍郡城, 彦悉討平之」(『晉書』57, 吾彦傳).

마지막으로 銘文의 연대에 관한 문제가 있다. 문장 끝에 「□□貳年九月壬」의 연대 표기가 보이는데, 이 연호에 대해서 Bằng 씨는 「建興」으로 판독해 이를 토대로 碑額의 「晉」이라는 글자를 가지고 晉 愍帝의 建興2年(314)으로 추정하였다(사진 7).[28] 필자는 현 단계에서는 Bằng 씨의 가설을 따르고자 한다.[29]

사진 7. 「建興二年」의 연호

〈碑 뒷면 銘文의 解読〉

碑陰의 銘文은 거의 전문이 남아있다. 8행×24자로 楷書体이며, 그 중 약 150자를 읽을 수 있다(録文 2, 사진 8). 제4행과 제5행에는 「元嘉廿七年十月十一日省事王法齡宣」과 「宋元嘉廿七年太歲庚寅十二月丙辰朔廿五日庚辰」이라는 2개의 연대 표기가 보인다.

전자에 대해서 Bằng 씨는 「王法을 省事하여 齡宣한다」고 해석했지만 의미가 통하지 않아 본인도 그것에 대해 의문을 가졌다고 했다.[30] 그래서 필자는 우선 이 연대 표기는 제4행의 行頭가 아니라 行末에 맞춰 새겨져 있다는 것에 착안하여 이것은 銘文의 전반에 관한 연대표기일 가능성이 있다고 추측하였다. 더욱이 전반의 내용은 제1행의 「教」라고 하는 글자로 시작되고, 銘文의 후반 하단(제6행)에 「明」이라는 글자로 문장이 새로 시작된다. 이어지는 글자 「教」가 7행의 行頭에 새겨졌다는 것은 주목된다. 「教」에 대한 사료를 조사해보면 漢代 이후 「教」는 「勅」과 「符」와 같은 용례로 일종의 명령으로서 이용되었음을 알 수 있다. 예를 들면 5세기 성립된 『文心雕龍』에 「教者效也, 言出而民效也, 契敷五教, 故王侯稱教」[31]라는 내용이 있다. 또 『資治通鑑』에는 「郡守所出命曰教」라고 하는 注記가 보이는 것처럼[32] 漢代의 郡守가 내린 명령을 「教」라고 불렀던 것이다. 『晉書』와 『北史』 등에서 刺史가 명령을 내렸을 때에는 「下教曰」(「教를 내려 말하다」)이라는 표현이 다수 확인된다.[33] 이렇게 보면 銘文의 전반은 「教하되」로 시작하고, 제4행의 「宣」은 「宣한다」라는 의미로서 그 명령을 맺는 구성임을 알 수 있다.

다음으로 「省事」는 Bằng 씨가 생각한 것처럼 동사가 아닌 晉代부터 南北朝에 있던 刺史들의 属官이었

28) Nguyễn Phạm Bằng, Phát hiện văn bia cổnhất Việt Nam(ベトナム最古石碑の発見), Chuyên san Khoa học và Xã hội Nhân văn NghệAn(『ゲイアン省人文社会科学専刊』), 7, 2014.

29) 陶璜에 대신하여 交州刺史가 된 것은 吳彦의 아들은 吳咨이다. 第24行의 「咨」는 吳咨를 가리킬 가능성이 있다. 「交州刺史吾彦遺子威遠將軍咨以援之」(『華陽國志』卷4).

30) Nguyễn Phạm Bằng, Phát hiện văn bia cổnhất Việt Nam(ベトナム最古石碑の発見), Chuyên san Khoa học và Xã hội Nhân văn NghệAn(『ゲイアン省人文社会科学専刊』), 7, 2014.

31) 「教者效也, 言出而民效也, 契敷五教, 故王侯稱教」(『文心雕龍』卷4).

32) 「郡守所出命曰教」(『資治通鑑』卷53, 漢紀).

33) 예를 들면 『晉書』 唐彬傳에 다음과 같은 기록이 있다. 「元康初, 拜使持節, 前將軍, 領西戎校尉, 雍州刺史, 下教曰, 此州名都, 士人林藪 (後略)」(『晉書』卷42, 唐彬傳).

던 것이다. 『晉書』에 의하면 刺史의 아래에 「功曹, 都官從事, 諸曹從事, 部郡從事, 主簿, 錄事, 門下書佐, 省事」 등의 속관이 설치되어 있었다.[34] 결국 제4행의 「省事」는 관직이고 이어지는 3글자 「王法齡」은 人名이다. 이렇게 보면 銘文의 전반은 아래와 같이 구성되었음을 알 수 있다.

教하되 (「教」라는 명령의 내용)
元嘉 廿七年 十月 十一日, 省事인 王法齡이 宣한다.

다음 문제는 王法齡이라는 省事는 누구의 「教」(명령)를 宣했는지에 대한 것이다. 그것은 후반에 보이는 「建威將軍蘭陵蕭使君」이라는 인물을 검토해보면 명확해진다. 결론부터 말하자면 「教」를 発布한 것은 元嘉27年 당시에 交州刺史를 역임했던 「蕭景憲」이라는 인물이다.

『大越史略』과 『大越史記全書』 등 베트남의 현존 編年史에는 交州刺史 蕭景憲에 관한 기록이 전혀 보이지 않는다. 劉宋의 正史인 『宋書』 列傳에는 紀傳이 보이지 않지만, 같은 책 林邑國傳 및 宗愨傳에 그 존재가 확인된다. 그것에 의하면 元嘉22年(445) 劉宋의 交州刺史 檀和之는 林邑 征討을 시작했다. 그 때 「府司馬蕭景憲」은 宋軍의 선봉으로서[35] 林邑의 區粟城(Quảng Bình[廣平]省 Bố Trạch[布澤]縣)에 침공해 들어갔다. 林邑王 范陽邁는 大將 范扶龍에게 區粟城을 지키게 하면서 水陸 두 갈래로 구원군을 급하게 파견하였다. 蕭景憲은 林邑의 구원군을 격파한 후, 정예부대를 모두 모아 공세를 강화해, 그 해 5월에 마침내 區粟城을 함락시켰다. 蕭景憲은 范扶龍을 참수하고, 대량의 金銀財物을 약탈했다.[36] 宋軍

사진 8. 碑 뒷면의 탁본

---

34) 「司隷校尉, 案漢武初置十三州, 刺史各一人, 又置司隷校尉, 察三輔, 三河, 弘農七郡, 歷漢東京及魏晉, 其官不替. 屬官有功曹, 都官從事, 諸曹從事, 部郡從事, 主簿, 錄事, 門下書佐, 省事, 記室書佐, 諸曹書佐守從事, 武猛從事等員」(『晉書』卷24, 職官).

35) 「二十三年, 使龍驤將軍, 交州刺史檀和之伐之, 遣太尉府振武將軍宗愨受和之節度, 和之遣府司馬蕭景憲爲前鋒, 愨仍領景憲軍副」(『宋書』卷97, 林邑國).

36) 「景憲等乃進軍向區粟城, 陽邁遣大帥范扶龍大戍區粟, 又遣水步軍徑至, 景憲破其外救, 盡銳攻城, 五月, 剋之, 斬扶龍大首, 獲金銀雜物不可勝計」(『宋書』卷97, 林邑國).

은 승세를 타고 林邑의 수도까지 함락시켰다. 이렇게 林邑 정벌에서 군공을 세운 蕭景憲은 元嘉23年(447) 12月 丁酉日(18일)[37]에 「督交州廣州之鬱林寧浦二郡諸軍事, 建威將軍, 交州刺史」에 발탁되었다.[38] 蕭景憲은 孝建2年(455) 5월 8일(戊戌)에 垣閬으로 교체되었지만[39] 머지않아 같은 해 12월 己亥日(6일)에 交州刺史로 복직되어 다음 해(456) 8월 15일(戊戌)까지 交州刺史로서 군림했다.[40]

이상 단편적인 기술이지만 이를 통해 南朝 劉宋에서 蕭景憲의 활약을 엿볼 수 있다. 蕭景憲은 두 차례에 걸쳐 交州刺史로 임명되었는데, 石碑에 기재된 「元嘉二十七年」은 바로 첫 번째 임기에 해당한다. 명문의 「建威將軍」도 『宋書』 林邑國傳에 기재되어 있는 蕭景憲의 「建威將軍」과 일치한다.

그리고 「蘭陵蕭使君」이라는 기록도 景憲이 蕭氏 출신인 것과도 합치한다. 『新唐書』에 의하면 蘭陵蕭氏는 본래 姬氏에서 나왔으며, 春秋時代에 蕭縣(唐代의 徐州 蕭縣, 安徽省)에 책봉된 것을 계기로 蕭氏로 바꾸었다고 한다.[41] 漢代에 丞相 蕭何의 손자인 蕭彪가 처음 蘭陵丞縣에 임명되어 蘭陵(山東省 棗莊市·臨沂市 부근)으로 이주하였다. 永嘉의 난(304~316) 때에 蕭氏는 남방으로 이주하여 南蘭陵(江蘇省 常州市)을 거점으로 하였다. 蕭卓의 딸이 宋高祖의 계모가 된 것을 계기로 蕭氏는 劉宋의 역대 황제들에게 중용되어 많은 뛰어난 무장들을 배출하였다. 특히 元嘉 년간에 蘭陵蕭氏 출신으로 蕭卓의 손자인 蕭思話라는 인물이[42] 漢中에 침공한 仇池 세력을 격퇴시킨 공을 세워 元嘉 20년(443) 7월에 「持節·監雍梁南北秦四州荊州之南陽竟陵順陽襄陽新野隨六郡諸軍事·寧蠻校尉·雍州刺史·襄陽郡太守」라는 重職에 임명되었고, 22年(445)에는 侍中兼太子右率, 30年(453)에는 尚書左撲謝까지 승진하였다. 이로 보면 蕭景憲이 交州刺史로 임명된 것은 본인이 林邑의 전투에서 활약한 이유도 있지만 한편으로는 중앙조정에서 활약하고 있던 同族 蕭思話의 추천과 발탁도 상정할 수 있다. 이것은 蕭思話가 죽기 직전에[43] 蕭景憲이 垣閬으로 교체된 사실을 통해서도 알 수 있다.

碑銘의 「蘭陵蕭使君」을 交州刺史 蕭景憲이라고 단정하게 되면 명문의 구성을 한층 더 잘 이해할 수 있게 된다.

---

37) 「十二月丁酉, 以龍驤司馬蕭景憲爲交州刺史」(『宋書』 卷5, 元嘉23年 〈447〉 12月 丁酉條).

38) 「上嘉將帥之功, 詔曰, (前略) 龍驤司馬蕭景憲協贊軍首, 勤捷顯著, 總勒前驅, 剋殄巢穴, 必能威服荒夷, 撫懷民庶, 可持節, 督交州廣州之鬱林寧浦二郡諸軍事, 建威將軍, 交州刺史」(『宋書』 卷97, 林邑國).

39) 「五月戊戌, 以湘州刺史劉遵考爲尚書右僕射, 前軍司馬垣閬爲交州刺史」(『宋書』 卷6, 孝建2年 〈455〉 5月 戊戌條).

40) 「十二月癸亥, 以前交州刺史蕭景憲爲交州刺史」(『宋書』 卷6, 孝建2年 〈455〉 12月 癸亥條).
　　「八月戊戌, 以北中郎諮議參軍費淹爲交州刺史」(『宋書』 卷6, 孝建3年 〈456〉 8月 戊戌條).

41) 「蕭氏出自姬姓, 帝嚳之後, 商帝乙庶子微子, 周封爲宋公, 弟仲衍八世孫戴公生子衎, 字樂父, 裔孫大心平南宮長萬有功, 封於蕭, 以爲附庸, 今徐州蕭縣是也, 子孫因以爲氏 (中略) 生整, 字公齊, 晉淮南令, 過江居南蘭陵武進之東城里, 三子儁, 鎋, 烈, 苞九世孫卓, 字子略, 洮陽令, 女爲宋高祖繼母, 號皇舅房, 卓生源之, 字君流, 徐兗二州刺史, 襲封陽縣侯, 生思話, 郢州都督, 封陽穆侯」(『新唐書』 卷71 下, 蕭氏).

42) 「蕭思話, 南蘭陵人, 孝懿皇后弟子也」(『宋書』 卷78, 蕭思話傳).

43) 「戊戌, 鎭西將軍蕭思話卒」(『宋書』 卷6, 孝建2年 〈455〉 7月 戊戌條).

惟宋元嘉廿七年太歲庚寅十二月丙辰朔廿五日庚辰建威

將軍蘭陵蕭使君遠存高範崇厲厥種德明

教如上

　문맥으로 보면 「明教如上」(「明教」, 이와 같다)이라고 읽어야 할 것이다. 「明」에서 改行된 것은 交州刺史 蕭景憲의 教(명령)에 경의를 표하는 「平出」(平頭抄出)의 용법으로 생각된다. 그 '明教'는 바로 명문 전반에 보이는 省事 王法齡에 의해 宣해진 「教」이다.

　한편 명문 후반에 「西曹書佐陶珎之」라는 내용이 있다. Băng 씨는 이 인명을 「陶珎」이라고 해석하였지만, 필자는 文末의 「珎之本枝末葉」이라는 구절에 착목하여 정확히는 「陶珎之」라고 판단하였다. 현재 陶珎之라는 인물에 관한 사료는 확인되지 않지만 명문에서 다음과 같은 내용을 알 수 있다.

　먼저 陶珎之의 官職인 西曹書佐에 관해서는, 漢代에 刺史의 속관으로서 選用을 담당하는 功曹書佐가 설치되어 있었는데, 晉代에 들어와 西曹書佐로 개칭되어[44] 劉宋의 官制에 계승되었다.[45] 즉, 西曹書佐 陶珎之가 交州刺史 蕭景憲의 속관이었음을 알 수 있다.

　다음으로 「珎之本枝末葉」이라는 표현도 흥미롭다. 『左氏』의 '詩云, 本枝百世」, 「南都賦」의 「本枝百世, 位天子焉」이라는 문장이 나오는데, 「本枝」는 一家一門(本家와 分家)라는 의미이다. 즉, 陶珎之는 陶璜一族의 末裔(末葉)이다. 이러한 친족관계로 陶珎之는 先人인 陶璜을 제사하는 廟堂의 修復에 종사하였다고 생각된다.

　이상의 분석을 토대로 명문을 다음과 같이 구두점을 찍어 해독할 수 있다.

1　教故將軍交州牧烈侯陶璜□□□粹稟德淵□□□□□

2　愛在民, 每覽其銘記, 意實嘉焉, □□廟堂彫毀, 示有基阯, 既□(爲?)

3　祀所建, 寧可頓□, 宜加修繕, 務存褒□(諱?)[46], 使准先舊式, 時就營緝,

4　　　　元嘉廿七年十月十一日省事王法齡宣

5　惟宋元嘉廿七年, 太歲庚寅, 十二月丙辰朔, 廿五日庚辰, 建威

6　將軍蘭陵蕭使君, 遠存高範, 崇厲厥德, 明

7　教如上, 西曹書佐陶珎之, 監履修復, 庶神□有憑, 珎之本枝末

8　葉, □戶遺搆, 誠感聿修, 斯記垂遠矣,

---

44) 「功曹書佐一人主選用, 漢制也(中略) 晉以來, 改功曹爲西曹書佐」(『通典』卷32).

45) 「官屬有別駕從事史一人, 從刺史行部, 治中從事史一人, 主財穀簿書, 兵曹從事史一人, 主兵事, 部從事史每郡各一人, 主察非法, 主簿一人, 錄閣下眾事, 省署文書, 門亭長一人, 主州正門, 功曹書佐一人, 主選用, 孝經師一人, 主試經, 月令師一人, 主時節祠祀, 律令師一人, 平律, 簿書書佐一人, 主簿書, 典郡書佐每郡各一人, 主一郡文書, 漢制也, 今有別駕從事史, 治中從事史, 主簿, 西曹書佐, 祭酒從事史, 議曹從事史, 部郡從事史」(『宋書』卷40, 百官下, 刺史)

46) 『史通』卷13에 「略舉綱維, 務存褒諱」라고 되어 있기 때문에 「褒」의 다음 글자는 「諱」인가? 「褒諱」는 '찬양한다'는 의미이다.

훈독(시안)

教하되, 故將軍交州牧烈侯 陶璜…粹稟하다. 德淵…愛를 民에 있었다. 그 銘記를 覽할 때마다, 뜻이 실로 嘉하였다. … 廟堂이 彫毁하여 基陛가 보이고 있을 뿐이다. 이미 제사하(기 위하여?) 세우는 바이다. 오히려 頓□해야 한다. 부디 修繕[47]을 더하고 褒諱(?)를 存함에 힘써, 이전의 舊式에 의거하여 이때에 營緝을 시작하라.

元嘉卅七年十月十一日, 省事 王法齡 宣하다.

이에[惟] 宋 元嘉卅七年 太歲庚寅 十二月丙辰朔 卅五日庚辰에, 建威將軍인 蘭陵蕭使君이 멀리 高範을 남기고 種德을 崇勵한다. 明教가 이와 같았다. 西曹書佐인 陶珎之가 修復을 監履하니, 바라건대[庶] 神…憑 있기를. 珎之는 本枝의 末葉으로서 遺搆를 □戸한다. 誠感[48]으로 聿修[49]하여 이 기록을 길이 남긴다.

碑文의 대체적인 뜻은 다음과 같이 해석된다.

元嘉 27년(450) 11월 10일에 (交州)省事 王法齡은 交州刺史 蕭景憲의 教(명령)을 宣하였다. 그에 의하면 蕭景憲은 碑陽의 銘記를 읽을 때마다 陶璜의 업적에 감명을 받았다. 그런데 陶璜의 廟堂은 이미 파괴되어 階基밖에 남지 않은 비참한 상태였다. 陶璜의 업적을 表彰하기 위하여 蕭景憲은 舊式에 따라 廟堂의 재건을 명하였다. 같은 해(450) 12월 25일에 西曹書佐 陶珍之는 蕭景憲의 「明教」에 따라서 再建工事를 감독하게 되었다. 陶珍之는 陶氏의 末裔(本枝末葉)로서 碑記를 적어 後世에 남겼다고 한다.

〈石碑의 形狀에 대해서〉

이상 명문의 분석을 통해 알 수 있는 것처럼 陶璜廟碑는 晉의 建興 2년(314)에 건립되었을 가능성이 높으며, 劉宋의 元嘉 27년(450)에 碑의 뒷면에 새로 명문이 추각되었다.

다음으로 석비의 형태를 살펴보면, 碑首가 圭首形이라는 점이 가장 주목해야 할 점이다. 圭首形은 일본과 베트남에 매우 드문 碑首의 유형이다. 일본에는 原石이 현존하는 16점의 고대 비석 중에서 圭首形을 띠는 사례는 養老元年의 碑(超明寺斷碑 717年)뿐이다(표 2). 한편 베트남에는 陶璜廟碑가 처음 발견된 사례이다.

---

47) 修繕 : 修復, 고쳐지음.「而郡國皆豫治道, 修繕故宮」(『漢書』卷24下, 食貨志)

48) 誠感 : 誠心으로 神과 人을 감동시킴.「將軍大義, 誠感朕心」(『晉書』卷84, 殷仲堪傳)

49) 聿修 : 先人의 덕을 잘 간직함.「無念爾祖, 聿脩厥德」(『詩』大雅, 文王)

<표 2> 日本の古代碑(濱田[1996]의 논문을 토대로 작성·가필)

No	명칭	연대	높이 (cm)	넓이 (cm)	형상	종류
1	道後温泉碑	推古4年(596)	x	x	x	詩文碑
2	宇治橋断碑	大化2年？(646？)	50 (殘)	40 (殘)	自然石形	功徳碑
3	藤原鎌足墓碑	669~673	x	x	x	墓碑
4	山ノ上碑	天武10年(681)	112	50	自然石形	墓碑
5	釆女氏堂域碑	持統3年(689)	38	21	x	墓碑
6	那須國造碑	庚子年(700)	147	48	石柱(蓋石あり)	墓碑
7	多胡碑	和銅4年(711)	130	60	石柱(蓋石あり)	紀事碑
8	養老元年碑 (超明寺断碑)	養老元年(717)	41	18.5	石柱(圭首形)	
9	元明天皇陵碑	養老5年(721)	91	61	石柱(蓋石あり)	墓碑
10	阿波國造碑	養老7年(723)	27	13	石柱(蓋石あり)	墓碑
11	金井沢碑	神亀3年(726)	108	70	自然石形	墓碑
12	竹野王多重塔	天平勝寶3年(751)	80		石塔	紀事碑
13	大仏殿碑	天平勝寶4年以降 (752以降)	x	x	x	紀事碑
14	仏足石歌碑	天平勝寶5年以降 (753以降)	193	48	板状	詩文碑
15	多賀城碑	天平寶字6年(762)	196	92	自然石形	紀事碑
16	南天竺波羅門僧正碑	神護景雲4年(770)	x	x	x	紀事碑
17	大安寺碑	宝亀元年(775)	x	x	x	紀事碑
18	宇智川磨崖碑	宝亀9年(778)	–	–	磨崖	紀事碑
19	浄水寺南大門碑	延暦9年(790)	123	56.3	石柱(蓋石なし)	紀事碑
20	浄水寺南大門灯籠石	延暦20年(801)	86	50	石柱(蓋石あり)	紀事碑
21	山上多重塔	延暦20年(801)	x	x	x	紀事碑
22	沙門勝道歴山水瑩	弘仁11年(814)	x	x	x	紀事碑
23	益田池碑	天長2年(825)	x	x	x	紀事碑
24	浄水寺寺領碑	天長3年(826)	101	38	石柱(蓋石あり)	紀事碑

그런데 圭首形은 魏晉代 石碑의 일반적인 碑首의 형태이다. 2013년 발견된 集安高句麗碑及와 陶璜廟碑를 더하여 현재 존재하는 13점의 魏晉代의 石碑 중, 圭首形인 것은 적어도 10점(76.7%) 정도 된다(표 3).

<표 3> 현존하는 魏晉代의 石碑

碑首 / 種類	圓首				圭首	方首	不明
	素面	暈紋	蟠螭	蟠龍			
墓碑	爨寶子碑				孫夫人碑, 葛祚碑		
功德碑			辟雍碑		鄧太尉祠碑, 廣武將軍□産碑, 上尊号奏碑, 受禪碑, 陶璜廟碑, 集安高句麗碑		
紀事碑					孔羨碑, 毌丘儉紀功碑		毌丘儉遇難紀念碑
刻経碑							

또 圭首形임에도 石碑에 구멍이 뚫려져 있지 않은 것도 陶璜廟碑의 커다란 특징이다. 魏晉南北朝의 圭首形 石碑 전체(27점) 중에서 구멍이 뚫려져 있지 않은 것은 陶璜廟碑 이외에 裴岑紀功碑(新疆, 永和2年, 137年), 毌丘儉紀功碑(吉林, 242年), 集安高句麗碑(吉林, 388년 혹은 418년) 및 馬鳴寺根法師(山東省, 正光 4 年, 523年) 4개 뿐이다(표 4).

<표 4> 魏晉南北朝의 圭首形 石碑 (楊磊[2003]의 논문을 토대로 작성·가필)

No	명칭	연대	높이	넓이	穿径	종류	본래 소재지	현재 소재지
				兩漢				
1	裴岑紀功碑	永和2年 (137)	129	54	無	功德碑	新疆巴里坤哈 薩克自治縣	新疆博物館
2	北海相景君銘	漢和2年 (143)	220	79	14	墓碑	山東濟寧任城	濟寧博物館
3	敦煌長史武斑碑	建和元年 (147)	210	88	14	墓碑	山東濟寧嘉祥	山東嘉祥武氏祠
4	李孟初神祠碑	永興2年 (154)	175	73	14	功德	河南南陽	河南南陽市卧龍 崗漢碑亭
5	鄭固碑	延熹元年 (158)	196	60	14	墓碑	山東濟寧曲阜	山東濟寧博物館
6	費帝侯曹騰碑	延熹3年 (160)	198	81	11	墓碑	安徽亳州	不明
7	行事渡君碑	延熹4年 (161)	250	91	11	墓碑	山東巨野	山東巨野県文物 保管所
8	蒼頡廟碑	延熹5年 (162)	147	79	13	墓碑	陝西西安	西安碑林博物館
9	鮮于璜碑	延熹8年 (165)	242	81~83	11.3	功德碑	天津武清	天津博物館

No	명칭	연대	높이	넓이	穿径	종류	본래 소재지	현재 소재지
両漢								
10	執金吾丞武榮碑	建寧年間 (168-171)	243	84	12	墓碑	山東済寧嘉祥	済寧博物館
11	郭有道碑(郭泰碑)	建寧2年 (169)	160	80	11	墓碑	山西介林	済寧博物館
12	司隷校尉魯峻碑	熹平2年 (173)	283	115	15	墓碑	山東済寧金郷	済寧博物館
13	校官碑	光和4年 (181)	148	76	11	墓碑	江蘇南京	南京博物館
14	武氏墓群無字碑	東漢	210	170	15	墓碑	山東済寧嘉祥	山東嘉祥武氏祠
魏晉南北朝								
15	孔羨碑	黄初元年 (220)	230	93	14	紀事碑	山東済寧曲阜	曲阜孔廟
16	受禪碑	黄初元年 (220)	322	102	13	功徳碑	河南漯河	河南臨潁繁城鎮
17	上尊号奏碑	黄初元年 (220)以後	322	102	13	功徳碑	河南漯河	河南臨潁繁城鎮
18	葛祚碑	吳	117 残	74	不明	墓碑	江蘇句容	南京博物館
19	毌丘儉紀功碑[50]	正始3年 (242)	85	30	無	紀事碑	吉林集安	不明
20	毌丘儉遇難紀念碑[51]		100	53			山西省運城	
21	任城太守孫夫人碑	泰始8年 (272)	255,5	96	12	墓碑	山東新泰	山東泰安岱廟
22	陶璜廟碑	建興2年 (314)?	157	95	無	功徳碑	[越]北寧順成	[越]北寧順成陶璜廟
23	鄧太尉祠碑	建元3年 (367)	170	64	11	功徳碑	陝西西安	西安碑林博物館
24	廣武將軍□産碑	建元4年 (368)	174	73	不明	功徳碑	陝西西安	西安碑林博物館
25	集安高句麗碑	388? 418?	173 残	60,6 -66,5	無	功徳碑	吉林集安	吉林集安
26	馬鳴寺根法師碑	正光4年 (523)	155	81	無	墓碑	山東廣饒	山東石刻芸術博物館
27	鄭述祖夫人廟碑	朝明元年 (560)	205	93	12	紀事碑	山東済寧曲阜	曲阜孔廟

石碑의 구멍은 墓碑가 탄생함과 동시에 나타난 특징이라고 생각된다. 8세기 성립된『封氏聞見記』에 의하면 본래 찬자와 제후의 棺을 매장할 때에「下棺之柱」을 세우고, 그 柱에 구멍을 뚫고, 끈으로 통과시킨 뒤 棺을 매달아 墓穴로 내리는 방식이었다. 후에 그 柱에 글자를 새긴 것이 墓碑로 발전했다고 한다.「古碑」에 구멍이 보이는 것은 끈을 통과했다는 것을 상징하는 것이다.[52] 그 구멍이 일반적이었던 魏晉南北朝에 구멍이 보이지 않는 陶璜廟碑와 集安高句麗碑, 毌丘儉紀功碑는 그러한「下棺之柱」의 특징을 계승하는「古碑」에서 진화해 가는 사례라고 보는 것이 좋을 것이다.

V. 陶璜廟碑 建立 당시 時代背景 – 梁碩이라는 在地首領과에 관계에 대해서

碑의 앞면 銘文이 매우 심하게 마모되었기 때문에 여기에서 陶璜廟碑의 건립계기에 관한 어떠한 정보를 발견하기란 곤란한 상황이다. 그러나 4세기 초 시대배경을 분석하는 것을 통해 필자는 당시 交州에서 활약했던 梁碩이라는 재지수령이 이 石碑의 건립사업에 깊은 관련이 있다는 것을 밝혀냈다.

梁碩이 신흥세력으로 대두된 것은 陶璜의 후임인 吾彦과 顧祕 두 刺史가 죽는 것으로부터 시작된다. 3장에서 검토한 바와 같이 吾彦는 289~290년경에 西晉에게 交州刺史로 이 곳에 부임한다.『晉書』에 의하면 吾彦는 九眞郡에서 발발했던 戍兵의 반란을 진압하는 것을 성공하고, 그 결과 20여 년간 交州를 아무런 일 없이 지배하다가 죽었다고 한다.[53] 결국 吾彦은 적어도 309년까지는 살아있었다고 추측되는 것은 이 때문이다. 吾彦이 죽은 후, 西晉은 員外散騎常侍 顧祕를 후임으로 임명하게 된다.[54] 顧祕가 죽은 후,「州人」은 그의 아들 顧參에게「領州」의 지위를 주었는데 얼마 지나지 않아 顧參도 죽게되자 參의 형제인 顧壽는 그것을 대행하기를 자청하였다. 그러나 顧壽는 顧參과 같이 人望이 있는 인물이 아니었기 때문에 초기에는「州人」들이 顧壽의 顧參 역할 대행을 거부하였다. 끈질기게 교섭해서 顧壽는 마침내「領州」의 지위에 오른다. 하지만「領州」의 지위에 오른 顧壽는 반대세력인 長史胡肇와 帳下督梁碩을 배제하게 된다. 결국 그의 박해를 면했던 梁碩은 병사를 일으켜 顧壽를 붙잡고, 그의 모친에게 그를 데려간 뒤 독살

---

50)「毌丘儉紀功碑」는「毌丘儉紀功碑」의 해석과 高句麗·魏 전쟁의 재구성」,『木簡과 文字』15, 2015.를 참고했다.

51)「毌丘儉遇難紀念碑」는 人民網 3月 5日의 기사
(http://society.people.com.cn/GB/1062/3221118.html)를 참고했다.

52)「天子諸侯葬時, 下棺之柱, 其上有孔, 以貫綍索, 懸棺而下, 取其安審, 事畢因閉壙中, 臣子或書君父勳伐於碑上, 後又立之于隧, 口故謂之神道, 言神靈之道也, 古碑上往往有孔, 是貫綍索之像」(『封氏聞見記』卷6).

53)「初, 陶璜之死也, 九眞戍兵作亂, 逐其太守, 九眞賊帥趙祉圍郡城, 彦悉討平之, 在鎮二十餘年, 威恩宣著, 南州寧靖, 自表求代, 徵爲大長秋, 卒於官」(『晉書』卷57, 吾彦傳).

54)『晉方鎭表』에는 顧祕(字는 公眞)이 吾彦과 交代했던 것은 永興元年(304) 이전으로 알려지고 있다. 그 근거로서『文選註』에「贈顧交阯公眞」이라는 陸機의 詩가 보이고, 더욱이 陸機가 죽은 것은 303년이라고 한다. 그런데 그 題名이 후세에 윤색되었을 가능성이 있다.『資治通鑑』과『華陽國志』에 의하면 永嘉元年(307)에는 交州刺史 吾彦은 여전히 살아있었고, 그의 아들 吾咨를 李釗를 구원에 파견했다고 한다.「仍詔交州出兵救李釗, 交州刺史吾彦遣其子咨將兵救之」(『資治通鑑』卷86, 永嘉元年條).「交州刺史吾彦遺子威遠將軍咨以援之」(『華陽國志』卷4).

시켰다.[55]

　이상 『晉書』의 기술에 따르면 梁碩는 본래 交州의 「帳下督」, 즉 州兵을 통솔했던 장군의 한 사람이었다는 것을 알 수 있다.[56] 더욱이 梁碩의 행동을 검토해보면 그는 당시 남방에 대량으로 이주했던 이주집단이 아닌 交州 현지출신의 인물이었다는 것도 알게 되었다. 상세한 내용을 후술하면 315년경에 交州刺史 王機에 대항할 때에 「僑人」(移民)이 王機의 편을 드는 것을 두려워했던 梁碩은 「僑人」의 「良者」를 모두 誅殺하기로 했다. 또 2장에서 살펴본 것과 같이 晉軍을 격퇴했기 때문에 陶璜이 「扶嚴夷」의 수령 梁奇의 병력을 빌려야했을 정도라는 것을 통해 梁氏는 당시 交州 일대에서 세력을 떨친 재지호족이라는 것을 알 수 있었다. 梁碩이 이러한 지역출신 호족이기 때문에 西晉에서 州將으로 발탁했을 가능성이 높다.

　顧壽을 살해한 후, 梁碩은 陶璜의 아들인 蒼梧太守 陶威(咸)을 交州刺史로 맞아들였다. 『晉書』에 의하면 陶威(咸)는 3년간 재직하고 죽었다고 한다.[57] 陶威(咸)가 죽은 뒤 交廣六州諸軍事 王敦은 王機를 交州刺史로 임명했다.[58] 梁碩은 王機를 받아들이는 것이 진심이었기에 息子인 梁侯을 鬱林에 파견하고 王機를 祗候하게 된다. 그런데 梁侯는 王機가 梁氏에게 선의를 가지고 있지 않은 것을 부친에게 보고한다. 그래서 梁碩은 「州人」에게 王機를 맞아들이는 것을 금지하게 되었다. 여기에 불만을 가진 府司馬 杜讚은 병력을 거느리고 梁碩을 토벌하려고 했지만, 오히려 梁碩에게 격파 당했다. 그 후 위에서 언급한 바와 같이 「僑人」의 주살 사건이 발생하게 된다. 王機를 추방하는 것에 성공한 梁碩은 交趾太守라고 스스로 칭하고, 또 修湛이라는 인물을 交州刺史로 맞아들였다. 修湛은 吳의 시기에 交州刺史 修則의 息子였다.[59]

　梁碩은 永昌元年(322)까지 交州의 최고 권력자로 군림했다. 永昌元年 10월에 王敦은 王諒을 交州刺史로 임명하고, 交州의 회수를 시도했다.[60] 梁碩과 修湛은 그것을 인정할 수 밖에 없었다. 王諒은 도움을 준 修湛을 살해할 수 있었지만 梁碩을 암살하는 것에는 실패했다. 이에 梁碩은 또 병사를 일으켜 龍編城을 포위했다. 다음 해(323) 5월에 梁碩은 州城을 함락시키고, 王諒을 살해한다.[61] 같은 해 6월에 東晉의

---

55) 「彦卒, 又以員外散騎常侍顧祕代彦, 祕卒, 州人逼祕子參領州事, 參尋卒, 參弟壽求領州, 州人不聽, 固求之, 遂領州, 壽乃殺長史胡肇等, 又殺帳下督梁碩, 碩走得免, 起兵討壽, 禽之, 付壽母, 令鴆殺之」(『晉書』 卷57, 陶璜傳).

56) 「晉制, 諸公及諸大將軍, 皆置帳下督及門下督」(『資治通鑑』 卷82). 「諸王公領兵及任方面者, 皆有帳下督, 統帳下兵」(『資治通鑑』 卷85).

57) 「碩乃迎璜子蒼梧太守威領刺史, 在職甚得百姓心, 三年卒」(『晉書』 卷57, 陶璜傳).

58) 「機自以篡州, 懼爲王敦所討, 乃更求交州, 時杜弢餘黨杜弘奔臨賀, 送金數千兩與機, 求討桂林賊以自效, 機爲列上, 朝廷許之, 王敦以機難制, 又欲因機討碩, 故以降杜弘之勳轉爲交州刺史, 碩聞而遣子侯候機於鬱林, 機怒其迎遲, 責云, 須至州當相收拷, 碩子馳使報碩, 碩曰, 王郎已壞廣州, 何可復來破交州也, 乃禁州人不許迎之, 府司馬杜讚以碩不迎機, 奉兵討碩, 爲碩所敗, 碩恐諸僑人爲機, 於是悉殺其良者, 乃自領交趾太守」(『晉書』 卷100, 王機傳).

59) 「碩發兵距機, 自領交趾太守, 乃迎前刺史修則子湛行州事」(『晉書』 卷89, 王諒傳)

60) 「冬十月(中略)武昌太守丹楊王諒爲交州刺史, 使諒收交州刺史修湛, 新昌太守梁碩殺之, 諒擧湛斬之, 碩擧兵圍諒於龍編」(『資治通鑑』 卷92, 永昌元年〈322〉10月條). 「新昌太守梁碩起兵反」(『晉書』 卷6, 永昌元年〈322〉10月辛卯條). 「諒既到境, 湛退邊九真, 廣州刺史陶侃遣人誘湛來詣諒所, 諒救從人不得入閣, 既前, 執之, 碩時在坐日, 湛故州將之子, 有罪可遣, 不足殺也, 諒曰, 是君義故, 無豫我事, 即斬之, 碩怒而出, 諒盒謀誅碩, 使客刺之, 弗克, 遂奉衆圍諒於龍編, 陶侃遣軍救之, 未至而諒敗, 碩逼諒奪其節, 諒固執不與, 遂斷諒右臂, 諒正色曰, 死且不畏, 臂斷何有, 十餘日, 憤恚而卒, 碩據交州, 凶暴酷虐, 一境患之, 竟爲侃軍所滅, 傳首京都」(『晉書』 卷89, 王諒傳).

구원군이 도착하였고, 梁碩은 晉將 高寶에게 참수되었다.[62]

이상 『晉書』와 『資治通鑑』의 기사를 통해 梁碩의 생애를 살펴보았다. 이렇게 사료로서 전후의 일이 열거되고 있지만 상세하게 시간이 기재된 것은 아니다. 그러나 그와 관계되는 인물의 활동을 추적·검토함으로써 梁碩이 交州의 실권을 장악한 시점을 311년.부터 322년까지로 단정하는 것은 가능하다.

또 顧壽의 형제인 顧眾의 행동을 추적해보면 顧壽가 梁碩에게 살해된 것이 310~311년 전후인 것을 알 수 있었다. 『晉書』 顧眾傳에 의하면 顧壽가 독살된 후, 顧眾은 交州에서 「迎喪」으로 갔는데 「杜弢의 亂」을 겪어서 내지로 돌아오는 것이 6년 걸렸다고 한다.[63] 杜弢의 난이 발발했던 것은 永嘉5年(311) 正月이었기 때문에 顧壽가 梁碩을 살해한 것은 310~311년경이었다는 추측이 가능한 것이다.

또 陶威(咸)의 재직기간을 검토해 보아도 앞서 시도한 추측을 입증할 수 있다. 『華陽國志』에 의하면 常寬(字는 泰恭)이라는 인물은 「湘州의 반란」이 일어났을 때 交州로 피난했다. 그리고 常寬은 交州刺史 陶咸을 만나, 陶咸에 의해 長史로 推擧되었다.[64] 「湘州의 반란」은 311년 발생한 杜弢의 난이다. 즉 常寬이 交州刺史 陶咸를 만났던 것은 311년 이후이다. 한편 『晉書』에 陶威(咸)는 3년간 재직하다가 죽은 것으로 되어 있다. 顧壽가 죽은 것은 310~311년경으로 생각되는데, 梁碩이 陶威(咸)를 交州刺史에 옹립했던 시기는 310~313년, 혹은 311~314년 중 하나일 것이다.

요약하면 陶璜廟碑은 梁碩이 사실상 交州의 최고 권력자로서 군림했던 311~322년 사이에 건립되었다는 것이다. 八王의 난, 永嘉의 亂이 잇달아 발생하던 중에 西晉 정권은 顧祕 이후 交州에 새로운 통치자를 파견할 여유가 없었다. 그래서 顧參 및 顧壽는 중앙정권에서 파견되었던 것이 아닌 「州人」이라는 재지 유력자의 협의에 의해 옹립되었다. 그 「州人」은 杜讚의 것처럼 북방에서 이주해 온 이민집단(「僑人」) 및 梁碩과 같이 이 지역을 대표하는 재지호족 세력으로 구성되어 있었다. 이러한 상황 속에서 顧壽는 찬반 양론 속에서 간신히 「領州」권을 획득했다. 그러나 그것이 생기자 마자 즉각적으로 반대세력을 진압하는 행동에 나서게 된다. 이에 자기방위를 위해 梁碩은 역으로 군사를 일으켰고, 그 결과 交州의 지배권을 梁碩이 취하게 된 것이다.

杜讚의 사건에서 보이는 것처럼 梁碩은 모든 세력으로부터 협력을 얻은 것은 아니다. 그래서 梁碩은 스스로 交州刺史를 칭하지 못했고, 陶璜의 아들인 陶威(咸)과 修則의 아들인 修湛 등 예전 刺史의 자식을 후원자로 삼아 交州刺史에 옹립해 자신의 권력을 정당화할 것을 시도하였다. 『晉書』에는 그것을 뒷받침하는 에피소드가 쓰여있다. 王諒이 修湛을 살해하였을 때 거기에 동석한 梁碩은 湛은 이전 州將의 아들

---

61) 「五月, (中略)梁碩攻陷交州, 刺史王諒死之」(『晉書』 卷6, 太寧元年 〈323〉 5月條).

62) 「梁碩據交州, 凶暴失眾心, 陶侃遣參軍高寶, 攻碩斬之, 詔以侃領交州刺史, 進號征南大將軍, 開府儀同三司」(『資治通鑑』 卷92, 太寧元年6月條). 「六月壬子, 立皇后庾氏, 平南將軍陶侃遣參軍高寶攻梁碩, 斬之, 傳首京師」(『晉書』 卷6, 太寧元年 〈323〉 6月條).

63) 「祕卒, 州人立眾兄壽爲刺史, 尋爲州人所害, 眾往交州迎喪, 值杜弢之亂, 崎嶇六年乃還」(『晉書』 卷76, 顧眾傳).

64) 「常寬字泰恭 (中略) 湘州叛亂, 乃南入交州, 交州刺史陶咸表爲長史, 固辭不之職 (中略) 去職尋梁碩作亂得免難卒於交州」(『華陽國志』 卷11).

이기 때문에 죄가 있어도 죽일 수는 없다고 반대했다. 한편 王諒은 梁碩이 湛의 「義故」(동지)이기 때문에 우리들의 일에 관여할 수 없다고 반론하고, 修湛을 참수하였다. 이 에피소드가 어디까지 진실을 반영하고 있는지에 대해 섣부르게 판단하는 것은 곤란하다. 하지만 당시 梁碩과 舊 交州刺史의 자식들과의 의존관계를 잘 보여주는 것이라 생각된다.

앞서 陶璜의 자식인 陶威(咸)의 재직기간이 310~313년, 혹은 311~314년으로 추정하였다. 그러나 石碑가 陶璜의 業績을 賞賛하는 것으로서 건립되었다고 생각한다면, 한걸음 더 나아가 石碑가 건립된 시점(314)에 陶威(咸)가 여전히 살아있었다고 추측하는 것은 가능하지 않을까. 다시 말하면 陶璜廟碑는 前代에 刺史인 陶璜를 賞賛하는 것뿐만 아니라 현재의 刺史인 陶威(咸) 및 그를 옹립했던 梁碩의 권력 정당성을 주장하기 위해서 石碑가 건립되었다고도 생각되기 때문이다.

VI. 陶璜廟碑와 「教」라는 명령

陶璜廟碑는 동아시아에서의 「教」라는 명령의 발령과 전달과정을 생각하는데 있어 귀중한 사료이다.

앞에서 이야기한 것처럼 教(教言, 教令이라고도 함)은 王侯와 刺史가 下達하는 명령이다. 베트남에서는 11세기 이후 각 독립 왕조의 군주는 册, 制, 敕, 誥라는 唐宋의 '王言' 제도를 도입하였으므로 教를 사용하지 않았다. 그래서 이번에 陶璜廟碑가 발견됨과 동시에 教라는 명령이 베트남에서 사용되었음이 처음으로 알려지게 되어 연구자들의 주목을 받고 있다. 한편 한반도에서 教가 王言의 일종으로서 高句麗와 新羅의 제도에 도입된 것은 널리 알려져 있다.[65] 예를 들어 甲寅年(414)에 건립된 高句麗 好太王碑를 보면, 高句麗의 好太王과 그의 「祖王·先王」은 「教言」, 「教令」를 내려, 守墓民을 정하였다.[66] 또한 集安高句麗碑에도 「自戊子定律, 教言発令其修復」이라는 문장이 보이고 있다. 만일 「戊子」가 故國壤王 5년(388)이라는 설이 맞다면 好太王의 아버지인 國壤王(好太王碑의 「先王」에 해당하는 인물)은 「教言」으로 명령을 내렸음을 알 수 있다. 新羅의 경우에는 6세기 초의 迎日冷水碑에는 '財物'을 둘러싸고 분쟁이 발생했을 때에 「斯羅」의 「二王」의 「教」가 판결의 증거로서 제시되었다.[67] 癸未年(503)에 들어와 「七王」은 그 「先二王」의 「教」를 토대로 「共論」하여 「珎而麻村 節居利」의 재물 획득 권리를 인정하고서 節居利가 먼저 죽으면 그 동생이 財物을 받을 수 있다는 「別教」를 내렸다.

한반도의 好太王碑, 迎日冷水碑와 베트남의 陶璜廟碑는, 好太王碑의 「言教如此」라는 표현에서 알 수

---

65) 筆者는 아직 한반도의 금석문에 등장하는 教에 관한 연구동향을 충분히 파악하지 못하고 있다. 이 글에서는 입수할 수 있었던 篠原啓方 씨의 논문(篠原 2013)을 참고로 하면서 사료 자체에 대한 본인의 해석과 의견을 이야기하고자 한다.

66) 「好太王存時教言, 祖王先王, 但教取遠近舊民, 守墓洒掃, 吾慮舊民轉當羸劣, 若吾萬年之後, 安守墓者, 但取吾躬率所略來韓穢, 令備洒掃, 言教如此, 是以如教令, 取韓穢二百卄家 (後略)」(好太王碑).

67) 「斯羅喙夫智王乃智王此二王教, 用珎而麻村節居利爲證尔令其得財, 教耳 (中略) 七王等共論, 教用前世二王教爲證尔取財物, 盡令節居利得之, 教耳, 別教節居利若先死後, 令其弟児斯奴得此財, 教耳」(迎日冷水碑).

있듯이 敎의 내용이 그대로 인용되고 있으므로, 敎의 양식을 살피는데 있어 귀중한 사료가 된다. 敎는 먼저 문자의 형태로 내려졌지만, 陶璜廟碑의 경우에는 交州刺史의 敎가 그 후 구두의 형태로 刺史의 속관인 省事 王法齡에 의해 宣되었다는 점이 흥미롭다. 敎는 이와 같이 문자(목간과 문서)만이 아니라 음성을 통해서 명령을 듣는 사람들의 청각에 호소하여 전달되었다. 이 점에 관하여는 일본의 石川県 加茂遺跡에서 출토된 牓示木簡도 크게 참고 된다. 시대가 내려가지만, 嘉祥年間(848~851)에 만들어진 이 목간에 의하면,일본의 율령국가에서 郡司는 國符(명령)를 수령한 후에 그 내용[旨]을 사람들에게 「口示」하여야 했다고 한다.[68]

명령으로서 敎의 기능을 충분히 발휘하기 위하여 게시(牓示)되는 경우도 있었다. 漢代의 敎令을 연구하는 佐藤達郞 씨는 문헌과 漢簡을 근거로 「敎」를 청사의 벽에 쓰거나 게시하거나 혹은 돌에 새기는 사례를 다수 소개·분석하였다(佐藤 2008·2010). 陶璜廟碑와 거의 같은 시기의 사례로서 北魏의 岐州刺史 楊津(469~531)의 敎를 제시하고자 한다. 『北史』에 의하면 강도살인사건의 보고를 받은 楊津은 「乃下敎云, 有人著某色衣, 乘某色馬, 在城東十里被殺, 不知姓名, 若有家人, 可速收視」라고 하여 '敎'의 형태로 피해자의 정보를 게시하였다. 그 결과 「有一老母行哭而出, 云是己子」라고 하여 피해자의 母親이 찾아왔다고 한다. 交州刺史 蕭景憲의 敎가 그대로 陶璜廟碑의 碑陰에 새겨진 것도 사람들에게 보여서 눈길을 끌기 위한, 이른 바 揭示·牓示의 효과를 기대하였기 때문이라고 생각된다. 好太王碑와 迎日冷水碑에 敎가 새겨진 것도 같은 목적일 것이다.

VII. 나오며

陶璜廟碑가 발견되면서 베트남에서의 圭首形 石碑 및 「敎」의 명령으로의 사용이 처음으로 알려지게 되었다. 그 지식을 보충하기 위해 지금까지 中國과의 비교연구가 주로 강조되었지만, 이번 연구를 통해 필자에게 가장 참고가 되었던 것은 高句麗 및 新羅 시기에 제작된 현존하는 石碑의 사례이다. 한편 다양한 역사적 상황에 의해 베트남이 현재 ASEAN(동남아 국가 연합)의 일원이 되었기 때문에 전근대적 동아시아 연구에서 제외되는 경향이 있었다. 이번 陶璜廟碑의 발견을 통해 한반도, 中國, 日本, 베트남 연구자들 사이의 학술교류가 더욱 활발해지는 것을 기대하면서 글을 마치고자 한다.

투고일: 2017. 4. 3.　　　심사개시일: 2017. 4. 21　　　심사완료일: 2017. 5. 18

---

68) 「郡宜承知並口示」(加茂郡牓示木簡).

〈부록〉

陶璜廟碑의 錄文

錄文① 비의 앞면 명문(판독자: Phạm Lê Huy, Nguyễn Hữu Sử)

26	25	24	23	22	21	20	19	18	17	16	15	14	13	12	11	10	9	8	7	6	5	4	3	2	1
建	廻					□	□	□	□	揚	□	□	喪	□	教	樂	者	卅	之	民	持	蜀	羣	蒼	之
興	□(緣?)					□		□					□	□(顋?)		□	□	戈	波	□	節	交	梧	太	□
貳	□					□		□					□			□		□	超		兵	望	滄	守	則
年	□					□	禽	□								□		□	剛	□(流?)	軍	海	浪	封	碩
九	揚	咨	剛	冲	寔	於	合	□											嶸	□	募	隅	分	丹	□
月	聲	憚	□	雲	□	鑿	□												之	募	交	州	而	楊	□
壬	管	所	海	芒		猶													阻	之	刺	□	□	侯	之
		仰	隅	芒	君							□				旨					史	□	□	□	出
		永	□(電?)								□	□	□							迺		刺	俗		邁
		固	□						□		□	□								酒		史		標	□
		方	亦	事			嘉	□													退			臨	□
		鎮	□	載	□		□							甲							振				□
		不	□	在	□		□													令					□(述?)
			□	竹																					□
			□(朝?)	□	争	□		□																	□
			□	□		□													□	退					□
			□	□		□		□											□	令	振				□
				□		□	□			□		□					承	年(胡?)	□(胡?)	軍				
			□	□		□	□										運	封						
				其	□	武											□	□						
				辞	廟																			
				□																				
				伐																				

録文② 비의 뒷면 명문(판독자 : Nguyễn Phạm Bằng, Phạm Lê Huy, Nguyễn Hữu Sử)

8	7	6	5	4	3	2	1
葉	教	將	惟		祀	愛	教
□	如	軍	宋		所	在	故
戶	上	蘭	元		建	民	將
遺	西	陵	嘉		寧	每	軍
搆	曹	蕭	廿		可	覽	交
誠	書	使	七		頓	其	州
感	佐	君	年		□	銘	牧
聿	陶	遠	太		宜	記	烈
修	珎	存	歲	元	加	意	侯
斯	之	高	庚	嘉	修	實	陶
記	監	範	寅	廿	繕	嘉	璜
垂	履	崇	十	七	務	焉	□
遠	修	勵	二	年	存	□	□
矣	復	種	月	十	褒	□	□
	庶	德	丙	月	□	廟	粹
	神	明	辰	十	使	堂	槀
	□		朔	一	准	彫	德
	有		廿	日	先	毀	淵
	憑		五	省	舊	示	□
	珎		日	事	式	有	□
	之		庚	王	時	基	□
	本		辰	法	就	陞	□
	枝		建	齡	營	既	□
	末		威	宣	緝	□	□

참/고/문/헌

1. 베트남어 文献

Nguyễn Phạm Bằng, Phát hiện văn bia cổ nhất Việt Nam(ベトナム最古石碑の発見), Chuyên san Khoa học và Xã hội Nhân văn NghệAn(『ゲイアン省人文社会科学専刊』), 7, 2014.

Phạm Lê Huy, Nhân Thọxá lợi tháp và văn bia tháp xá lợi mới phát hiện tại Bắc Ninh(仁寿舎利塔 の事業及びバクニン省新出の舎利塔銘), Tạp chí Khảo cổhọc(『考古学』雑誌), 1, 2013.

Phạm Lê Huy, A Reconsideration of the Leilou – Longbian Debate : In continuation of the works by Masanari Nishimura, Asian Review of World Histories, 2017.

Nguyễn Văn Thịnh, Văn bia thời Lý(李朝銘文), Nxb. ĐHQG(国家大学出版社), 2011.

Đinh Khắc Thuân, Văn bia thời Trần(陳朝銘文), Nxb. Văn hóa Dân tộc(民族文化出版社), 2016.

2. 일본과 중국의 문헌

佐藤達郎, 「漢六朝期の地方的教令について」(『東洋史研究』第68巻・第4号, 2010).

佐藤達郎, 「漢代の扁書・壁書: 特に地方的教令との関係で」(『関西学院史学』35号, 2008).

篠原啓方, 「6世紀前葉から中葉における新羅の「教」とその主体について」(『東アジア文化交渉研究』6, 2013).

西村昌成, 『ベトナムの考古学・古代学』(同成社, 2011).

濱田幸司, 「日本古代の碑碣——その源流と傳播」(『歴史研究』33, 1996年).

ファム・レ・フイ(Phạm Lê Huy), 「大隋九真郡宝安道場碑」(中國仏教石刻研究会, 2012年第5回報告レジュメ).

ファム・レ・フイ(Phạm Lê Huy), 「新発見の仁寿元年の交州舎利塔銘について」(新川登亀男編『仏教文明 と世俗秩序』, 勉誠出版, 2015).

ファム・レ・フイ, 「ベトナムにおける隋唐代史研究と石刻史料」(国際シンポジウム「環東アジア地域から見 た隋唐帝国:一次史料と地域から考える」,新潟大学, 2015年2月28日).

楊磊, 『漢魏晉南北朝石碑形制研究』(山東芸術学院碩士学位論文, 2011).

3. 한국의 문헌

이승호, 2015, 「『毌丘儉紀功碑』의 해석과 高句麗・魏 전쟁의 재구성」, 『木簡과 文字』15호.

〈Abstract〉

ANCIENT STELES IN VIETNAM
—A case study on the recently discovered stele of Tao Huang Shrine—

Phạm Lê Huy

In recent years, to overcome the limitations of historical documents about pre—tenth—century history, the Vietnamese historians have paid attention onother historical sources, notably the ancient steles. Our studies focused on not only the inscriptions which were engraved on the steles themselves, but also on the historical background, as well as the way that the steles were created, including engraving techniques, and the way they have been conserved by the local communities so far. Our knowledge about ancient steles was promoted by the discovering of the stele of Tao Huang Shrine in the year of 2013. During the second half of the third century, as a General of the Wu Dynasty and then the Head of Jiaozhou of the Jin Dynasty, Tao Huang was playing a very important role in the end of Three Kingdoms period. Located at the south of Jiaozhou citadel, the stele has two inscriptions on the front (dated 314 CE) and the back (dated 450 CE), both are identified to be the oldest stele inscriptions in Vietnam. In this paper, at first, the author will firstly provide an overview of the studies on ancient steles in Vietnam, and then introduce the newest interpretation of the stele inscription of Tao Huang Shrine. The author will also compare the shape of this stele with other steles which have been discovered in East Asia, and clarify the relationship between the construction of this stele and the activities of local powers in Jiaozhou at the beginning of the fourth century.

▶Key words: Tao Huang Shrine, Jiaozhou citadel, ancient steles, Jin Dynasty

신/출/토 문/자/자/료

함안 성산산성 제17차 발굴조사 출토 목간 자료 검토
삼척 흥전리사지 출토 고승비편 소개
일본 출토 고대 목간

함안 성산산성 제17차 발굴조사 출토 목간 자료 검토

최장미[*]

〈국문초록〉

　함안 성산산성(사적 제67호)유적은 국립가야문화재연구소가 1991년 발굴조사를 시작하여, 1992년에 동성벽 부근을 발굴하는 과정에서 처음으로 목간 2점이 확인되어 주목을 받았다. 이후 동성벽 안쪽의 부엽층에서 308점의 목간이 출토되어, 우리나라 단일 유적으로는 최대 목간 출토지가 되었다. 고대사 연구를 위한 기록문화가 절대적으로 부족한 우리나라에서 당시 사람들이 쓴 기록이 그대로 남아 있었기 때문에 목간 사용 시기의 지역명, 인명, 조세체계 등 다양한 분야의 정보를 획득할 수 있었다.

　본고에서는 2014~2016년에 진행된 함안 성산산성 제17차 발굴조사에서 출토된 목간 23점에 대해 살펴보았다. 특히 주목되는 것은 사면에 모두 묵서가 있는 사면목간으로, 기존 성산산성에서 확인되지 않은 경위 관등명(大舍)이 확인되고, '무슨 법 30대', '60일 대법' 등 당대 율령체제를 엿볼 수 있는 매우 중요한 문서목간이다. 그 외에도 구리벌의 2가지 표기법, 외위 관등명인 거벌척(居伐尺) 등도 확인되어, 우리나라 목간 연구뿐만 아니라 고대사 연구에 획기적인 성과를 가져올 것으로 기대된다.

▶ 핵심어 : 함안 성산산성, 부엽층, 목간, 묵서

＊　국립가야문화재연구소

I. 머리말

함안 성산산성(사적 제67호)유적은 국립가야문화재연구소가 1991년 발굴조사를 시작하여, 1992년에 동성벽 부근을 발굴하는 과정에서 처음으로 목간 2점과 함께 목제품, 씨앗, 토기 등이 확인되어 주목을 받았다. 이후 동성벽 안쪽의 부엽층에서 총 308점[1]의 목간이 출토되어, 우리나라 목간 연구뿐만 아니라 고대사 연구에 획기적인 성과를 가져왔다.

함안 성산산성이 위치한 조남산 정상부는 북쪽이 높고 남쪽으로 가면서 낮아지다가 다시 조금 높아지는 오목한 형태이며, 서에서 동으로는 자연경사를 이루며 낮아져, 산성 내부의 물이 동성벽 부근으로 모여서 동쪽의 계곡으로 흘러내려간다. 물의 흐름이 많아 성벽이 붕괴되기 쉬운 곳에 위치한 동성벽의 취약점을 보완하기 위해, 동성벽 안쪽으로는 암거시설, 부엽공법[2] 등과 같은 배수 시스템을 구축하였다.

함안 성산산성 동성벽 안쪽에 조성된 부엽층은 남북으로 긴 장타원형(길이 49m, 폭 12.6m, 최대 높이 2.4m)으로, 내부에서 목간을 비롯한 목기와 토기, 동물뼈, 씨앗류, 초본류 등이 출토되었다. 비교적 넓은 범위의 부엽층을 축조하기 위해 단시간에 많은 식물유기물이 필요하였을 것으로 보인다. 목간도 이러한 필요에 의해서 용도를 다하고 난 후 식물유기물 대용으로, 의도적으로 매몰된 것임을 추정할 수 있다.

본고에서는 부엽층에서 출토된 함안 성산산성의 목간의 특징을 간략하게 살펴보고, 2014년부터 2016년까지 진행된 17차 발굴조사를 통해 출토된 목간 23점을 상세히 검토하고자 한다.

II. 함안 성산산성 출토 목간의 개요

함안 성산산성에서 출토된 목간 중 묵서가 확인되는 것은 모두 255점이며, 그중 양쪽 면에 묵서가 되어 있는 목간은 89점, 한쪽 면에만 묵서가 있는 것이 163점이다. 또한 사면에 모두 묵서가 되어 있는 목간도 3점이 출토되었다.

목간의 묵서는 세로쓰기하여 묶기홈이 아래로 향하도록 묵서한 것이 압도적으로 많다.[3] 목간을 자세히 살펴보면, 목간에 묵서를 한 시점을 확인할 수 있다. 〈그림 1〉의 목간의 경우 묶기홈 아래까지 묵서가 끊어지지 않고 기재되어 있는 것으로 보아, 물품에 매달기 전에 묵서하고 끈으로 묶었음을 알 수 있다. 〈그림 2〉의 목간은 묶기홈에 끈을 묶은 후 묵서하여, 글자의 아래 부분이 끈에 쓰였고, 끈이 없어진 지금

---

1) 현재 목간으로 보고한 수량은 308점이나, 그중 목간형 목기로 분류될 유물도 다수 보이기 때문에, 최종 보고서에서는 목간의 총 수량이 줄어들 것으로 예상된다.
2) 부엽공법은 물의 영향을 많이 받는 곳에 나뭇잎이나 나뭇가지 등 식물유기물을 점질토와 함께 인위적으로 깔아서 수량과 수압을 약화시켜 흙이 쓸려나가는 것을 방지하거나, 연약지반을 보강하는 역할을 하는 공법이다.
3) 전체적인 형태를 파악할 수 있는 목간 중 단지 8점만 상단에 묶기홈이 있고, 그 외는 모두 하단부에 묶기홈이 있다. 8점 중 2점이 '仇伐'명 목간이다.

그림 1. 물품에 매달기 전 묵서한 목간

그림 2. 묶기홈의 끈을 매단 후 묵서한 목간

그림 3. 구멍을 피해서 묵서한 목간

은 글자의 아래획이 확인되지 않는다. 또한 오른편의 글자도 끈 때문에 위로 비껴서 쓰여 있는 것을 볼 수 있다. 〈그림 3〉의 목간은 하단부에 끈을 달기 위해 구멍을 뚫은 뒤 묵서를 하여, 글자가 구멍을 피해 오른쪽에 치우쳐져 있다.

함안 성산산성 목간은 다수의 지역명이 확인되었다. 지역에 따라 목간의 형태적인 차이는 명확하진 않으나, 구리벌 목간은 묵서하는 방법이 다른 목간과는 두드러진 차이를 보이고 있다. 구리벌 목간의 경우 구리벌을 크게 상단부 중앙에 쓰이고, 아래에 2줄로 기재하는 방식이 대부분이다. 또한 크기가 비교적 큰 편임에도 불구하고 앞면에만 2줄 기재 방식을 취하고 있어 특징적이다.

출토된 목간은 외형적으로 보면 세장방형의 나무판과 비슷하다. 그중 크기가 가장 큰 목간은 길이 34.7㎝, 너비 2.9㎝, 두께 0.6㎝로「甘文城」이 기재되어 있는 목간이다.「仇利伐」지명이 쓰여 있는 목간은 크기가 대체로 길이 25㎝, 너비 3.1㎝ 이상으로 큰 편이며, 가장 크기가 작은 묵서목간은 길이 12㎝ 내외의 목간이다.

함안 성산산성에서 확인된 목간의 형태는 대부분 단부에 ')〈'자형 절입부를 파거나, 구멍을 뚫어 끈으로 묶어 사용했던 것으로 보인다. 이는 곡물꾸러미와 같은 물품에 매달 수 있도록 제작한 것으로, 물품의 표식을 위한 꼬리표로 부착된 목간임을 알 수 있다. 출토된 목간 중 절입부에 끈이 묶여 남아 있는 것이 1점 확인되어, 이를 뒷받침해주고 있다. 간혹 절입부나 구멍이 없는 목간일 경우 단부를 뾰족하게 깎은 형태도 확인되는데, 이는 물품에 바로 꽂을 수 있도록 만든 것으로 추정된다.

목간을 제작한 나무는 침엽수인 소나무가 75% 이상으로 확인되었고, 활엽수인 버드나무 5.6%, 상수리나무류 2.48%의 비율로 출토되었다.[4] 이는 함안 성산산성에서 출토된 목기들의 수종들과 비교하면, 큰

---

4) 국내에서 출토된 목간의 수종도 함안 성산산성과 크게 차이가 없다. 소나무가 74%, 밤나무류가 5.9%, 버드나무류가 3.3%이다. 국립가야문화재연구소, 2015,『함안 성산산성 발굴에서 보존까지』, p.83.

차이점을 확인할 수 있다.[5]

함안 성산산성에서 출토된 목간의 묵서는 육안으로 뚜렷하게 관찰되는 것은 일부이고, 대부분 적외선 카메라로 사용하여 확인 가능하다. 적외선 카메라로 확인된 함안 성산산성 목간에 기록된 문자를 보면 크게 지명, 인명, 곡물명으로 나눌 수 있다.

함안 성산산성에서 확인된 지명으로는 구리벌(仇利伐), 고타(古陀), 급벌성(及伐城)이 많이 출토되었고, 감문성(甘文城), 하기(下機) 등도 확인되었다. 이는 『三國史記地理志』에 보이는 신라 상주(尙州)지역의 범위 안의 지역들로, 대체로 낙동강의 수계에 위치한다는 공통점을 가지고 있어, 수운을 활용하여 물자를 제공하였음을 짐작할 수 있다.

이러한 물자를 공진한 인명으로는 거리지(居利支), 구잉지(仇仍支), 아나휴지(阿那休智), 아나설지(阿那舌只), 내은지(內恩知), 파루(波婁) 등이 확인되는데, 이들 支, 智, 只, 知로 끝나는 것은 신라인명 표기의 특징을 나타내고 있다.

함안 성산산성 목간에서 확인되는 관등명은 대체로 외위(外位) 관등명인 상간(上干), 일벌(一伐), 일척(一尺) 등이 확인되었는데, 이번 17차 발굴조사에서 경위(京位) 관등명인 대사(大舍)도 확인되었다. 또한 『삼국사기』 직관지에는 확인되지 않은 급벌척(及伐尺), 거벌척(居伐尺)이라는 관등명도 확인되어 흥미롭다. 물품명으로 확인되는 것은 대부분 곡물인데, 麥, 米, 稗 등의 글자가 출토되었고, 十五石, 一石, 十五斗 등의 도량형도 확인되었다.

함안 성산산성에서 확인된 목간은 대부분이 하찰목간이지만, 4면에 묵서가 기재되어 있는 문서목간도 3점이 확인되었다. 그중 대체로 판독이 가능한 2점(城221[6], 17차 사면목간)의 목간은 서두에 '~月中', 결미 부분에 '白之', '之白'이 기재되어 있는 형식이 매우 유사하다.[7] 그러나 城221번 목간은 하단부에 끈을 맬 수 있도록, 홈을 마련하고 있으나, 나머지 2점의 목간은 장방형의 직사각형 형태에서 차이점을 보인다.

목간의 제작시기에 대해서는 학계 내 다양한 이견이 존재한다. 목간의 제작시기와 하한은 목간이 출토된 부엽층의 조성 시기와 밀접한 관련이 있으며, 나아가 함안 성산산성의 체성벽의 조성 시기와도 연결된다.

함안 성산산성 발굴조사단은 부엽층, 체성벽, 이중성벽, 배수시설 등이 공정상의 선후관계는 있을 수 있으나 단일계획하에 축조되었다고 판단하였다.[8] 반면 이주헌은 부엽층이 성벽 축조에 앞서 우선적으로

---

5) 함안 성산산성에서 출토된 목기의 수종은 용도에 따라서 차이가 있다. 농기구와 공구류는 상수리나무류, 용기는 산벚나무류와 밤나무류, 빗은 박달나무류가 가장 높은 점유율을 차지하고 있다. 함안 성산산성에서는 다양한 종류의 목재를 사용하였고, 각각의 재질특성을 파악하고 목기를 제작하였음을 추정할 수 있다.
국립가야문화재연구소, 2011, 『함안 성산산성의 목제유물과 활용』, p.22.
6) 국립가야문화재연구소가 발간한 『韓國 木簡字典』의 목간 번호를 지칭한다.
국립가야문화재연구소, 2011, 『韓國 木簡字典』
7) 城223번 목간의 서두는 '二月'로 시작하고 있다.
8) 국립가야문화재연구소, 2014, 『함안 성산산성 발굴조사보고서 Ⅴ』, p.169.

조성되었으며, 부엽층에서 출토된 토기의 기종과 형태적인 특징을 통해, 산성은 7세기 전반의 늦은 시기에 축조되었으며, 목간의 사용과 폐기 시점 하한도 7세기 전반으로 보았다.[9] 윤상덕은 부엽층이 산성 축조 직전에 일시에 조성된 것이 아니며, 일정기간 산성이 운영되다가 조성된 것이며, 출토 토기로 보아 성벽의 초축연대는 6세기 중엽, 부엽층은 7세기 초, 부엽층 내 목간은 6세기 중엽~후엽으로 추정하였다.[10] 목간 연구자들은 목간에서 확인된 외위와 지역명을 통해 목간의 작성 시기는 560년 전후한 시기에 제작되었다고 보는 의견이 많다.[11] 그러나 17차 발굴조사 출토 20번(W155) 목간에서 '王子寧(왕자녕)' 묵서를 '壬子年(임자년)'으로 보고, 그 연대를 592년으로 보는 의견도 있다.[12] 목간의 제작시기에 대한 문제는 앞으로 더 활발하게 논의가 진행되어야 할 것으로 보인다.

III. 함안 성산산성 17차 발굴조사 출토 목간 현황

함안 성산산성 제17차 (2014~2016년) 발굴조사는 함안 성산산성의 부엽층과 동성벽, 배수시설 간의 축조관계와 특징을 파악하였다. 동성벽은 단면 조사를 통해 체성부 축조 후 내·외벽에 각기 다른 형태의 보축을 하여 성벽을 견고하게 만들었음을 확인하였다. 또한 부엽층의 전체 규모와 평면형태가 드러났으며, 부엽층 가

그림 4. 함안 성산산성 동성벽과 부엽층 범위

---

9) 이주헌, 2015, 「함안 성산산성 부엽층과 출토유물의 검토」, 『중앙고고연구』 16.

10) 윤상덕, 2016, 「咸安 城山山城 築造年代에 대하여」, 『木簡과 文字』 第14號.

11) 주보돈, 2000, 「함안 성산산성 출토 목간의 기초적 검토」, 『한국고대사연구』 19권.
   이성시, 2000, 「韓國木簡연구의 현황과 咸安城山山城출토의 木簡」, 『한국고대사연구』 제19권.
   전덕재, 2008, 「함안 성산산성 목간의 연구현황과 쟁점」, 『新羅文化』 第31輯.
   윤선태, 2016, 「한국의 고대 목간의 연구현황과 과제」, 『선사와 고대 목기·목간의 최신 연구 현황과 과제』 학술대회 자료집.

12) 손환일, 2017, 「함안 성산산성 출토 문서목간의 의미와 서체 −17차발굴조사 성과 발표문을 중심으로−」, 제162회 신라사학회발표회.

장자리로 울타리, 석렬 등 다양한 시설들이 유기적으로 조성되었음을 알 수 있었다.[13] 출토된 목간은 모두 23점으로, 그중에 묵서가 양면에 있는 목간은 10점, 한면에 있는 목간은 12점, 사면에 있는 목간은 1점으로 목간의 크기, 수종 등은 다음의 〈표 1〉과 같다.

표 1. 함안 성산산성 17차 발굴조사 출토 목간 현황표

연번	출토번호[14]	묵서	크기(길이×너비×두께) ㎝	수종
1	W28	양면	11.8×2.0×0.4	소나무
2	W30	단면	(7.0)×2.0×0.8~1.0	소나무
3	W33	단면	(14.0)×2.7×0.5	소나무
4	W34	단면	15.1×1.4×1.2	소나무
5	W35	양면	20.5×2.6×0.6	소나무
6	W40	양면	(10.8)×1.7×0.5~0.9	소나무
7	W44	양면	21.3×2.5×0.7	소나무
8	W61	단면	16.3×2.2×0.5	소나무
9	W62	단면	29.5×3.7×0.8	소나무
10	W66	양면	21.0×2.1×0.7	소나무
11	W67	단면	(11.7)×2.0×0.7	소나무
12	W72	양면	16.1×2.6×0.2	밤나무
13	W73	양면	(13.7)×2.1×0.3	소나무
14	W89	단면	22.3×3.5×0.4~0.9	소나무
15	W92	단면	22.0×2.8×0.5	소나무
16	W94	양면	23.0×1.8×0.9	소나무
17	W104	단면	17.6×2.8×0.4	소나무
18	W116	단면	(16.1)×2.5×0.7~1.0	소나무
19	W133	단면	22.2×2.0~2.9×0.5~1.1	소나무
20	W155	양면	22.7×4.0×0.8	소나무
21	W164	양면	20.0×1.9×0.7	소나무
22	W167	단면	(20.0)×2.0×0.5~1.1	소나무
23	W150	사면	34.4×1.0~1.9	소나무

---

13) 국립가야문화재연구소, 2016, 『함안 성산산성 17차 발굴조사 약보고서』.
14) 함안 성산산성 17차 발굴조사 과정에서 부여된 목간 번호이다.

1) W28

양면 묵서 목간으로 상부가 파손되어 전체 묵서를 확인할 수 없다. 양측면 하부에 '〉〈'자형 묶기홈이 있다. 묵서는 묶기홈이 아래를 향하도록 쓰였다. 적외선 촬영으로 확인한 묵서의 내용은 다음과 같다.

「… 史村□ / …□利夫稗石」

2) W30

한 면에만 묵서가 확인되며, 상부가 파손되어 전체 묵서를 확인할 수 없다. 하단 일부를 전체적으로 돌아가며 깎은 묶기홈이 있다. 묵서는 묶기홈이 아래를 향하도록 쓰였다. 적외선 촬영으로 확인한 묵서의 내용은 다음과 같다.

「…□西毛礼」

3) W33

단면묵서 목간으로 상부가 파손되어 전체 묵서를 확인할 수 없다. 양측면 하부에 '〉〈'자형 묶기홈이 나 있다. 묵서는 묶기홈이 아래를 향하도록 쓰였다. 적외선 촬영으로 확인한 묵서의 내용은 다음과 같다. '

「…□□□(古, 舌)□□□」

4) W34

삼면으로 된 목간이지만 묵서는 한 면에만 되어 있다. 하부에 도자로 가공하여 묶기홈이 나 있다. 묵서는 묶기홈이 아래를 향하도록 쓰였다. 끝부분에는 나무를 부러뜨려 분리한 흔적이 확인된다. 상부 일부가 결실되었지만 묵서는 온전하게 남아 있다. 적외선 촬영으로 확인한 묵서의 내용은 다음과 같다.

「今(所)巴(卿)□尒斯利支稗」

5) W35

양면 묵서 목간이나 뒷면에는 묵흔만 확인된다. 양측면 하부에 '〉〈'자형 묶기홈이 있다. 묵서는 묶기홈이 아래를 향하도록 쓰였다. 적외선 촬영으로 확인한 묵서의 내용은 다음과 같다.

「盖村仇之(毛, 乇)城稗」

6) W28

양면 묵서 목간으로 상부가 파손되어 전체 묵서를 확인할 수 없다. 하부도 결실되었으나 묶기홈이 있었던 것으로 보인다. 묵서는 적외선 촬영으로도 불분명하였다. 확인된 묵서의 내용은 다음과 같다.

「…□□只□□□/ …□稗石」

7) W28

양면 묵서 목간으로 완형이며, 양측면 하부에 '〉〈'자형 묶기홈이 있다. 묵서는 묶기홈이 아래를 향하도록 쓰였다. 적외선 촬영으로도 묵서가 불분명한 상태이다. 확인한 묵서의 내용은 다음과 같다.

「□陀一□□□/ □□□」

8) W61

목간은 완형으로 측면에 일부 수피가 남아 있다. 양측면 하부에 '〉〈'자형 묶기홈이 있다. 적외선 촬영으로도 묵서는 불분명하며 묵흔만 확인하였다.

9) W62

단면 묵서 목간으로 전형적인 구리벌 지명 목간이다. 일부 결실되었지만 전체적으로 상태는 양호하다. 양측면 하부에 '〉〈'자형 묶기홈이 있으며, 하단부는 둥글게 다듬은 형태로 추정된다. 묵서는 묶기홈이 아래를 향하도록 쓰였다. 적외선 촬영으로 확인한 묵서의 내용은 다음과 같다.

「仇利伐 上三者村 □□□□」

10) W66

양면 묵서 목간으로 완형이다. 육안으로도 비교적 양호하게 묵서가 확인된다. 묶기홈이나 현공을 따로 조성하지 않았다. 그러나 하단부에 옹이로 인해 약간 튀어나온 부분을 활용한다면 큰 어려움 없이 끈을 매달 수 있었을 것으로 추정된다. 양측면에 수피가 남아 있으며, 상단부는 도자로 깔끔하게 가공되어 있다. 적외선 촬영으로 확인한 묵서의 내용은 다음과 같다.

「丘伐未那早尸智居伐尺奴/ (旅)利知稗石」

11) W67

단면 묵서 목간으로 상부가 파손되어 전체 묵서를 확인할 수 없었다. 양측면 하부에 '〉〈'자형 묶기홈이 있다. 묵서는 묶기홈이 아래를 향하도록 쓰였다. 적외선 촬영으로 확인한 묵서의 내용은 다음과 같다.

「…□身礼豆智」

12) W72

양면 묵서 목간으로 완형이다. 판독이 불가능한 상태로 묵서의 흔적만 남아 있다. 양측면 하부에 '〉〈'자형 묶기홈이 있다. 묵서는 묶기홈이 아래를 향하도록 쓰였다. 적외선 촬영으로 확인한 묵서의 내용은 다음과 같다.

「(上,丈)□…/ …(利)…」

13) W73

양면 묵서 목간으로 하부가 파손되어 전체 묵서를 확인할 수 없었다. 또한 묵서 후 목간의 오른쪽 부분을 삭도하여, 오른쪽 부분의 묵서는 흐릿하다. 적외선 촬영으로 확인한 묵서의 내용은 다음과 같다.

「(巾,中)夫支城仇智支稗…/ 묵흔」

14) W89

단면 묵서 목간으로 전형적인 구리벌 지명 목간이다. 일부 결실되었지만, 전체적으로 상태는 양호하다. 양측면 하부에 '〉〈'자형 묶기홈이 있다. 구리벌의 표기법이 W62, W92와는 차이가 있어 주목된다. 묵서는 묶기홈이 아래를 향하도록 쓰였다. 적외선 촬영으로 확인한 묵서의 내용은 다음과 같다.

「丘利伐(卜, 上)今智上干支奴負」(徐)利巴支

15) W92

단면 묵서 목간으로 전형적인 구리벌 지명 목간이다. 전체적으로 상태는 양호하다. 양측면 하부에 '〉〈'자형 묶기홈이 있다. 묵서는 묶기홈이 아래를 향하도록 쓰였다. 적외선 촬영으로 확인한 묵서의 내용은 다음과 같다.

「仇利伐 夫□知一伐負」宍巴利□

16) W94

양면 묵서 목간으로 하단부 묶기홈 부분이 결실되었다. 묵서는 육안으로도 선명하게 확인할 수 있다.

묵서는 묶기홈이 아래를 향하도록 쓰였다. 적외선 촬영으로 확인한 묵서의 내용은 다음과 같다.

「甘文城下麥十五石甘文本波/ (伊)負只去之」

17) W104

단면 묵서 목간으로 오른쪽 하단 일부가 결실되었으나 묵서 판독에는 어려움이 없다. 양측면 하부에 ')〈자형 묶기홈이 있다. 특히 이 목간에는 초본류로 엮어 만든 약 0.4㎝ 두께의 얇은 끈이 묶기홈에 남아 있다. 묵서는 묶기홈이 아래를 향하도록 쓰였다. 적외선 촬영으로 확인한 묵서의 내용은 다음과 같다.

그림 5. 묶기홈의 끈

「沙喙部負」

18) W116

단면 묵서 목간으로 하부가 파손되어 전체 묵서를 확인할 수 없다. 양측면 수피가 일부 남아 있다. 적외선 촬영으로 확인한 묵서의 내용은 다음과 같다.

「小□□城麥十五斗石大村…」

19) W133

단면 묵서 목간으로 전체적인 형태는 양호하나, 묵서는 적외선 촬영으로도 판독할 수 없었고, 네 글자가 쓰여 있는 것만 추정할 수 있었다.

「□□□□」

20) W155

양면 묵서 목간으로 양측면 하부에 ')〈자형 묶기홈이 있다. 묵서는 묶기홈이 아래를 향하도록 쓰였다. 〈王子寧〉으로 판독한 부분을 〈壬子年〉이라는 의견도 제시되었다.[15] 우리 연구소는 위에서 세 번째 글자를 적외선 촬영으로 확인하였을 때, 〈年〉으로 보기에는 묵서가 비교적 복잡하다고 생각되어, 〈寧〉으로 판독하였다. 함안 성산산성에는 〈年〉자가 확인되지 않아, 비교할 수 없었으나, 안압지에서 출토된 것을 비교해 보았을 때 획이 상대적으로 많다는 것을 알 수 있다. 이는 앞으로 더 자료 검토를 통해 밝히도록

---

15) 손환일, 2017, 『함안 성산산성 출토 문서목간의 의미와 서체 −17차발굴조사 성과 발표문을 중심으로−』 제162회 신라사학회발표회.

그림 6. W155 '寧'

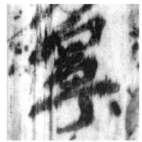
그림 7. 城219 '寧'

그림 8. 雁1 '年'

하겠다. 적외선 촬영으로 확인한 묵서의 내용은 다음과 같다.

「王子寧□□大村□刀只/ 米一石」

21) W164

양면 묵서 목간으로 완형이다. 양측면 하부에 '〉〈'자형 묶기홈이 있다. 묵서는 묶기홈이 아래를 향하도록 쓰였다. 묵서 후 왼쪽부분을 삭도하여, 왼쪽부분의 묵서가 불분명하다. 적외선 촬영으로 확인한 묵서의 내용은 다음과 같다.

「□□利□一負/ 六石□□□」

22) W167

단면 묵서 목간으로 일부 파손되었지만 비교적 양호한 상태이다. 양측면 하부에 '〉〈'자형 묶기홈이 있었을 것으로 추정되나, 결실되었다. 묵서는 묶기홈이 아래를 향하도록 쓰였다. 적외선 촬영으로 확인한 묵서의 내용은 다음과 같다.

「此發□德石莫杖(之,乙)」

23) W150[16)]

사면 묵서 목간으로 비교적 양호한 상태로 확인되었다. 하찰목간이 아니 문서목간으로 세장방형의 형태를 하고 있다. 적외선 촬영으로 확인한 묵서의 내용은 다음과 같다.

---

16) 최장미, 2017, 「함안 성산산성 17차 발굴조사 출토 목간 자료 검토」, 『제 25회 한국목간학회 정기발표회』에서 발표했던 목간의 판독순서를 수정하였다.

「三月中眞乃滅村主憹怖白/ □城在弥卽尒智大舍下智前去白之/ 卽白先節夲日代法稚然/ 伊

　他罹及伐尺寀言□法卅代告今卅日食去白之」

　　함안 성산산성 17차 발굴조사에서 출토된 목간 23점 중 4점은 적외선 촬영을 통해서도 묵서 내용을 판
독하기 어려웠지만, 그 외의 대부분의 목간들은 적외선 촬영을 통해 양호한 상태의 묵서판독을 진행할
수 있었다.

　　17차에 출토된 목간 중 지명이 확인된 것은 모두 6점으로, 구리벌 목간이 3점 출토되었고, 구벌, 감문
성, 진내멸촌이 각 1점씩 확인되었다. 그중 구리벌 목간은 「仇利伐」, 「丘利伐」로 두 가지 형식으로 기재되
어 있었다. 기왕에 출토되었던 「仇利伐 上彡者村…」, 「甘文城下麥…」 목간도 확인하였다.

　　관등명으로는 대사(大舍), 상간지(上干支), 일벌(一伐), 급벌척(及伐尺), 거벌척(居伐尺) 등이 출토되었
다. 특히 사면목간에서 확인된 大舍는 경위(京位) 관등명으로는 처음으로 함안 성산산성에서 출토된 것
으로 매우 주목된다. 그동안 함안 성산산성에서 확인된 관등명은 모두 외위(外位) 관등명이었으나, 사면
목간에서 大舍 관등명이 확인됨에 따라, 함안 성산산성이 중앙 정부의 지배체제 내에 있었음을 짐작해
볼 수 있다.

　　이번 17차 발굴조사에서 출토된 목간 중 문서목간인 사면목간은 매우 중요한 정보를 담고 있다. 이전
에 2점의 사면목간과 문서목간이 출토되었지만, 17차 발굴조사에서 출토된 목간은 56자 중 2자를 제외하
고는 모두 판독이 가능하여, 그 내용을 상세히 파악할 수 있었다. 판독에 따른 해설은 다음과 같다.

　　　1면: 3월에 진내멸촌주(眞乃滅村主)가 두려워하며 삼가 아룁니다.

　　　2면: □성에 계신 미즉이지(弥卽尒智)대사(大舍)와 하지(下智) 앞에 나아가 아룁니다.

　　　3면: 앞선 때에는 60일을 대법(代法)으로 하였었는데, 저의 어리석음을 아룁니다.

　　　4면: 이타리(伊他罹) 급벌척(及伐尺)이 □법에 따라 30대라고 고하여 지금 30일을 먹고 가
　　　　　버렸다고 아룁니다.

　　즉, 진내멸촌주가 중앙 출신 관리에게 올린 보고서 형식의 문서목간으로, 보고 주체는 진내멸촌주이고
보고받는 이는 미즉이지대사와 하지이다. 이를 통해 문서행정이 지방사회에서 구체적으로 실행되었음을
알 수 있었다.

　　또한 목간의 내용을 통해 6세기 신라시대 법률인 율령체제를 확인할 수 있다는 점도 큰 성과다. "무슨
법 30대", "60일 대법" 등은 30일, 60일의 기간을 가진 법률적인 용어로, 당시 신라 지방사회까지도 율령
을 통한 엄격한 지방 지배체제가 확립되었던 것으로 보인다.

Ⅳ. 맺음말

국립가야문화재연구소에 의해 1991년부터 2016년에 걸친 함안 성산산성 발굴조사가 일단락을 맺었다. 발굴기간은 오래되었지만, 연구소의 예산과 현장 사정으로 인해 실작업일수는 많지 않아서, 함안 성산산성 전모를 파악하기에는 어려움이 있었다. 그러나 지형적인 취약점을 극복하기 위해 조성한 부엽층이라는 존재를 확인한 것과 더불어 그 안에서 300점이 넘는 당대인이 쓴 기록자료가 출토된 것은 매우 큰 수확이라고 할 수 있다.

특히 17차 발굴조사의 마무리 단계에서 출토된 사면목간은 기존에 성산산성에서 확인되지 않은 경위 관등명이 확인되고, 당대 율령체제를 엿볼 수 있는 매우 중요한 자료이다. 그 외에도 구리벌의 2가지 표기법, 거벌척(居伐尺) 관등명 등도 확인되었다.

2017년에 국립가야문화재연구소에서는 『함안 성산산성 발굴조사보고서 Ⅵ』과 『韓國의 古代 木簡 Ⅱ - 함안 성산산성』을 발간하고, 다양한 융복합 연구도 계획 중이다. 목간 묵서 판독에서 한발 더 나아가 당대 사회를 복원할 수 연구자료를 제공할 수 있기를 기대해본다.

투고일: 2017. 4. 28.   심사개시일: 2017. 5. 4.   심사완료일: 2017. 5. 24.

참/고/문/헌

국립가야문화재연구소, 2011, 『韓國 木簡字典』.

국립가야문화재연구소, 2011, 『함안 성산산성의 목제유물과 활용』, p.22.

국립가야문화재연구소, 2014, 『함안 성산산성 발굴조사보고서 Ⅴ』, p.169.

국립가야문화재연구소, 2015, 『함안 성산산성 발굴에서 보존까지』, p.83.

국립가야문화재연구소, 2016, 『함안 성산산성 17차 발굴조사 약보고서』.

손환일, 2017, 『함안 성산산성 출토 문서목간의 의미와 서체 -17차발굴조사 성과 발표문을 중심으로-』 제162회 신라사학회발표회.

윤상덕, 2016, 「咸安 城山山城 築造年代에 대하여」, 『木簡과 文字』 第14號.

윤선태, 2016, 「한국의 고대 목간의 연구현황과 과제」, 『선사와 고대 목기·목간의 최신 연구 현황과 과제』 학술대회 자료집.

이성시, 2000, 「韓國木簡연구의 현황과 咸安城山山城출토의 木簡」, 『한국고대사연구』 제19권.

이주헌, 2015 「함안 성산산성 부엽층과 출토유물의 검토」, 『중앙고고연구』 16.

전덕재, 2008, 「함안 성산산성 목간의 연구현황과 쟁점」, 『新羅文化』 第31輯.

주보돈, 2000, 「咸安 城山山城 出土 木簡의 基礎的 檢討」, 『한국고대사연구』 제19권.

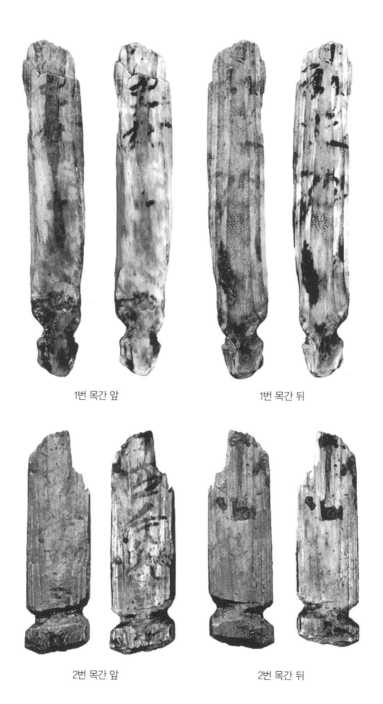

1번 목간 앞   1번 목간 뒤

2번 목간 앞   2번 목간 뒤

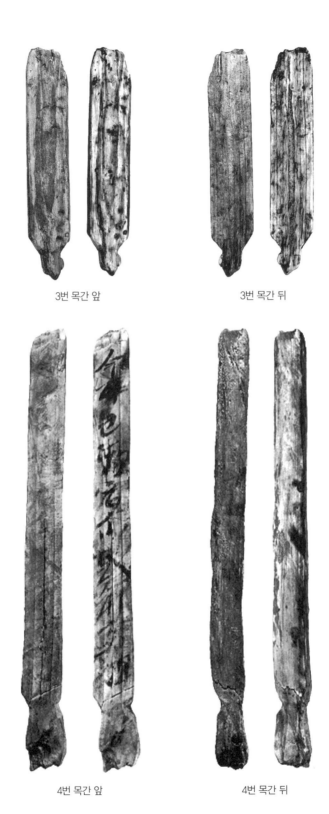

3번 목간 앞

3번 목간 뒤

4번 목간 앞

4번 목간 뒤

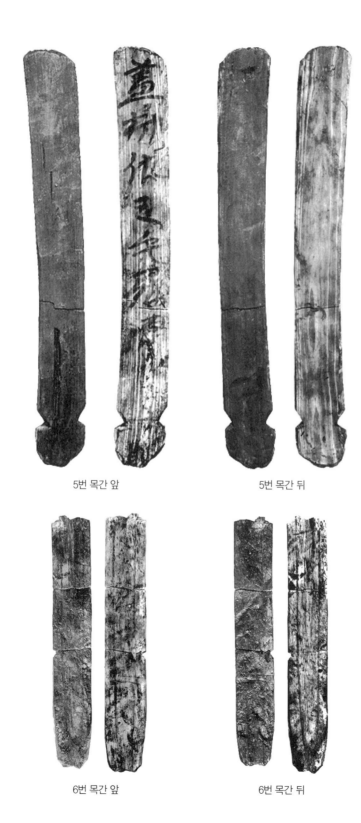

5번 목간 앞   5번 목간 뒤

6번 목간 앞   6번 목간 뒤

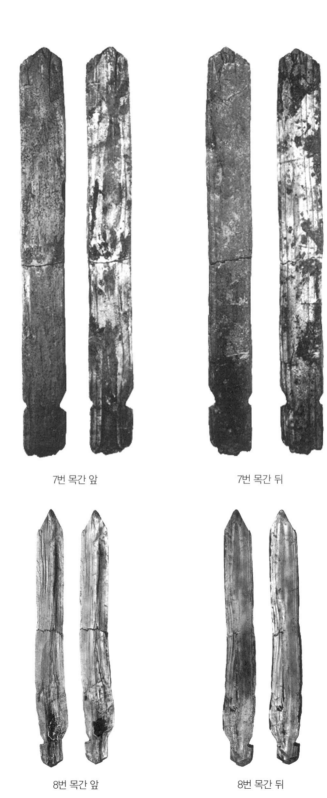

7번 목간 앞   7번 목간 뒤

8번 목간 앞   8번 목간 뒤

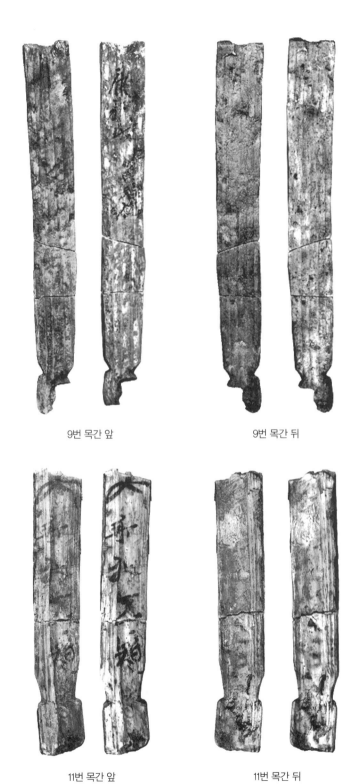

9번 목간 앞　　　　　　　　9번 목간 뒤

11번 목간 앞　　　　　　　　11번 목간 뒤

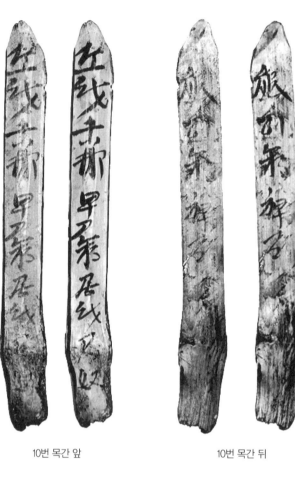

10번 목간 앞   10번 목간 뒤

12번 목간 앞   12번 목간 뒤

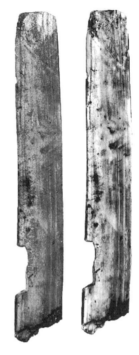

13번 목간 앞   13번 목간 뒤

14번 목간 앞   14번 목간 뒤

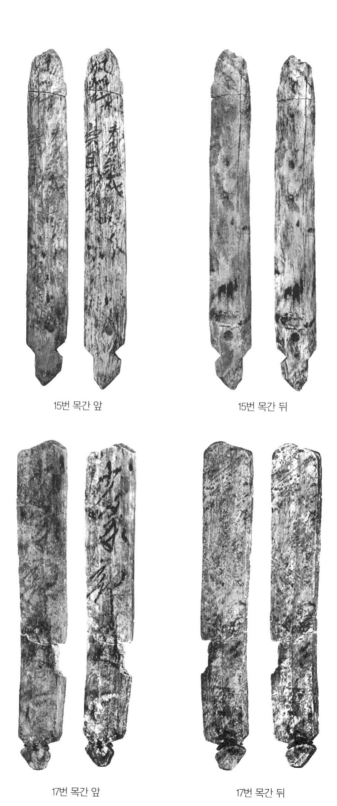

15번 목간 앞   15번 목간 뒤

17번 목간 앞   17번 목간 뒤

16번 목간 앞

16번 목간 뒤

18번 목간 앞

18번 목간 뒤

19번 목간 앞   19번 목간 뒤

20번 목간 앞   20번 목간 뒤

21번 목간 앞   21번 목간 뒤

22번 목간 앞   22번 목간 뒤

23번 목간 1면   23번 목간 2면   23번 목간 3면   23번 목간 4면

〈Abstract〉

New wooden tablets were excavated from the Seongsansanseong Fortress

Choi, Jang-mi

Since 1991, the Gaya National Research Institute of Cultural Heritage has been surveying Seong-sansanseong Fortress. Meanwhile, since the initial discovery of two mokgan (wooden writing tablets) during the 1992 investigation, nearly 308 other such tablets were discovered in the section near the east gate site, making this site the largest archaeological site in the country, in terms of wooden writing tablets. Those are rich sources of historical information that they offer precious clues about the lifestyle, name of person and tax system that during the period in which the fortress was in use.

This research paper was studied about 23 of wooden writing tablets that discovered during 2014 to 2016 and one wooden writing tablet that the inscription are written in ink on four side was found. The interesting thing is, it contains specific character which represents social class in Silla (particularly in capital, Gyeongju) such as 大舍 and law system such as □代, 60日代法. Moreover Guribul(仇利伐, the one place name of Silla) were confirmed on wooden tablet and it was written in two different types.

I hope that this research contribute not only wooden writing tablets studies but also primary sources of ancient history and valued for glimpses of ancient societies they provided.

▶ Key words: Seongsansanseong Fortress, wooden writing tablets

삼척 흥전리사지 출토 고승비편 소개

박찬문[*]

〈국문초록〉

흥전리사지는 산길과 물길이 나뉘는 영동의 교통로에 위치한다.

통일신라시대에 창건(創建)되어 고려시대 전반(前半)까지 유지된 동·서원(東·西院)으로 구성된 대형 산지가람(山地伽藍)이다.

사지는 금당지와 탑지로 구성된 단탑식 가람배치의 예불공간인 서원과 대형 구들시설(溫突)과 6동의 건물지가 밀집한 생활공간인 동원으로 구분된다.

통일신라시대 독특하고 창의적인 건축물과 함께 탑, 석등, 귀부(龜趺) 등의 빼어난 석조문화재, 금동 번과 청동정병, '국통'·'대장경'·'자금어'명 비편 등의 출토유물을 통해 통일신라시대 후기 위세 높은 사찰 이었음을 알 수 있었다.

흥전리 사지에서는 총 13점의 비편에서 명문이 확인되었다. 비문을 통해 다음과 같은 내용을 알 수 있 었다.

첫째, 스님의 성은 김씨이며 진골신분으로 계림출신 신라왕경인이었다.

둘째, 아버지는 소판을 지낸 휘 장이며 어머니는 단훈(斷葷)하며 태교하여 스님을 낳았다.

셋째, 출가하여 함통 년간 또는 그 이전에 당나라에서 유학했으며, 당나라 대장경을 가지고 왔다.

---

* 불교문화재연구소 유적연구실 팀장

넷째, 스님은 국통이었거나 최소한 흥전리사지에서 국통과 관련된 행적이 있다. 그리고 종파적으로는 선종과 밀접한 관련이 있으며 굴산산문과 관계될 가능성이 있다.

다섯째, 스님은 함통 년간 이후 입적하였으며 비문은 9세기 후반에 자금어대를 받은 누군가에 의해 찬자 혹은 서자 되었으며, 최치원과 관련되었을 가능성이 높다.

또한 서체가 2가지인 것으로 보아 음기(陰記)가 있을 수 있어 비문의 제작이 다소 늦을 수 있다.

비문에 적힌 스님의 행적을 통해 흥전리사지의 당시 위상을 살펴볼 수 있다.

▶핵심어: 흥전리사지, 선종, 산지가람, 국통, 진골, 소판, 대장경, 함통, 자금어대

I. 머리말

삼척 흥전리사지는 강원도 삼척시 도계읍 흥전리 산92-1번지에 위치하는 폐사지이다. 이 지역에서는 한산사지(寒山寺址)라고도 불리며 주변지역 지명분석과 문헌을 통해 돈각사(頓覺寺) 또는 각돈원(覺頓院)으로 추정하기도 한다.[1) 사지 내에는 국내에서 유례가 드문 3단기단[2)의 삼층석탑재(강원도 유형문화재 제127호)와 석등, 귀부 등의 소재문화재가 흩어져 있다.(그림 1, 지도 1)

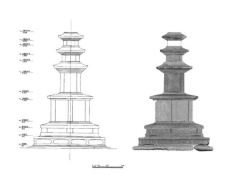

그림 1. 삼척 흥전리사지 삼층석탑 복원도

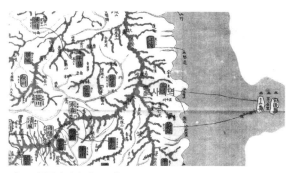

지도 1. 동국여지지도(1770년)

---

1) 洪永鎬·金道賢, 1996, 「三陟市 道溪邑 興田里寺址에 대한 考察」, 『博物館誌』第3號, 江原大學校 博物館, pp.41~71.
   홍영호, 2004, 「삼척시 도계읍 흥전리사지의 사명 추정」, 『강원지역의 역사와 문화』, 한국대학박물관협회 제50회 춘계학술발표회.
2) 봉화 취서사 삼층석탑(경상북도 문화재자료 제157호)·대구 부인사 삼층석탑·구례 연곡사 삼층석탑(보물 제151호)·합천 해인사 삼층석탑(경상남도 유형문화재 제254호)·부산 범어사 삼층석탑(보물 제250호)·개성 심복사 칠층석탑이 3단 기단의 구조를 보여주고 있는 것으로 알려져 있으나 해인사와 범어사의 삼층석탑은 일제강점기에 변형된 것으로 범어사 삼층석탑은 2단의 기단으로 복원하였다.

삼척지역의 서쪽은 백두산에서부터 뻗어 내린 백두대간이 매봉산에 이르러 서쪽으로 방향을 틀면서 동남쪽으로 낙동정맥을 분기한다. 이로 인해, 우리나라에서는 유일하게 삼면의 바다로 향하는 물길이 나뉘는 분수령을 이루는 삼수령(피재)이 위치한다. 삼수령에서 북류하는 골지천은 정선 아우라지를 거쳐 남한강으로 합류해 황해에 이르게 된다. 남류하는 황지천은 우리나라에서 유일한 천천동굴 구문소를 거쳐 낙동강을 이루어 남해에 이르며, 동류하는 오십천은 청정해역 동해에 이른다. 흥전리사지는 이러한 산길과 물길이 분기하는 교통 요충지에 위치하고 있다.

2003년 지표조사 및 석물에 대한 정밀 실측 조사[3]와 2013년 강원도지역 사지현황조사[4]를 거쳐 2014년 8월부터 2016년 현재까지 총 4차에 걸쳐 시·발굴조사하였다.[5]

지금까지의 고고학적 조사경과를 정리하면 〈표 1〉과 같다.

표 1. 삼척 흥전리사지 조사일람표

조 사 명	조사기관	조사 성격	조사기간	조사결과
삼척 흥전리사지 지표조사 및 삼층석탑재 실측조사	강원문화재연구소	지표	2003. 1. 6~ 2003. 6. 4.	– 산포된 석물들의 실측과 양식적 고찰 – 사역 범위 파악(A지역: 탑지 중심, B지역: 현재 민가 뒤쪽 경작지까지)
사지현황조사 : 강원도	불교문화재연구소	지표	2013	– 2003년 이후 유적에 대한 조치 미흡, 식생에 의한 훼손 및 도난 우려 보고
삼척 흥전리사지 시·발굴조사	불교문화재연구소 (문화재청)	시굴 (사역 확인)	2014. 8. 18~ 2014. 10. 8. (실조사20일)	– 유구: 축대 4기, 금당지 등 건물지 7동, 탑지 1기 등 – 출토유물: '國統'명 비편, 귀면와, 곱새기와, 막새, 선문계 평기와, 화문청동제장식, 철제 초두·철호, 청동숟가락 등
삼척 흥전리사지 2차 시·발굴조사	불교문화재연구소 (문화재청)	발굴 (금당지)	2015. 8. 27~ 2015. 10. 1. (실조사22일)	– 유구: 금당지와 동·서 건물지, 조선전기 건물지 2동 등 – 출토유물: 비편, 귀면와, 곱새기와, 막새, 평기와, 전, 금동 번, 금동달개장식, 청자, 백자 등

3) 『朝鮮寶物古蹟調査資料』, 『陟州誌』, 『三陟鄕土誌』.
   문화공보부 문화재관리국, 1978, 『문화유적총람』 강원도편, p.466.
   강원문화재연구소, 2003, 『三陟 興田里寺址 地表調査 및 三層石塔材 實測 報告書』.
4) 문화재청·불교문화재연구소, 2013, 『韓國의 寺址 현황조사보고서-강원도·전라북도』, pp.76~83.
5) 문화재청·불교문화재연구소, 2014, 「삼척 흥전리사지 1차 시·발굴조사」, 『韓國의 寺址 시·발굴조사 보고서』.
   불교문화재연구소, 2015, 「삼척 흥전리사지 2차 시·발굴조사 현장보고회 자료집」.

조 사 명	조사기관	조사 성격	조사기간	조사결과
삼척 흥전리사지 3차 시·발굴조사	불교문화재 연구소 (문화재청)	발굴 (동원 건물지)	2016. 4. 11~ (실조사27일)	- 유구: 건물지 3동, 석렬 2기, 축대 1기 등 - 출토유물: 귀면와, 곱새기와, 막새, 평기와, 전 등, 청동정병, 금동장식판, 철과, 철정 등
삼척 도계읍 흥전리사지 (삼층석탑주변유적) 1차 정밀발굴조사	불교문화재 연구소 (삼척시)	발굴 (서원탑지, 동원 건물지)	2016. 8. 9~ 2016. 10. (실조사 43일)	- 유구: 건물지 2동, 탑지 1기, 담장 2기, 민묘 1기 등 - 출토유물: '~大藏經~'명 비편, 귀면와, 가릉빈가 수막새, 청동경첩, 화문금박편 등
삼척 도계읍 흥전리사지 (삼층석탑주변유적) 2차 정밀발굴조사	불교문화재 연구소 (삼척시)	발굴 (서원탑지, 동원 건물지)	2017년 5. ~	- 조사 중

　그간의 고고학적 조사를 통해 총 13점의 명문 비편이 확인되었다. 비편은 20㎝ 내외로 잘게 부서져 전체 규모를 알 수 없으며 2017년 현재도 사지에 대한 시·발굴조사가 진행 중이어서 비편이 추가로 확인될 가능성이 있다. 이러한 이유로 연차 조사의 마지막 종합 보고에서 명문 비편의 내용을 명확하게 고찰할 수 있을 것이라고 판단하지만 그 기한을 알 수없어 우선 중간보고의 성격으로 현재까지의 조사내용과 확인된 비편을 정리하여 소개하고자 한다.

II. 조사내용

　흥전리사지의 발굴조사는 2014년 1차 시굴조사를 시작하여 지금까지 4차에 걸쳐 시·발굴조사가 이뤄졌다. 정밀발굴조사면적은 총 3,150㎡이다. 흥전리삼층석탑재 보호구역(27,938㎡) 중 핵심지점을 중심으로 한 조사여서 흥전리사지의 전모를 밝히기에는 부족하여 2017년에도 정밀발굴조사를 시행 중이다.
　지금까지의 조사내용을 간략히 정리하면 다음과 같다.
　흥전리사지에서 확인되는 문화층은 크게 3개 층이다. 서원 금당지와 상층 건물지, 동원 1호 건물지와 하층 적심의 중복관계로 보아 9세기 이전 창건 층, 통일신라 후기~고려시대 전기 층, 조선시대 전기 층으로 구분할 수 있다.
　흥전리사지는 사역 내에서 남쪽으로 진행하는 얕은 구릉성 지형에 의해 동원과 서서원으로 구분된다. 서원에서는 석축대지에서 금당지와 탑지 등이 확인되었으며, 동쪽지역에서는 3단의 석축대지에서 6동의

도면 1. 흥전리사지의 위치 및 주변문화유적

도면 2. 흥전리사지 1~4차 조사 유구현황도

사진 1. 흥전리사지 전경

사진 2. 조사전경(항공촬영)

건물지가 밀집해서 확인되었다. 지금까지의 조사내용으로만 본다면 예불공간인 서원은 단탑식 가람배치이며 동원에서는 대형 구들시설이 확인되어 생활공간으로 볼 수 있으며 흥전리사지의 중심 년대는 9세기 중반을 전후한 시기이다.

주요 유물로는 명문 비편, 청동정병, 금동 번을 비롯한 귀면와와 암·수막새를 포함한 와전류, 청동경첩, 철호, 철정, 철거 등의 금속류, 주름무늬·파상문 유병, 대호 등의 토도류, 백자편 등이 출토되었다.

1. 서원

서원에서는 남쪽과 서쪽을 토석혼축한 석축대지위에 금당지와 동·서 건물지, 탑지를 포함한 마당이 확인되었다. 또한, 조선시대로 판단되는 추정 문지와 건물지 3동이 상층에서 확인되며, 1호 건물지 상부에는 민묘가 중복되었다. 이 중 비문과 관련된 유구는 금당지와 탑지이다.

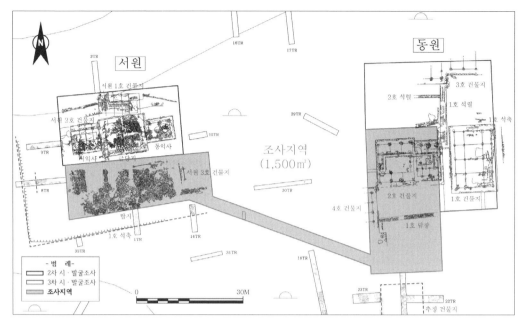

도면 3. 흥전리사지 1–4차 조사 유구현황도(1/600)

사진 3. 서원지역 항공촬영 전경

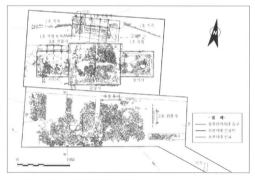

도면 4. 서원 유구현황도(1/400)

1) 금당지와 동·서 건물지

금당지는 장방형에 가까운 건물지 동·서쪽으로 규모가 작은 건물지가 붙어있는 형태이며 남향이다. 동·서 건물지를 포함한 정면 길이는 29.7m, 측면 길이는 10m이다. 금당지는 기단을 기준으로 정면 길이 13.3m, 측면 길이 10m이다. 동·서 건물지의 정면 길이는 기단을 기준으로 각각 8.4m와 8m이며 측면 길이는 6.5m이다.

기단은 할석적심 위에 놓은 가구식 기단으로 추정되나 갑석은 모두 유실되고 후면기단과 동쪽 측면기단에서 면석과 기둥석이 잔존한다. 지대석과 기둥석은 화강암, 면석은 자색 역암으로 만든 점이 특징이다. 지대석은 금당지와 동·서 건물지를 분리하지 않고 두 건물지의 지대석과 연결되어 있다.

지대석은 길이 1.2m~2m정도의 장대석을 사용하였으며 면석은 자색 역암을 치석하였는데 금당지 후면과 동건물지 후면·측면기단에 총 17개가 남아있다.

기단의 높이는 잔존하는 면석을 기준으로 금당지가 55㎝, 건물지가 30㎝이다.

건물의 규모는 금당지는 전·후면 칸에 퇴칸을 둔 정면 3칸, 측면 3칸의 건물지로 추정되며 비교적 잔존상태가 양호한 동쪽 건물지가 정면 2칸(주칸거리 3.16m), 측면 2칸(주칸거리 1.96m)이다. 서쪽 건물지는 동쪽 건물지와 동일한 규모로 추정된다.

사진 4. 금당지와 동·서건물지 조사전경

사진 5. 금당지 후면 가구식기단

사진 6. 금당지 내부 온통지정

사진 7. 동쪽 건물지 기단부 귀부 확인상태

사진 8. 동쪽건물지 내부 대형적심

금당지 내부는 온통 지정(地釘)을 사용하였으며, 동건물지에서만 적심 8기가 확인되었다. 적심은 온통 지정 상부에 기단토와 함께 천석을 1단 정도 깔아 만들었다.

동건물지에서 별도의 적심 2기가 건물지 내부에서 확인되었다. 지름 2.9m의 대형 적심은 동쪽칸 중앙에서 지름 1.6m의 적심은 대형 적심 서쪽에 맞물려 있다. 두 적심 모두 기단토와 온통지정을 파괴하여 후대에 설치되었으나 시기적으로 큰 차이가 없는 것으로 판단된다. 또한, 대형적심 중심에서 남쪽으로 약 1.5m 떨어진 전면 기단위에 파손된 귀부가 확인된 점으로 보아 동건물지는 통일신라시대 어느 시점인가 귀부를 갖춘 비석을 안치하기 위한 비전지(碑殿址) 기능으로 변모했던 것으로 추정된다.

2) 탑지

탑지는 서원의 금당지에서 남쪽으로 9.7m 정도 떨어져 있고 남쪽으로는 7.2m 떨어져 서원의 대형 축대가 동-서 방향으로 축조되어 있다.

탑지의 규모는 정면 4.5m, 측면 6.4m의 장방형이며 단면 형태는 'U'자형이다. 축조방법을 보면 깊이 1.7m 정도의 굴광에 최하층 석재를 비교적 평탄하게 한 다음 60~90㎝ 정도 자연석을 나선형으로 4~5단 쌓아 올린 것으로 파악된다.

사진 9. 탑지 절개 단면

3) 출토유물

유물은 대부분 기단 밖 폐기층에서 출토되었는데, 금동 번(金銅幡)과 달개장식, 기와류, 토기편, 자기편 등이다. 금동 번은 금당지 후면 기단에서 출토되었는데, 화문이 선각된 테두리 안에 화염문이 투각된 형태이다. 3D 컴퓨터 단층촬영(CT) 결과 장방형의 얇은 금동판이 두 번 겹쳐 있는 상태이며 테두리에는 경첩모양의 돌출부 2곳이 확인되었는데, 국내에서는 처음으로 발견된 예이다. 일본 법륭사헌납보물(동경국립박물관) 중에서 유사한 형태의 금동번이 현존하여 비교연구를 통해 일본과의 관계를 밝혀줄 매우 중요한 자료[6]로 평가된다. 기와류는 귀면와를 비롯한 곱새기와, 단·복엽 연화문 수막새, 당초문 암막새, 선문계 평기와편 등 통일신라시대의 전형적인 모습을 보이고 있다. 이 밖에 어골문계 평기와도 폐기층에서 일부 출토되었다. 토기편은 주름무늬 병의 구연부편이 확인되었고,

사진 10. 막새류 일괄

---

6) 번은 '스이코천황 32년(623) 신라에서 보내줘서 왔다'(일본서기)라는 기록이 있다.

사진 11. 금당지 후면기단 출토 귀면와

사진 12. 금동장식판 출토모습

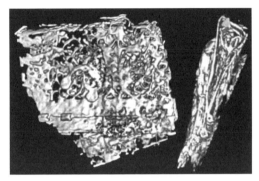

사진 13. 금동장식판 3D CT촬영 모습

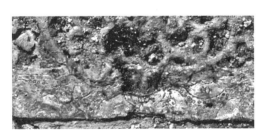

사진 14. 금동장식판 세부모습

그림 2. 복원도

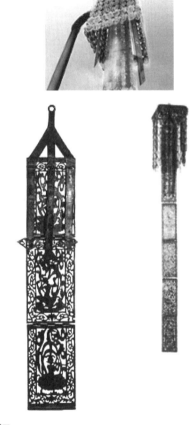

*참고
사진 15. 금동 관정번(金銅 灌頂幡)(법륭사헌납보물, 동경국립
박물관 소장)

자기편은 중국 형요계 해무리굽 백자편이 출토되었다.

　조사지역에서는 '국통(國統)'·'자금어(紫金魚)'·'대장경(大藏經)'명 비편 등 총 5점 수습되었다. 서건물지 정면 기단 모서리 외부, 1호 건물지 내부 수혈, 지표에서 출토·수습되었다. 출토양상이 다른 이유는 폐사 이후 비석이 파괴되어 주변에 흩어져 있다가 1호 건물지가 축조되는 조선시대에 비편을 재사용한 것으로 판단된다.

2. 동원

동원은 흥전리사지의 동쪽에 위치하고 있으며 가장 넓은 지역이다. 계곡을 토석혼축으로 지정한 석축 대지 3단으로 조성하였다.

상단에서는 건물지 5동과 담장, 배수로, 삼가마 등이 확인되었으며, 중단에서는 이층누각의 추정되는 건물지의 초석이 확인되었다. 상단에서는 1·2호 건물지에서는 대형 온돌을 설치하여 통일신라시대에 다양한 온돌구조를 확인할 수 있었다. 주요 유물로는 청동정병, 금동장식판, 철과(戈), 철정(鼎) 등의 금속류, 대호편, 종형 뚜껑, 대부완 등의 토기류와 막새편, 귀면와편, 전(塼)편 등의 와전류 등이 출토되었다.

사진 16. 동원 항공촬영 전경

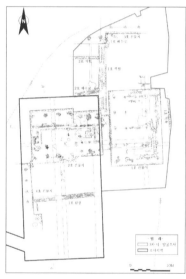

도면 5. 동원 유구현황도(1/300)

1) 1호 건물지

평면 형태는 남–북 방향으로 장방형이다. 규모는 정면 4칸, 측면 3칸이며, 기단은 정면 잔존길이가 18.5m, 측면이 13.6m이다. 정면 주칸거리는 4.1m 내외이며 북쪽 한칸이 3.86m로 약간 짧다. 측면은 어칸과 협칸으로 구성되어 있으며, 주칸거리는 어칸이 5.5m, 협칸이 2.7m이다. 초석은 자연석의 편평한 면을 상면으로 이용하였으며 남서쪽 모서리 한칸은 확인되지 않았다. 초석 사이의 고막이 석렬은 정면 외진주열을 제외한 삼면에서 확인되며, 남동쪽 모서리 4칸을 구성하는 내진주에서도 확인된다.

기단은 후면을 제외한 3면에서 확인되며 2호 건물지와 인접한 정면 기단 중앙 부분에만 배수로가 축조

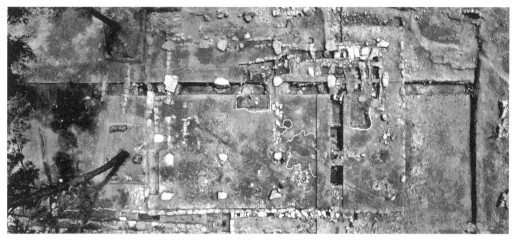

사진 17. 1호 건물지 전경

사진 18. 1호 건물지 기단 및 초석

사진 19. 1호 건물지 북쪽 측면 출입구

사진 20. 1호 건물지 초석

사진 21. 1호 건물지 내 구들 전경

되어 있다. 배수로는 길이 9.25m로 정면 기단석렬 맞은편에 1열의 봇돌을 놓아 폭 0.21m의 남-북 방향 수로를 만들고 그 위에 크기 0.4~0.6m의 판석을 덮어 시설하여 2호 건물지와 연결하는 단을 조성하였 다. 출입과 관련된 시설로는 북쪽 기단과 어칸 고막이 석렬과의 사이에서 확인된 1열의 석렬로 길이는

4.1m이다.

건물지 내부에서는 구들이 2기 확인되었다. 1호 구들은 남동쪽 모서리 4칸에서 확인되었다. 벽체를 따라 'ㄴ'자 형태의 폭넓은 고래골(폭 0.5m, 깊이 0.45m)을 만들고 나머지 칸부분에 폭이 좁은 3줄의 고래골을 만들어 사용한 형태로 확인되었다. 고래골의 축조방식과 형태가 차이가 나는 것으로 보아 개축으로 판단된다.

사진 22. 2호 구들 청동정병 출토 상태

2호 구들은 후면 중앙 2칸에 걸쳐 확인되며 1호 구들의 북쪽 칸이다. 건물 내부에 아궁이를 설치하고 후면 중앙 2칸을 사선으로 가로 지르는 형태이다. 내부에서 9세기 대의 청동 정병 2점이 같은 시기 파상문 대호, 토기 편 등과 함께 출토되었다.

건물지 내 '十'자 트렌치에서는 하층 초석 1기가 확인되었다. 트렌치 하층에서 8세기 말에서 9세기 초반으로 편년되는 종형 뚜껑과 중판복엽의 연화문 수막새 등이 출토되었다.

2) 2호 건물지

평면형태는 남−북 방향의 장방형 건물지 2동이 하나의 기단 안에 배치된 양상이다. 초석 배치와 주칸거리, 기단 등으로 보아 2동의 건물지로 나뉘지만, 구들이 두 건물지를 관통하고 기단이 분리되지 않아 개축되어 상부구조가 다른 하나의 건물지로 판단된다.

서쪽 건물지의 기단 규모는 북쪽 후면기단이 11.45m이며, 동쪽 측면기단이 13m이고, 높이는 0.3~0.4m 내외이다.

초석은 외진주 초석 7기가 북쪽 후면과 동쪽 측면에 잔존하고 있으며, 내부 벽체를 구성하는 초석이 벽체를 따라 12기가 잔존한다. 자연석의 편평한 면을 상면으로 이용하고 있으며, 크기는 상면 너비 기준 최대 1.23×1m부터 최소 0.43×0.43m까지 다양한 편이다. 외진주를 구성하는 초석의 크기가 벽체에 사용되는 초석에 비해 작은 편이다. 벽체에 사용된 큰 초석 사이에 약 1.4m 일정한 간격으로 크기가 작은 초석이 놓여 있다. 외진주 초석 하부에는 지름 0.9m 내외의 할석적심이 확인된다. 벽체 초석 중 북서쪽 초석 상면에는 지름 0.47m의 주좌가 잘 남아 있다.

건물지의 규모는 정면 3칸, 측면 4칸이다. 정면 어칸의 주칸거리는 3.26m, 협칸의 주칸거리는 3.4m이다. 측면 주칸거리는 북쪽에서부터 2.61m, 2.70m, 2.76m이며, 나머지 한 칸은 잔존하는 적심을 기준으로 약 2.6m이다. 기단과 초석간 거리는 후면 1.5m 내외이며, 측면 0.8~0.7m 내외이다.

동쪽 건물지의 기단 규모는 남쪽 정면기단이 5.82m이며, 북쪽 후면기단은 7.33m이고, 측면은 11.7m이다. 측면기단 중 동쪽의 1호 건물지와 연결되는 중앙부분은 크기가 비교적 작은 할석을 이용하였다. 기단의 높이는 0.2~0.3m이다.

초석은 외진주 초석 10기가 잔존하고 있으며, 내부 벽체를 구성하는 초석이 벽체를 따라 9기가 잔존한다. 동쪽 건물지 역시 외진주 초석이 비교적 작다. 외진주 초석 하부에 적심시설은 서쪽 건물지보다 더 넓게 만들어졌으며, 적심지름은 1.3m 내외이다.

건물지 규모는 정면 3칸, 측면 3칸이다. 정면 주칸거리는 서쪽부터 1.5m, 2.28m, 2.54m이며, 동쪽으로 갈수록 주칸거리가 길어지고 있다. 측면은 어칸과 협칸으로 구성되어 있으며, 어칸거리는 4.4m이며, 협칸은 2.34m이다. 기단과 초석간 거리는 정면과 후면 모두 1.5m이며, 측면은 0.8m 내외이다.

2호 건물지 내부에서 구들 1기가 확인되었다. 동쪽 건물지 중앙에 위치한 아궁이에서 시작한 구들은 두 건물지를 관통하여 서쪽 연도부로 연결된다.

아궁이는 폭 0.1m 내외의 얇은 판석을 세워 방형으로 축조하였으며, 동쪽에 입구를 두었다. 아궁이 규모는 남-북 방향 1.75m, 동-서 방향 1.5m이며, 입구는 1.1m이다. 고래골은 내진주 벽체를 이용하였으며, 반대편은 판석을 눕히고 바른면을 맞추어 축조하였다. 내진주 벽체와 판석에는 황갈색 점질토를 덧붙인 것으로 판단된다. 고래골의 폭은 동쪽 건물지에서는 0.4m, 서쪽 건물지에서는 0.55m 내외로 서쪽으로 갈수록 넓어진다. 배연부는 외진주와 내진주 사이에 설치되었다. 서쪽 건물지 측면 중앙 남쪽칸에는 내진주 벽체에서 1m 가량 돌출하여 배연부를 감싸는 석렬이 확인된다.

건물지 내부에 방형아궁이를 갖춘 형태는 강릉 굴산사지 건물지3과 양양 진전사지 건물지6에서도 확인할 수 있다. 다만, 굴산사지 건물지3은 고려시대에 해당하며, 같은 통일신라시대 진전사지 건물지6은 구들을 갖추지 않고 있어 차이를 보인다.

사진 23. 2호 건물지 항공촬영 전경

사진 24. 2호 건물지 후면 기단 근경

사진 25. 2호 건물지 서쪽 벽체 초석

사진 26. 2호 건물지 서쪽 주좌 초석

사진 27. 2호 건물지 내부 기단 경계석

사진 28. 2호 건물지 동쪽 벽체 근경

사진 29. 2호 건물지 구들 아궁이 근경

사진 30. 2호 건물지 구들장 잔존 모습

3. 출토유물

건물지와 담장, 석축의 폐기층에서 출토된 유물은 서원 금당지에서 출토된 유물과 공통된 양상을 보이고 있어 폐기 시점은 서원과 같은 시기일 것으로 판단된다.

폐기층에서 출토된 유물은 크게 토기류와 기와류, 금속류 등이다. 토기류는 대호편, 종형 뚜껑편, 대부완 등이 출토되었다. 기와류는 암·수막새, 암·수키와와 같은 평기와류와 귀면와, 곱새기와, 적새, 착고와 같은 특수기와들이 출토되었다. 중요 금속류는 청동정병, 금동장식판, 철과(戈), 철정(鼎) 등이 출토되었다.

이 중 잔존상태가 매우 양호한 청동정병 2점이 1호 건물지 내 2호 구들 폐기층에서 나란히 눕혀진 채로 출토되었다. 공반 유물로는 같은 폐기층에서 장판 선문계 평기와, 대부완 편, 대호 편이 출토되었다. 장판 선문계 평기와는 금당지 및 금번 조사지역 전반에 걸쳐 출토되는 유물이다. 대호 편은 경기부에 약한 돌대가 돌아가며 침선으로 경부를 구획하고 반원상의 파상문을 상하로 시문하였다.

청동정병은 두 점이 약간의 차이가 있지만 원형의 동체부와 짧아진 목과 첨대, 뚜렷한 팔각의 첨대 등을 특징으로 하고 있다. 광복 이후 국내에서 출토된 통일신라 정병 중 가장 완벽한 형태이다. 첨대가 팔각이지만 높이가 짧아진 점 등이 이후 제작된 정병의 규범을 이루게 되는 통일신라 정병의 전형양식으로 정병 연구의 획기적인 자료[7]로 평가된다.

사진 32. 공반 유물 출토상태

사진 31. 1호 건물지 출토 청동정병　　　　　　사진 33. 익산 미륵사지 출토 '大中12年'명 대호 편

　공반유물인 대호 편은 경기부의 돌대가 약해진 편이지만 타날판과 침선, 파상문 구성 등 익산 미륵사지 출토 '大中12年(858)'명 대호 편과 유사하여 9세기 중반 전후로 볼 수 있다.

　그리고, 그 하층인 1호 건물지 축조와 관련된 초석 적심 하부층에서 출토된 종형 뚜껑(蓋)편과 완, 중판복엽의 연화문 수막새 등 8세기 말에서 9세기 초반으로 편년되는 유물이 확인되었다. 파상문이 시문된 종형 뚜껑은 분황사 출토품과 같이 인화문이 소멸하는 단계에 해당하며, 흥전리사지에서 인화문토기가 1점 외에 확인되지 않는 점으로 보아 흥전리사지의 창건시기를 유추할 수 있는 근거가 될 것이다.

　2호 건물지 수혈 내에서 출토된 철과는 안압지에서 출토된 철과와 같은 양식으로 국내에서 출토된 예가 많지 않다. 금동장식판은 4분위 구획 안에 미로와 같은 기하문을 선각하였다.

　기와류는 귀면와, 암·수막새, 모서리암막새, 마루암막새 등 막새류와 선문 및 격자문 평가와가 주를 이룬다. 수막새 문양은 가릉빈가문, 연화문이 확인되며, 연화문은 두 가지로 나뉜다. 암막새 문양은 크게 당초문, 화문 두 가지로 나뉜다. 금속류로는 철정(鼎)편, 청동경첩, 화문금박편 등이 출토되었으며, 이 중 청동경첩과 화문금박편은 2호 건물지 방형 아궁이에서 수습하였다.

---

7) 우리나라의 정병은 석굴암 범천상(8세기 중엽)의 지물로 처음 확인되지만 이미 7세기 당나라 현수국사(賢首國師)가 의상(義湘)에게 군지(정병)와 조관(대야)을 보내 온 것이 『삼국유사』에 전하고 있다. 이번에 출토된 정병은 외국에서 전래된 정병이 한국적 정병으로 정착한 후 제작되는 정병의 모본이 되는 것으로 평가된다.

사진 34. 1호 건물지 하층 초석 출토 종형 뚜껑　　사진 35. 분황사 출토 종형 뚜껑　　사진 36. 1호 건물지 하층 초석 출토 수막새

사진 37. 서원 출토 기와류 일괄　　　　　　　사진 38. 2호 건물지 출토 귀면와, 가릉빈가문 수막새

사진 39. 3호 건물지 기단 출토 금동장식판

사진 40. 1호 담장 출토 철정

사진 41. 2호 건물지 소성유구 출토 철과

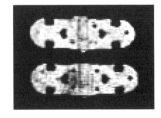

사진 43. 2호 건물지 아궁이 출토 청동경첩

사진 42. X-ray

III. 흥전리사지 출토 비편 소개

흥전리사지에서 수습된 명문 비편을 처음으로 학계에 소개한 것은 2003년 강원문화재연구소의 지표조사 보고서[8]이다. 그렇지만 비편은 홍영호·김도현[9]이 1996년부터 사지를 답사하면서 발견되었다고 한다. 이후 2014년부터 시작된 불교문화재연구소의 시·발굴조사를 통해 5점이 추가로 확인되어 현재까지 흥전리사지에서 출토되었거나 수습된 명문 비편은 총 13점이다. 그 내용을 정리하면 다음 〈표 2〉와 같다.

표 2. 흥전리사지 수습 비편 현황

조 사	수 량	비 고
홍영호, 김도현	4점	1996년부터 수습 2004, 「삼척시 도계읍 흥전리사지의 사명 추정」 소개 국립춘천박물관 기증
강원문화재연구소	4점	2003, 「삼척 흥전리사지 지표조사 및 삼측석탑 실측 보고서」
불교문화재연구소	5점	2014년 1점, 2015년 3점, 2016년 1점
소 계	13점	

앞서 수습된 8점의 비편은 조사기관과 조사자가 보고서와 논문을 통해 소개하였기 때문에 여기에서는 발굴조사에서 확인된 5점의 비편을 중심으로 소개하고자 한다.[10]

2014년 시굴조사에서 확인한 '국통(國統)'명 비편과 2015년 금당지 발굴조사에서 출토된 '자금어(紫金魚)'명 비편 등 3점에 이어 2016년 동원(東院) 발굴조사에서 '~당조장대장경이지함(唐朝將大藏經而至咸)~'이라는 문장이 남아 있는 비편 1점이 확인되어 총 5점이 출토되었다.

비편은 금당지 동편 건물지에서 확인된 귀부가 받쳤던 비의 조각들로 추정되며 재질은 화강암이다. 앞서 확인된 8점의 비편과 같은 것으로 판단된다. 표면을 매끄럽게 마연한 다음 음각하였다. 5점의 비편에서 약 80자 정도의 비문을 판독할 수 있었다.

이 중에서 '국통', '소판', '자금어대', '~당조장대장경이지함~' 등을 통해 비문의 주인공에 대한 몇 가지 중요한 사실을 추가로 확인하였다.

비편 9 – 1행 2자가 판독된다. '국통(國統)'은 신라시대 불교 교단의 최고위 승관직으로 교학과 행정을 총괄했을 뿐 아니라 교단을 유지하기 위한 경제적인 방도까지 강구하였던 것으로 알려져 있다. 국통은 진흥왕이 고구려에서 망명해온 혜량(惠亮)을 임명함(551년(진흥왕 12))으로써 시작되었으나 사료일실 등

8) 주 3)앞의 글, 강원문화재연구소.

9) 주 1)앞의 글.

10) 비편의 번호는 최종적으로 비편이 서로 붙거나 판독에 의해 순서가 정해지기 전까지는 보고된 순서에 따라 새로 확인되는 비편에 늦은 연번을 붙여 번호의 혼돈을 줄이고자 한다. 여기에서는 강원문화재연구소 수습 비편 1~4, 홍영호 수습 비편을 비편 5~8로 하고 불교문화재연구소 출토 비편을 비편 9~13으로 하였다.

의 사유로 기사가 많지 않다.

표 3. 비편 9 ~國統~ (2014년 조사, 지표 수습)

사 진	탁 본	판 독
		· · · · 國 統 · · ·

주 석
國統 : 신라시대 불교 교단의 최고위 승관직

제 원				(단위 : ㎝)
비신 길이	17	비신 폭	11	비신 두께	

지금까지 확인된 국통관련 기사를 정리하면 다음 표와 같다.

표 4. 국통관련 기사

자료 명	국통 승명	내용	명문 년대	비고
三國史記	惠亮	진흥왕이 임명	551년(진흥왕12)	최초
三國遺事	慈藏(大國統)	비상직으로 임명	선덕여왕	
三國遺事	혜륭(惠隆)	무덤 수리	817년(헌덕왕9)	이차돈 비문
皇龍寺 刹柱 本記	前國統 僧惠興	구층목탑 중수 도감	872년(경문왕12) 당 의종13년	咸通十三年
貞元華嚴經	國統	사경 주관	886(정강왕1)	
雲峰深源寺秀徹和尙 楞伽寶月塔碑	前國統 釋惠威大法師	만남	893년 이후	
澄曉大師寶印之塔碑	前國統 大法師威公	공산사 주지하도록 주선	944년(고려 혜종1)	
圓慧國統祭文, 薦法兄圓慧國統疏	圓慧	입적	년대 미상	동문선

상기 기사에서 국통으로는 혜량, 자장, 혜륭, 혜흥, 혜위, 위공(혜위), 원혜 등 6~7명을 확인할 수 있다. 그 내용은 국통 임명, 이차돈의 무덤 수리, 황룡사 구층목탑의 중수 도감, 정원화엄경의 사경 주관, 수철화상과 징효대사의 국통과 관련된 행적, 국통의 입적 애도 등 국가적 불사와 관련된 국통의 활동과 그 이외의 행적 등을 알 수 있는 것이다. 국통은 551년(진흥왕12)부터 시작되었으나 지금까지 확인되는 기록은 9세기 대 집중되고 있다. 이러한 내용으로 보아 현재까지 국통들의 행적만 확인될 뿐 국통의 탑비는 확인되지 않고 있다. 흥전리사지에서 확인된 '국통'명 비문은 그 전후를 알 수 없어 국통의 법명이나 비의 성격도 명확히 할 수 없지만 적어도 국통과 관련된 행적이 기록된 것은 분명하다. 다만 비문 13에서 함통(咸通) 연간의 행적이 기록된 것으로 보아 비문 9의 국통이 황룡사 구층목탑을 중수할 때 도감을 지낸 전국통 혜흥이었거나 혜흥스님과 관련되었을 가능성도 배제할 수 없을 것이다.

비편 10 - 7행으로 추정되며 27자 정도가 판독된다. '진골(眞骨)', '고소판(考蘇判)' 등을 통해 스님은 진골 신분이며 아버지가 소판을 지낸 휘 장(長)임을 알 수 있다. 다음 내용은 스님을 잉태한 어머니가 오신채를 끊고 태교하였으며 스님은 출가하여 법제자가 되었음을 알려주고 있다. 이 비편은 스님의 가계와 탄생, 출가를 기술한 부분으로 판단된다.

비편 11 - 4행이며 11자 정도가 판독된다. '자금어대(紫金魚袋)'는 이 비문을 지었거나, 쓴 사람이 중국 황제[11]로부터 자금어대를 하사받았음을 기록한 것으로 고승의 탑비나 비문의 서문 또는 음기 등에서

표 5. 비편 10 ~考蘇判~ (2015년 금당지 조사, 서편 건물지 기단 외부)

사 진	탁 본	판 독
		：⋮⋮⋮⋮⋮ 法 而 戶 考 ⋮ 弟 母 不 聖 蘇 子 宜 銷 賢 判 ⋮ 斷 哉 育 諱 葷 娠 長 ⋮ ⋮ 祖 ⋮ ○○以眞骨爲(蘇)

주 석
蘇判: 신라 17등 관계(官階) 중의 셋째 등급. 소판니(蘇判尼)라고도 하고, 잡찬(迊湌) 혹은 잡판(迊判)이라고도 하는 고위직 眞骨: 신라시대 골품제의 두 번째 계급. 성골과 함께 왕족이지만 부모 양계 중 어느 한 편만이 왕족의 혈통을 지니고 있는 사람 葷: 훈채(葷菜)이니 오신채(五辛菜)이고, 훈채(葷菜)·훈조(葷臊)·훈신(葷辛)·훈성(葷腥)·훈전(葷羶)·훈육(葷肉) 등의 뜻과 같음

제 원			(단위 : cm)
비신 길이	19.3	비신 폭	20.2	비신 두께	11.8

표 6. 비편 11 ··· **賜紫金魚** ··· 명 (2015년 금당지 조사, 조 1호 건물지)

사 진	탁 본	판 독
		○ ○ 按 　賜 ○ 　卸 界 　紫 ○ 　者 分 　金 ○ 　扵 職 　魚

주 석

紫金魚袋: 어대(魚袋)는 관등(官等)에 따라 金·玉·銀 등으로 만든 물고기 모양의 장신구, 즉 어부(魚符)를 넣어 차던 주머니를 가리키는데, 당대(唐代)에 와서 공복(公服)의 장식물이 되었다. 당 현종(玄宗) 이후에는 이 어대가 공복과 결합되면서 자금어대(紫金魚袋)·비은어대(緋銀魚袋) 등의 명칭이 해당 관직명의 뒤에 위치하는 현상이 나타나게 되었다. 고려도 당(唐)과 마찬가지로 자색복(紫色服)과 금어대(金魚袋)가, 비색복(緋色服)과 은어대(銀魚袋)가 결합되고 있으며, 자금어대는 4品 이상의 문관(文官)이, 상참(常叅) 6品 이상의 관원은 비은어대를 패용(佩用)하며 그 외 9품 이상은 어대(魚袋)를 패용하지 않고 있어 결국 대체로 상참관(常叅官) 이상이 어대(魚袋)의 대상이었음도 볼 수 있다(『高麗史』72「輿服志」1 官服 公服條).
黃善榮,「高麗初期의 公服制의 成立」,『釜山史學』12, 1987
李賢淑,「新羅末 魚袋制의 成立과 運營」,『史學硏究』43·44, 1992.
(한국금석문 종합영상정보시스템 gsm.nricp.go.kr)

제 원					(단위 : ㎝)
비신 길이	14.5	비신 폭	21.2	비신 두께	7

주로 확인할 수 있다. 자금어대란 황제가 정5품 이상에게 하사하는 붉은 주머니로, 황궁(皇宮)을 언제든지 드나들 수 있는 포상물이다. 이것을 받았다 함은 그 능력을 황제에게 인정받았다는 의미이다.

통일신라시대 말기 비문에서 자금어대를 받았음을 밝힌 이들은 최치원, 최인연, 최언위, 김언경, 소판 아질미 등이 있다. 이들이 비문과 관련된 내용을 정리한 것이 다음 〈표 7〉이다.

이 중 9세기 대 비문으로는 김언경이 비문의 글씨를 쓴 보림사보조선사창성탑비를 제외하면 사산비명(四山碑銘)[12] 등에서 최치원의 '자금어대' 언급이 빠지지 않는 점에서 흥전리사지 비문과 최치원이 관련되

---

11) 자금어대는 당대 공복의 장식물이나 고려에서도 이를 따르고 있다. 비편 11의 자금어대를 중국 황제로부터 하사받은 것으로 판단한 것은 비를 받치는 귀부, 삼층석탑, 청동정병과 공반 유물, 비편 13의 함통(咸通) 등 공반 유물로 판단할 수 있는 것들이 9세기대에 집중되고 있어 당시 비문에서 보이는 자금어대의 용례를 참고하였다.

12) 신라 말기의 학자 최치원(崔致遠)이 지은 비문 가운데 신라의 불교사를 비롯하여 한문학사·사상사 등 여러 면으로 자료적 가치가 높은 지리산의 쌍계사진감선사대공탑비, 만수산의 성주사낭혜화상백월보광탑비, 초월산의 숭복사지비, 희양산의 봉암사지증대사적조탑비 등 4명의 승려를 위한 비문을 조선 선조·광해군 때 명승(名僧) 해안(海眼: 鐵面老人·中觀)이 뽑아

었을 가능성이 높다고 보여진다.

표 7. 통일신라시대 '자금어대' 관련 비문

비 문 명	건 립 년 도	내용	찬자와 연대	서자	각자	서체	비 고
보림사 보조선사 창성탑비	884년 (헌강왕 10, 당 희종 중화 (中和) 4년)	從頭第七行禪字已下弟子前兵部侍郎入朝使殿中大監賜紫魚袋金彦卿書興輪寺僧釋賢暢刻字	김영(金穎)	김원(金薳): 무주 곤미현령(전남 영암군 미암면) **김언경**: 전 병부시랑	승려 현창(賢暢)	구양순체 해서 왕희지체 행서	전라남도 장흥 보림사
봉암사지 증대사적 조탑비	924년 (경명왕 8)	入朝賀正兼迎奉皇花等使朝請大夫前守兵部侍郎充瑞書院學士賜紫金魚袋臣崔致遠奉教撰	**최치원**(893년 (진성왕7, 당 소종 경복 (景福)2년)	혜강(慧江)	혜강(慧江)	행서	경상북도 문경 봉암사 大將軍着紫金魚袋 蘇判阿叱彌(음기)
쌍계사진 감선사 대공탑비	887년 (진성왕 원년, 당 희종 광계 (光啓) 3년)	前西國都統巡官承務郎侍御史內供賜紫金漁袋臣崔致遠奉教撰幷書篆額	**최치원**		환영(奐榮)	해서	경상남도 하동 쌍계사
성주사 낭혜화상 백월보광 탑비	약 890년 (진성여왕 4) 이후 건립	淮南入本國送國信詔書等使前東面都統巡官承務郎侍御史內奉賜紫金魚袋臣崔致遠奉教撰 從弟朝請大夫前守執事侍郎賜紫金魚袋臣崔仁渷奉教書	**최치원**	**최인연**	미상	해서	충청남도 보령 성주사지
숭복사비	896년 (진성여왕 10)		**최치원**	미상	환견(桓蠲)	미상	경상북도 경주 숭복사지 비문에 '자금어대' 없음
영월 흥녕사 징효대사 탑비	944년 (고려 혜종 1)	朝請大夫守執事侍郎賜紫金魚袋臣崔彦撝奉 教撰 崔潤奉 教書兼篆	**최언위** 924년 (경명왕 8)	최윤(崔潤)	최환규 (崔奐規)	해서	강원도 영월 법흥리
봉림사 진경대사 보월능공 탑비	924년	門下僧幸期奉 教書 門人朝請大夫前守執事侍郎賜紫金魚袋崔仁渷篆」 余製」	비문-경명왕 (景明王=박승영(朴昇英))	행기(幸其)-문하제자 최치원의 사촌 동생인 **최인연**이 전액(篆額)을 썼다	성림(性林), 또는 성휴(性休)	해서	경상남도 창원 봉림사지

비편 12 – 5행이며 16자 정도가 판독된다. 비 조성과 관련된 내용을 기술한 부분으로 當寺(홍전리사지)의 승려들이 여럿 참여한 것으로 추정된다. 5행의 '畢'자열 아래로 글자가 보이지 않아 뒤 비 하단으로 추정된다.

표 8. 비편 12 (지표-2015년 금당지 조사)

사 진	탁 본	판 독
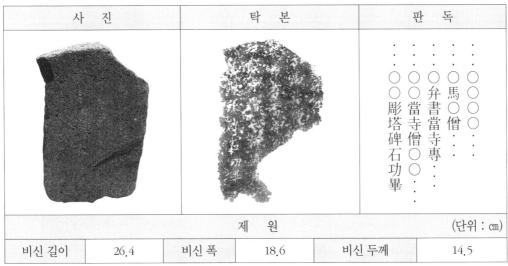		⋮ ⋮ ⋮ ⋮ ⋮ ○ ○ ○ ○ ○ ○ 馬 弁 當 ○ ○ ○ 書 寺 僧 彫 僧 當 專 ○ 塔 ⋮ 寺 ○ ⋮ 碑 ⋮ 僧 ⋮ ⋮ 石 ⋮ ○ ⋮ 功 ⋮ ⋮ 畢

제 원			(단위 : cm)
비신 길이	26.4	비신 폭	18.6

비신 두께	14.5

표 9. 비편 13 ···大藏經··· 명 (지표-2016년 동원 조사)

사 진	탁 본	판 독
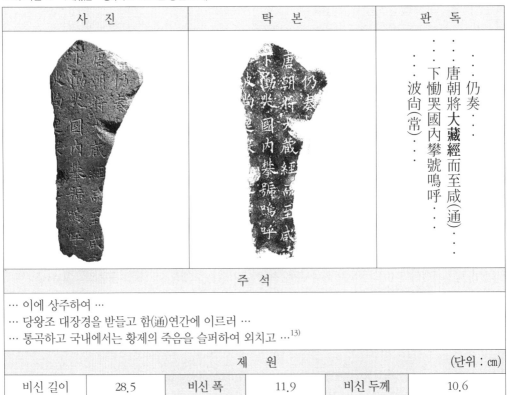		⋮ ⋮ ⋮ ⋮ ⋮ 唐 仍 ⋮ 朝 奏 波 將 ⋮ 尙 大 ⋮ (常) 下 藏 ⋮ 慟 經 ⋮ 哭 而 國 至 內 咸 攀 (通) 號 ⋮ 鳴 ⋮ 呼 ⋮

주 석
··· 이에 상주하여 ··· ··· 당왕조 대장경을 받들고 함(通)연간에 이르러 ··· ··· 통곡하고 국내에서는 황제의 죽음을 슬퍼하여 외치고 ···[13]

제 원			(단위 : cm)
비신 길이	28.5	비신 폭	11.9

비신 두께	10.6

비편 13 - 4행이며 22자 정도가 판독된다. '~당조장대장경이지함(唐朝將大藏經而至咸)~'명 비편을 통해서 흥전리사지에서 주석했던 스님[14]은 함통(咸通)[15] 연간 또는 그 전에 당나라에서 유학했음을 알 수 있다. 또한 유학하면서 당나라 대장경을 접하였으며 함통 연간에 이 대장경을 받들어 가져왔음[16]을 알려주고 있다. 대장경을 가지고 왔다는 내용으로 함통 연간 대장경을 가지고 온 유일한 자료[17]라고 할 수 있다.

현존하는 통일신라시대 비문 중에서 '대장경'이 언급된 것은 '대안사적인선사조륜청정탑비'(大安寺寂忍禪師照輪淸淨塔碑) 뿐이다. 탑비에는 적인선사가 '서주(西州) 부사사(浮沙寺)에 이르러 대장경을 펼쳐 탐구함에 밤낮으로 오로지 정진하여 잠시라도 쉬지 아니하였다.(到西州浮沙寺披尋大藏經日夕專精晷刻無廢)'고 기술하고 있다.

흥전리사지의 스님은 당시 불교계의 선진 구법승으로서 당나라로 건너가 공부하는 것에 그치지 않고 대장경을 받들어 가져옴으로서 삼보 중 하나인 법보를 신라에 전하였다.

이상 발굴조사를 통해 새롭게 확인한 5점의 비편에 대한 상세를 살펴보았다. 기존에 확인된 8점 중 강원문화재연구소에서 수습한 비편[18] 4점도 간략히 정리하면 다음과 같다.

---

13) 해석은 동북아역사재단 이성제실장이 초벌하였다. 논문 심사과정에서 함통 연간의 판독을 유보하여 "(어떤 사람이) 당조로부터 대장경을 가지고 이르니, 모두 ..."의 맥락으로 해석할 수 있다는 견해가 제시되었다.

14) 비문의 스님이 흥전리사지에 주석했었는지 밝혀진 것은 없지만 스님의 가계와 출생, 출가 등의 내용이 적힌 비편 10과 함께 스님의 행적이 기록된 것으로 보아 고승의 탑비로 추정할 수 있다.

15) 당나라 의종 연호 (860년~873년). 咸 다음 글자를 현재 결락 상태로 볼 때 通으로 단정하기 어렵다는 견해도 있다.

16) 『삼국유사』에 전하는 중국으로부터 전래된 대장경과 같은 불교경전 기록은 다음과 같이 전하고 있으나 함통 연간의 기록은 처음 확인되는 것이다.

  1 565년(진흥왕 26)에 진(陳)나라(557-589) 사신 유사(劉思)가 승려 명관(明觀)과 함께 불교 경전과 논서 1천 7백여 권을 가지고 오다

  2 643년(선덕여왕 12)에 자장법사가 삼장(三藏) 4백여 함을 싣고 오다

  3 신라말기에 보요(普耀)선사가 두 차례 오월국(908-978)에 가서 대장경을 가지고 오다

  4 928년(경순왕 2)에 묵(默)화상이 당나라에 가서 대장경을 가지고 오다

  『삼국유사』 권3 탑상4 전후소장사리(前後所將舍利)조

17) 2017년 1월 목간학회 발표에서 제기되었다.

18) 주8) 앞의 글.

표 10. 비편 1 蒼龍… 명

사　진	탁　본	판　독
		蒼龍異培(境?)… 春凞(?)凞(?)○… 無松惟○… 者○○…
제　원		(단위 : ㎝)
비신(비면) 길이	19.3(14)	비신(비면) 폭	19.2(14.5)	비신 두께	7

표 11. 비편 2 達摩… 명

사　진	탁　본	판　독
		…　并 …餠(?)之宮達摩 之中…
제　원		(단위 : ㎝)
達摩 : 중국에 선종을 전래한 인물로 선종의 시조로 불리고 있다.					
비신(비면) 길이	21.2(19.7)	비신(비면) 폭	17(13.2)	비신 두께	11.5

표 12. 비편 3 心印顯 명

사 진	탁 본	판 독
		…心印顯　我大師… …氣候淸俱人惟推… …堂不塹地獄存其… ○楊異口同詞… ○○
제 원		(단위 : cm)
心印 : 心은 불심, 印은 印可, 印證이란 뜻. 말이나 문자로 표현할 수 없는 부처님의 自內證의 심지를 뜻하며 선종에서 쓰인다.		
비신(비면) 길이	21.5(21.7)	비신(비면) 폭　25(17.6)　비신 두께　10.5

표 13. 비편 4 心印顯 명

사 진	탁 본	판 독
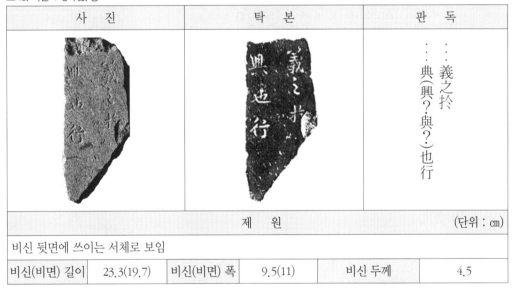		…義之於 …典(興?輿?)也行
제 원		(단위 : cm)
비신 뒷면에 쓰이는 서체로 보임		
비신(비면) 길이	23.3(19.7)	비신(비면) 폭　9.5(11)　비신 두께　4.5

　강원문화재연구소는 비편 4점 중 2점(비편 2·3)의 내용에서 달마, 심인 등이 확인되어 홍전리사지가 선종과 밀접한 관계가 있다고 보았다. 따라서 홍전리사지 주변으로 범일국사가 개창한 것으로 전하는 동해 삼화사, 삼척 삼장사·신흥사·영은사 등이 분포하고 있어 홍전리사지도 범일국사의 굴산산문과 연계될 가

능성이 있다고 언급하였다. 또한 비문의 서체는 2가지이며 비편 4는 나머지 3개와 다른 점도 확인하였다.

기존에 확인된 8점 중 홍영호, 김도현이 수습한 비편[19] 4점도 간략히 정리하면 다음과 같다.

표 14. 비편 5·6

비편 5		비편 6	
탁 본	판 독	탁 본	판 독
	…○金姓雞林之望… …示黨潔行傳於子○… …獨二○而自○… …平○…		…○禪林龍興○… …○珠也·和… …儉德施… ○○○ ○○○ ○○○

표 15. 비편 7·8

비편 5		비편 6	
탁 본	판 독	탁 본	판 독
	…不摩影留寒塔松…		…釜於○王之菩薩謂…

---

19) 주1) 앞의 글, 홍영호.

　비편 4점은 국립춘천박물관으로 기증되어 절차가 진행 중이어서 실물 사진을 게재할 수 없었다.

홍영호는 비편 5의 金姓鷄林之望[20], 비편 6의 禪林龍興[21] 등의 내용을 통해 홍전리사지 비문의 스님은 지방의 호족 계층 출신인 망족으로 보이며, 선종 종파에 속한 인물로 추정[22]하였다.

기존에 알려진 비편 8점과 이번에 새로이 소개한 비편 5점을 정리하면 다음 〈표 16〉과 같다.

표 16. 홍전리사지 수습 명문 비편

번호	비문 판독	조사기관	비고
1	蒼龍異培(境?) … 春凞(?)凞(?)○ … 無松惟○ … 者○○ …	강원문화재 연구소 수습	윗부분에 이수 없는 부분 있음. 4행 15자(4) *홍 5
2	… 并 …餁(?)之宮達摩 … … 之中	강원문화재 연구소 수습	옆면에 문양. 3행 8자 *홍 6
3	… 心印顯 我大師 … … 氣候淸俱人惟推 … … 堂不塹地獄存其 … … ○楊異口同詞 … … ○○○ …	강원문화재 연구소 수습	5행 29자(4) *홍 7
4	… 義之○ … … 典(興?與?)也行 …	강원문화재 연구소 수습	2행 6자(1) *홍 8
5	… ○金姓鷄林之望 … … 示黨潔行傳於子○ … … … 獨二○而自○ … 　　… ○乎○ …	홍영호 수습	4행 24자(6) *홍 1
6	… ○禪林龍興○ … … ○珠也. 和 … 儉德施 … … ○○○ … … ○○○	홍영호 수습	5행 19자(9) *홍 2
7	… 不摩影留寒塔松 …	홍영호 수습	1행 7자 *홍 3

---

20) 홍영호는 앞의 논문에서 고승의 성씨 뒤에는 신분과 지위를 나타내는 어구가 오는 것이 일반적이므로 '望 …'은 '望族'으로 생각하였다. 역대 고승의 신분에 대한 기록에서 '望族'이라는 표현은 나오지 않으나, 지역을 바탕으로 한 지방 세력임을 나타내는 자료는 적지 않다고 하였다.

21) 禪林은 禪知識, 불교의 세계, 禪宗, 禪房, 禪院, 사문의 세계 등으로 볼 수 있으며, 龍興○는 寺가 생략되었을 것으로 보았다.

22) 강원문화재연구소의 비편 2·3의 내용에서도 주인공이 선종과 관련됨을 알 수 있다.

번호	비문 판독	조사기관	비고
8	… 釜於○王之菩薩謂 …	홍영호 수습	1행 8자(1) *홍 4
9	… 國統 …	2014. 불교 문화재연구소	1행 2자
10	…○○以眞骨爲(蘇) …考蘇判諱長祖 …戶聖賢斬育 …而不銷哉娠 …母宜斷菫 …法弟子…	2015. 불교 문화재연구소	6행 30자(2)
11	…賜紫金魚… …按界分職… …○卸者扲… …○○○○…	2015. 불교 문화재연구소	4행16자(5)
12	…○○○○… …馬○僧… …弁書當寺專… …○○當寺僧○○… …○○彫塔碑石功畢	2015. 불교 문화재연구소	5행 29자(13)
13	…仍奏… …唐朝將大藏經而至咸(通)… …下慟哭國內攀號鳴呼… …波尙(常)…	2016. 불교 문화재연구소	4행 23자(2)

IV. 맺음말

　　홍전리사지는 백두대간이 매봉산에서 낙동정맥과 갈라지면서 생긴 세 골짜기를 따라 서해·남해·동해로 이르는 한강·낙동강·오십천이 갈라지는 삼수령의 동쪽 편 산 중턱에 있다. 사지 내에 있는 홍전리 삼층석탑재(강원도 유형문화재 제127호)는 강원도에서 유일한 3단 기단의 석탑이며 전국에서도 여섯 곳에서만 확인된다.

　　홍전리사지는 2003년 정밀지표조사 및 실측조사를 시작으로 2013년 현황조사를 거쳐 2014년부터 지금까지 4차에 걸쳐 핵심지점을 중심으로 시·발굴조사가 진행되었다.

　　그간의 조사를 정리하면 다음과 같다.

　　홍전리사지는 통일신라시대에 창건되어 고려시대 전반까지 유지된 동·서원으로 구성된 대형 산지가람이다. 서원 금당지 주변과 동원 건물지 밀집군 일부를 조사하여 통일신라시대 금당지를 비롯한 8동의 건물지와 탑지, 석축 2기, 담장지 1기, 석렬 3기, 조선시대 건물지 3동, 삼가마, 민묘 2기 등의 유구가 확인되었다.

흥전리사지는 계곡과 사면을 토석혼축으로 채운 석축대지에 조성하였으며, 사역 내에서 남쪽으로 진행하는 얕은 구릉성 지형에 의해 동원과 서원으로 구분된다. 서원에서는 석축대지에서 금당지와 탑지 등이 확인되어 단탑식 가람배치의 예불공간으로, 동원에서는 3단의 석축대지에서 대형 구들시설이 확인되는 등 6동의 건물지가 밀집해 생활공간으로 볼 수 있다.

흥전리사지에서 확인되는 문화층은 크게 3개 층이다. 서원 금당지와 상층 건물지, 동원 1호 건물지와 하층 초석과의 중복관계로 보아 9세기 이전 창건 층, 통일신라 후기~고려시대 전기 층, 조선시대 전기 층으로 구분할 수 있다. 중판 선문계 평기와와 중국 당대 형요계 해무리굽 백자편 등의 출토양상으로 보아 9C 이전에 이미 창건되었으며, 중심 년대는 9세기 중반을 전후한 시기이다.

주요유물로는 금동 번, 금동달개장식, 청동정병, 청동국자, 청동저, 청동경첩, 철정, 철과, 철거 등의 금속류와 '國統'·'紫金魚~'·'~大藏經~'명 등의 비편과 종형 뚜껑편, 대호편, 대부완편 파상문 유병편, 토기편 등의 토기류와 해무리굽 백자편, 귀면와, 곱새기와, 가릉빈가·당초문·연화문 막새편, 전, 평기와 등의 와전류 등이 출토되었다.

금당지에서 출토된 금동 번은 장방형의 얇은 금동판이 두 번 접혀져 있는 상태이며, 테두리에는 경첩 모양의 돌출부 2곳이 확인되었다. 연결고리가 있는 경우는 일본 법륭사헌납보물(동경국립박물관)에서 확인된다. 번은 '스이코천황 32년(623) 신라에서 보내줘서 왔다'(일본서기)라는 기록이 있어 일본과 비교연구가 가능하게 되었다.

흥전리사지에서 출토된 청동 정병 2점은 광복이후 국내에서 출토된 통일신라 정병 중 가장 완벽한 유물이다. 통일신라시대 정병의 전형양식을 파악할 수 있는 동아시아 정병연구의 획기적인 자료이다. 통일신라시대 건물지 안에서 출토되어 공반 관계가 명확하며 그 성격을 파악하는데 중요한 비교자료이다.

막새를 비롯한 기와류에서 신라왕경지역에서 사용된 기와들과 비슷한 모습이 확인된 점으로 볼 때, 경주에서 파견된 장인이 현지에서 기와 등을 제작한 것으로 추정된다.

흥전리사지에 대한 관심으로 시작된 조사는 답사를 통해 4점, 지표조사에서 4점, 그리고 시발굴조사를 통해 5점 등 지금까지 명문이 확인된 비편은 총 13점 2017년 현재 삼척 흥전리삼층석탑재 주변 정밀발굴조사가 진행 중이며 1점의 비편이 추가로 확인되었다.이다. 대부분이 20㎝ 내외로 잘게 부서졌다. 비문은 약 216자 중 169여 자 정도가 판독되었다. 내용이 편린처럼 단락되어 해석은 물론 대부분의 내용을 추론하기조차 곤란하다. 다만 단편적이나마 이들 명문 비편을 수습하면서 조사자들이 고찰한 부분들을 정리하여 비와 흥전리사지에 주석한 스님에 대한 단초를 유추해 보면 다음과 같다.

흥전리사지 비문의 스님은 성은 김씨이며 진골신분으로 계림출신 신라왕경인이었다. 아버지는 소판을 지낸 휘 장이며 어머니는 단훈(斷葷)을 하며 태교하여 스님을 낳았다. 스님은 출가하여 함통 년간 또는 그 이전에 당나라에서 유학했으며, 함통 년간에 당나라 대장경을 가지고 왔다. 스님은 국통이었거나 최소한 흥전리사지에서 국통과 관련된 행적이 있다. 그리고 종파적으로는 선종과 밀접한 관련이 있으며 굴산산문과 관계될 가능성이 있다. 스님은 함통 년간 이후 입적하였으며 비문은 9세기 후반에 자금어대를 받은 누군가에 의해 찬자 혹은 서자되었으며 최치원과 관련되었을 가능성이 높다. 또한 서체가 2가지인 것으로 보아 음기가 있을 수 있어 비문의 제작이 다소 늦을 수 있다.

우선 중간보고의 성격으로 현재까지의 조사내용과 확인된 비편을 정리하여 소개하였다. 2017년 현재도 사지에 대한 시·발굴조사가 진행 중이며 비편이 추가로 확인되고 있어 명문 비편의 내용은 연차 조사를 마무리한 후 마지막 종합 보고에서 보다 심도있게 논의할 수 있을 것이다.

지금까지의 조사를 통해 홍전리사지는 통일신라시대 교통로에 위치하는 국통과 관계된 위세 높은 사찰이었음을 알 수 있었다. 산길과 물길이 나뉘는 교통로에 위치한 거대 산지 가람이며 통일신라시대 독특하고 창의적인 건축물과 함께 탑, 석등, 귀부 등의 빼어난 석조문화재, 금동번과 청동정병, '국통'·'대장경'·'자금어'명 비편 등의 출토유물을 통해 통일신라시대 후기 위세 높은 사찰임이 증명되었다.

초창부터 폐사까지 기간이 짧은 탓에 유구가 중복된다거나 하는 변형이 적어 통일신라시대 사지 연구의 중요한 자료로 평가되어 향후 조사를 통해 강원도지역으로 확대된 불교 선종문화의 이동경로 및 지역성 등에 대한 자료가 확보될 것으로 기대된다.

투고일: 2017. 3. 23   심사개시일: 2017. 4. 2   심사완료일: 2017. 5. 17

『朝鮮寶物古蹟調査資料』,『陟州誌』,『三陟鄕土誌』,『三國史記』,『三國遺事』,

『皇龍寺 刹柱 本記』,『貞元華嚴經』,『雲峰深源寺秀徹和尙楞伽寶月塔碑』,

『澄曉大師寶印之塔碑』,『圓慧國統祭文, 薦法兄圓慧國統疏』

『高麗史』72「輿服志」1 官服 公服條

한국금석문 종합영상정보시스템 gsm.nricp.go.kr

문화공보부 문화재관리국, 1978,『문화유적총람』강원도편.

洪永鎬·金道賢, 1996,「三陟市 道溪邑 興田里寺址에 대한 考察」『博物館誌』第3號, 江原大學校 博物館.

홍영호, 2004,「삼척시 도계읍 흥전리사지의 사명 추정」『강원지역의 역사와 문화』, 한국대학박물관협회
    제50회 춘계학술발표회.

강원문화재연구소, 2003 ,『三陟 興田里寺址 地表調査 및 三層石塔材 實測 報告書』.

문화재청·불교문화재연구소, 2013,『韓國의 寺址 현황조사보고서 –강원도·전라북도』.

문화재청·불교문화재연구소, 2014,「삼척 흥전리사지 1차 시·발굴조사」,『韓國의 寺址 시·발굴조사 보
    고서』.

불교문화재연구소, 2015,「삼척 흥전리사지 2차 시·발굴조사 현장보고회 자료집」.

黃善榮, 1987,「高麗初期의 公服制의 成立」,『釜山史學』12.

李賢淑, 1992,「新羅末 魚袋制의 成立과 運營」,『史學研究』43·44.

⟨Abstract⟩

A Study on the Introduction about the Steles of Eminent Monks Excavated at

Temple site in Heungjeon-ri, Samcheok

Park, Chan-moon

Temple site in Heungjeon-ri is located on Yeongdong traffic road divided into mountain road and water road.

It is a large mountain temple composed of East and West side(東·西院) which was built during the Unified Silla and preserved until the early half of the founding period Koryô.

Temple site is divided into West side(西院), a Buddhist worship-space with the single stupa type arrangement of the temple which consists of a golden shrine hall and the stone stupa, and East side(東院), a living space where large-scale Gudeul facilities(溫突, Korea floor heating system) and six buildings are concentrated.

In addition to unique and creative architecture in the Unified Silla period, there are excellent stone artifacts such as stupa, Stone lantern, tortoise-shaped pedestal, Including unearthed Gilt-Bronze flag, Bronze Kundika, 'guktong(國統)'·'daejang-gyeong(大藏經, Tripitaka)'·'jageumeodae(紫金魚袋)' articles of inscriptions, thus It was understood that it was a temple which was higher in the latter period of Unified Silla.

A total of 13 articles of inscriptions were found in The temple site in Heungjeon-ri.

Through the inscription, the following contents were found.

First, the family name of the monk is Kim, and he was a Capital of Shilla from Gyerim as a jingol royal.

Second, the monk's father was the Sopan(蘇判) and his name was Zang. The monk's mother gave birth to him after the prenatal education into careful food.

Third, he became a Buddhist monk. He studied abroad in The Tang(唐) Dynasty for the hamtong(咸通) year or so before, and brought the Daejang-gyeong(大藏經, Tripitaka) in the Tang Dynasty.

Fourth, the monk was guktong(國統), or at least there was a guktong-related act in the temple site in Heungjeon-ri. And he is closely related to Seonjong(禪宗, Zen Buddhism) in the sectarian sense and is likely to be related to gulsansanmun(堀山山門).

Fifth, The monk entered after the year of hamtong, and the inscription was compiled or biblied by someone who received a jageumeodae(紫金魚袋) in the late 9th century, and it is likely that it was associated with Choi Chiwon.

In addition, since there are two types of fonts, It may have been recorded in minus, so the production of inscriptions may be a little late.

Through the Buddhist monks' activity in the inscription on Steles of Buddhist Eminent Monk, You can see the contemporary status of the Temple site in Heungjeon-ri at that time.

▶ Key words: Temple site in Heungjeon-ri, Seonjong(禪宗, Zen Buddhism), Mountain temples, guktong(國統), jingol(眞骨), sopan(蘇判), daejang-gyeong(大藏經, Tripitaka), hamtong(咸通), jageumeodae(紫金魚袋)

일본 출토 고대 목간
-9세기 지방사회의 쌀의 출납 장부-

三上喜孝 著[*]

오택현 譯[**]

〈국문초록〉

　본고는 최근 日本에서 出土된 木簡 중에서 주목되는 것을 선택해 소개하고자 한다. 이번에는『木簡研究』38號(2016年)에 공개된 埼玉県 川口市 三ツ和 유적에서 출토된 木簡을 소개하고, 더울어 유사한 木簡을 검토함으로써 지방사회에 있던 쌀의 出納簿에 관해 考察하고자 한다.

　埼玉県 川口市의 三ツ和 유적은 縄文時代 후기부터 江戸時代에 걸친 복합 유적인데, 2013년에 행해진 27차 조사에서는 平安時代의 井戸에서 54점의 木簡이 출토되었다.

　4점의 목간은 원래 曲物로 알려진 大型 木製 食膳具의 밑부분이었던 것을 転用해서 기록했던 것으로 木簡의 用済로 본다면 최종적으로는 井戸의 補強部材로서 재이용되었다. 이들 木簡은 古代의 지방사회에서의 記錄簡의 部材로 목간이 어떠한 life cycle을 가지고 있는지 알 수 있게 해주는 귀중한 자료이다.

　내용은 쌀의 지급과 수납에 관한 출납장부로 추측된다. (1)은 農閑期의 造営 작업에 대한 쌀의 지급을 기록한 것이고, (2)는 봄에 出挙할 때 쌀의 지급을 기록했던 것으로 생각된다. (1)에는 人壽 元年(851)의 기년이 있어, 木簡의 연대가 9세기 중반이라는 것을 알 수 있다. 이들 木簡과 매우 유사한 성격으로 藤原宮에서 출토된 弘仁 元年(810)年 銘을 가진 초기 莊園의 記錄簡을 들 수 있다. 그래서 三ツ和 유적에서

---

[*]　日本 國立歷史民俗博物館

[**]　동국대학교 사학과

출토된 木簡도 9세기 중반의 初期 莊園과 연관된 쌀의 출납 장부일 가능성이 있다고 생각된다.

▶핵심어: 曲物, 出擧, 記錄簡, 初期莊園

I. 들어가며

본고에서는 최근에 日本에서 出土된 木簡 중 주목되는 것을 선택해 소개하고자 한다. 이번에는 『木簡 研究』 38號(2016年)에 공개된 埼玉県 川口市·三ッ和 유적에서 출토된 木簡을 소개하고자 한다. 아울러 이와 유사한 木簡을 검토함으로써 지방사회에서의 쌀의 출납 장부에 대해 생각해보고자 한다.

II. 三ツ和 유적 出土 木簡의 판독문과 내용

〔判読文〕

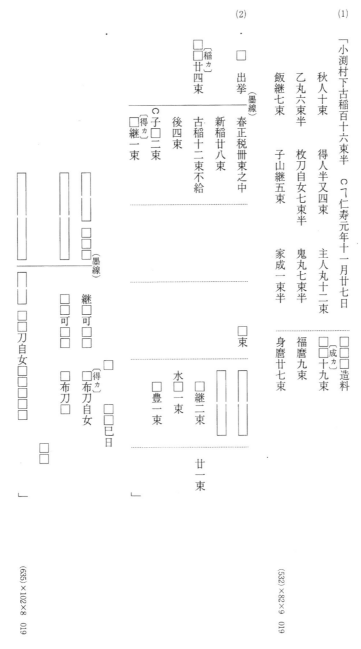

(2)

```
・
□〔稲カ〕
□廿四束
□
　出挙
（墨線）
　春正税卅束之中
　新稲廿八束
　古稲十二束不給
　後四束
⊂子二束〔得カ〕
□継一束〔得カ〕

（墨線）
継　□可
□可
〔得カ〕
□布刀自女　布刀自女
□巳日
□
□刀自女□□□
```

(1)

```
「小渕村下古稲百十六束半　⊂⊓仁寿元年十一月廿七日
秋人十束　　得人半又四束
乙丸六束半　枚刀自女七束半　　主人丸十二束
飯継七束　　子山継五束　　　　鬼丸七束半
　　　　　　　　　　　　　　　家成一束半

　　　　　　　　　　　　　　　身磨廿七束
　　　　　　　　　　　　　　　福麿九束
□□成十九束
□□造料

　　　　　　　　　　　　　　□束
　　　　　　　　　　　□継二束
　　　　　　　　　水□一束
　　　　　　　　豊一束
　　　　　　廿一束
```

(635)×102×8　019

(532)×82×9　019

그림 1. 三ツ和 遺跡 出土 木簡 (1) (2) (『木簡研究』 38, 2016年)

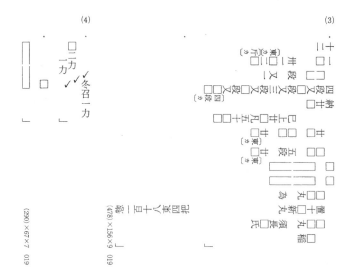

그림 2. 三ツ和 遺跡 出土 木簡 (3) (4) (『木簡研究』 38, 2016年)

〔内容〕

　埼玉県 川口市의 三ツ和 유적은 縄文時代 후기부터 江戸時代에 이르기까지 복합적으로 구성된 유적인데, 2013년에 이루어진 27차 조사에서는 平安時代의 井戸에서 4점의 木簡이 出土되었다.

　4점의 木簡은 모두 大型의 曲物(木製 食膳具)의 밑 부분의 일부를 木簡으로 바꿔 사용한 것이다. 이 중 (1), (2), (4)는 세로로 사용되었고, (3)은 가로로 사용되었다. (2)는 목간으로 사용된 이후 불을 피우기 위한 도구로 재사용되기도 했다. 그리고 (1)~(4) 木簡은 모두 최종적으로 井戸의 補強部材로서 이용된다.

　木簡의 내용은 모두 쌀의 지급액 등을 기록한 장부이다.

　木簡의 연대에 대해서는 (1)에서 人壽 元年(851)의 年紀가 보이기 때문에 전반적으로 9세기 중반의 것이라고 파악하고 있다. 이하 각 木簡의 견해를 서술하고자 한다.

　(1)번 목간

　상단 및 좌우는 원형을 유지하고 있지만, 하단은 결실되어 있다. 여기저기에 穿孔이 확인되고 있는데, 曲物에 의한 것으로 木簡 때문에 생겨난 것은 아니다.

　내용은 人壽 元年(851) 11월 27일에 「小渕村」이 古稲 116束半을 村 안의 12명의 인물에게 내려준 것을 기록하고 있는 것으로, 2행 이하는 12명의 인명과 각 인물에게 지급했던 쌀의 수량을 기록하고 있다. 「半」은 「半束」 즉 절반이라는 것으로, 12명에게 지급했던 쌀의 수량을 더하면 모두 116束半과 일치한다.

　「小渕村」은 1572년에 쓰여진 고문서에 「小渕」이라고 하는 지명이 보이고, 중세까지 거슬러 올라가도 그 地名이 확인되고 있다. 그런데 본 木簡에 의해 「小渕村」이 古代까지 소급할 수 있는 地名이라는 것이 명확하게 되었다.

1행의 年月日 아래에 여러 글자가 쓰여져 있고, 최후의 2자가 「造料」로 판독되기 때문에 어떤 건물을 조영할 때 노동력의 대가로서 쌀을 지급했던 것을 기록했을 가능성이 있다.

유사한 사례로 弘仁 元年(810)銘을 가진 藤原宮 유적에서 出土된 記錄簡이 있다. 奈良県·藤原宮 西北部의 平安時代 초기의 井戸에서 出土되었던 長大한 木簡은 초기 莊園의 帳簿이다. 어떤 莊園의 收支에 관해서 弘仁 元年(810)의 收穫高를 기록하고, 더욱이 같은 해 10월부터 이듬해 2월까지 種들의 지출을 상세하게 기록하고 있다.[1] 여기에는 「弘仁元年十月廿六日下四十七束五把」라고 쓴 기록이 보인다. 쌀을 「下」한다고 표현하는 경우, 「庄垣作料」, 「庄内神祀料」, 「田作料」 등 「○○料」를 위해서 쌀을 「下」한다고 표현한 것이다(그림 3). 한편 出擧의 경우는 오직 「給」이라는 글자를 사용하고 있다. 본 木簡도 農閑期인 11월 27일에 무언가의 造營 작업을 행하기 위해서 料物로서 쌀을 각 인물에게 내렸겠다고 보는 것이 가능하지 않을까.

(2)번 목간

상단은 결실되어 있지만 하단과 좌우는 원형을 유지하고 있다. 불을 피우기 위해 사용된 부재로 바꿔서 사용할 때의 穿孔이

사진 1. (1) 木簡

---

1) 木簡学会編, 2003 『日本古代木簡選』, p.109.

사진 2. (2) 木簡

확인되고 있다. 표면에는 墨線이 1개와 刻線이 4개 확인되는데, 이는 단을 나눠 사용하기 위한 것으로 木簡으로서 사용되었다는 것을 이를 통해 확인할 수 있는 것이다. 裏面에도 墨線 1개가 확인되며, 이것도 木簡의 記載에 따른 것이라고 생각된다.

표면의 내용은 「春正税」라는 것 때문에 春에 正税出挙를 할 때에 쌀을 빌려줬던 것을 기록했던 木簡이라고 생각된다.

裏面에는 여성의 이름을 쓴 것으로 생각되는 人名이 몇 개가 보이는데, 모두 表面이 깎여져 있기 때문에 해석하기에는 어려움이 있다. 또 표면과의 관계도 명확하지 않다.

日本 古代에서 쌀의 出挙는 봄과 여름 2번에 걸쳐 행해졌다. 律令에는 規定이 있지만, 木簡과 正倉院文書 등의 資料에는 봄과 여름에 出挙가 광범위하게 행해지고 있던 것이 확인되었다.[2]

富山県의 北高木 유적에서는 出挙額을 집계한 木簡이 출토되고 있는데, 거기에는 「春三千百六十束」, 「夏一千七百三十二束」이라고 하는 기재가 보이고, 봄과 여름에 出挙가 행해지고 있는 것을 알 수 있다.

正倉院文書의 「伊子国正税出挙帳」(736년)에는 伊子国의 「出挙弐万参伯束」의 내역으로서 「春九千九百束」, 「夏一万四百束」이라는 봄과 여름 각각의 出挙額이 명기되어 있다.

또 茨城県의 鹿の子 C유적에서 출토된 漆紙文書 중에서 出挙帳으로 보이는 帳簿가 있다. 거기에는 出挙稲를 지급한 개인별 이름이 나열되어 있고, 그 아래에는 3월과 5월에 각각 지급한 쌀의 지급액이 기록되어 있다. 여기에서 봄의 出挙가 3월, 여름의 出挙가 5월에 행해지고 있는 것을 알 수 있다.

出挙가 봄과 여름 2번에 걸쳐 행해진 유래에 대해서 봄의 出挙는 지배자가 민중에게 벼를 대출해줬다고 하는 의미가 있고, 여름의 夏의 出挙는 지배자가 농번기에 노동을 할 때 食料를 민중에게 대출해 줬다는 의미가 있다고 생각되고 있다.

또한 이 木簡의 「春正税」를 봄의 正税出挙를 의미하는 것으로 생각한 이유는 「不給」이라고 하는 표현과 같이 「給」이라는 글자가 사용되었다는 점이다.

이미 언급한 바와 같이 稲를 지출할 때 「下」라는 표기가 사용된 경우와 「給」이라고 표기된 경우에는 명확하게 구별된다고 생각된다.

먼저 소개했던 弘仁 元年(810)銘을 가진 藤原宮跡에서 출토된 記録簡(그림 3)에는 다음과 같은 글이 보인다.

---

2) 三上喜孝, 2013, 「出挙の運用」, 『日本古代の文字と地方社会』, 吉川弘文館.

・「弘仁元年十月廿日収納稲事　　〔刻線〕

合壱千五百□□□　〔玖束力〕

凡海福万呂佃四段地子六段二百五十二束

山田女佃二町六段千二百卅三束又有収納帳　〔刻線〕

同日下廿束　　使石川魚主
葛木寺進者　　上三月丸第□建丸＝
定残千四百八十玖束　　浄丸福丸等

収納帳

〔墨丸〕弘仁元年十月廿六日下卅七束五把　主国下坐御波多古入白米五斗　更十二月廿五日下

義倉籾一石四升料十六束　　料稲十三束二束精代一束春功

十三束籾料別束八升　　元年佃三町六段百廿歩

一束籾女功食料　　自庄造二町六段百廿歩

二束運人功料　　小主并従経日食一束五把　　福万呂作四段又地子六段同租上

庄垣作料十□束　〔五力〕　合下卅七束五把　　二不得八定田三町百廿歩　〔歩力〕

庄内神祇料五束　　残稲一千四百卅一束五把　　可上租穀四石五斗四升料穎五十六束八把別束□得八升

依門□事太郎経日食二束　〔成力〕　　糙女九人別人糙五斗四升功食四束五把別人五把

「□□□□束　　人々出挙給十七束　　裹薦四枚編并縄続人食一束

糯米春料一束酒□　　□□□　　正倉院運并上日正倉出納又□□

祭料物并同料薯奈等持夫功一束　〔年田作料〕　菁夢直五把　〔墨丸〕弘仁二年正月廿六日下百五十七束之中

十三束籾料別束八升　　且凡海福万呂下充卅束　　節料物并久留美等持行夫功一束　在庄東廊□又□柴□

□人々冬衣□直銭代沽百五十三束直銭廿三貫七百廿五文　〔買力〕　凡海加都岐万呂十束　　小主并従経八束二束六把自十二月廿日迄廿七日　□□□進丁京持行人功食一束

廿日下二百卅三束八把之中　　建万呂妻浄継女二束　　宮所庄持運車引建万呂六箇日　又在奈良馬舩并厨子棚板及歩板等＝

二年田作且下百十八束残百八十女　〔墨丸〕　大友三月万呂二束　　食并酒料三束日別一升六合食　　進丁京持行人功食一束

又凡海福万呂所佃作□卅束依員下了　〔料力〕　凡海国人出挙廿□　〔束〕　又酒日別一升　　在奈良材木運車刺油四合直□銭百七十文別□冊文　〔直力〕〔合力〕

小主給出挙廿五束　　同福万呂出挙廿□　　残稲一千二百五十三束六把　　在奈良馬舩并厨子棚又歩板直二貫五百□代沽十六束　〔文力〕

依□□事小主并従経　〔成力〕　又下廿束葛木□□　〔寺力〕　　　六十文　残八百卅束八把

十四日自正月廿日始迄二月三日　〔日力〕　又二束奈良在人酒手料建万呂　〔運力〕　　六十文　〔合力〕

食稲四束二把　　又□人酒手料□冊文　〔受力〕

二郎并従一日半食六把　　合下四百十二束八把

〔右端〕九八一×五七×五　概報（七）七一〇頁

그림 3. 藤原宮 出土 弘仁 元年(810)銘 初期 荘園 木簡(木簡学会編 『日本古代木簡選』)

「人々出挙給十七束」

「…廿日下二百卅三束八把之中、二年田作料且下百十八束〈受山田女、残百八十束〉、又凡海

福万呂所佃作料三十束〈依員下了〉」

「小主給出挙廿五束」

「同福万呂出挙給廿束」

「又下廿束葛木寺［ ］等料」

　여기에서는 出挙하고 支出할 때에는「給」이라고 하는 표현을 사용하고, 田作料 등 다양한 용도로 稲를 지급할 때에는「下」라고 하는 표현을 사용하고 있다.「給」과「下」를 통해 稲를 지출할 때에 어느 정도 의식해 구분해서 기록하고 있었다고 생각된다.

　이 점에서 三ッ和 遺跡에서 출토된 (1)의 木簡은 사람들에게 稲를 빌려줬던 기록은 아니고, 무언가 건물의 造営에 관계된 노동을 할 때에 사람들에게 지급했던 稲의 記録이라고 생각된다.

　그리고 (2)에 보이는 正税出挙 40束 중,「新稲」가 28束,「古稲」가 12束이고,「古稲十二束」의 아래에는「不給」이라는 것 때문에 40束 중 古稲 12束은 빌리지 않았다는 것을 의미한다.「古稲」에 대해서는 平城京의 長屋王家 木簡 중에,

　　• 当月廿一日御田苅竟大御飯米倉古稲

　　• 移依而不得収故卿等急下坐宜

　　(이번 달 12일에 御田의 稲를 베는 것을 다 마쳤다. 大御飯米은 창고에 古稲를 옮겼기 때

　　문에 수납할 수가 없었다. 그러므로 長官 등은 급하게 오셨으면 합니다.)

가 있다.「古稲」를 창고에 옮겼기 때문에 새로 수확했던 쌀을 창고에 수납하지 못했다는 것을 의미한다.

　이것 때문에 2호 木簡의「新稲」,「古稲」는 최근에 수확했던 稲를「新稲」, 그것보다 전에 수확했던 稲를「古稲」로 표현했다고 보여진다.

(3)번 목간

田의 면적인 段数와 稲의 束数가 기록되어 있기 때문에 수확량과 수납량을 기록했을 것이라 생각된다. 그러나 전체적으로 문자가 깎여 있어, 판독은 곤란하다. 또 앞면과 뒷면의 묵서가 내용적으로 일련된 것인지에 대해서도 확실하지 않다.

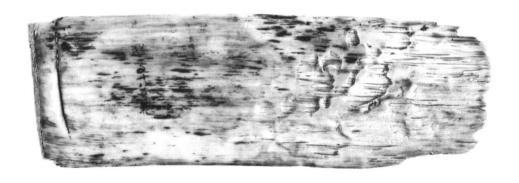

사진 3. (3) 木簡

(4)번 목간

「一力」, 「二力」 등의 표현이 보인다. 「力」를 「功」으로 보여 노동력을 기록했던 것으로 볼 수 있지 않을까.

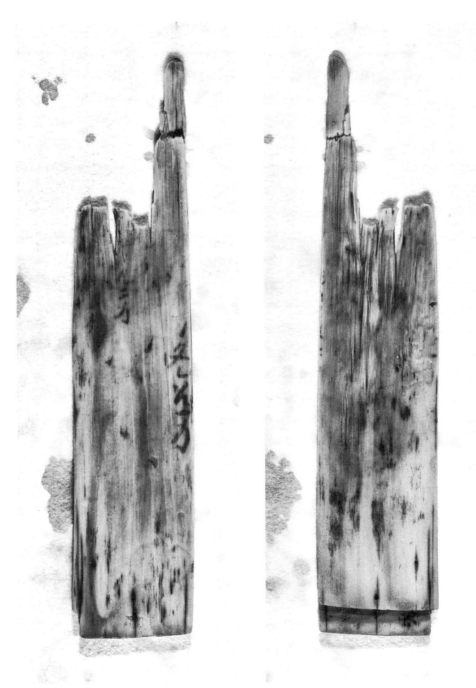

사진 4. (4) 木簡

III. 三ッ和 遺跡 출토 木簡의 意義

木簡에 쓰여진 稻의 출납부 등을 포함하고 있어 일반적으로는 記錄簡으로 불리고 있지만, 三ッ和 遺跡 출토 木簡은 9세기에 있던 지역사회에서 記錄簡을 작성하는 것에 대해 다양한 관점을 보여주고 있다.

이미 언급한 것같이 이들 木簡은 모두 본래는 曲物로 알려진 木製 食膳具로서 사용되었던 것이 木簡으로 轉用된 것이다. 木製 食膳具가 木簡으로 轉用된 事例는 이미 본지에서도 소개된 적이 있다.[3] 그리고 이들 木簡도 그와 같은 사례이다. 지방사회에서는 일반적으로 木製 食膳具의 밑부분 등을 이용해서 稻의 출납 기록 등을 남겨두고 있던 것이 이들 木簡에서도 증명되었다.

더욱이 이들 木簡은 木簡으로서 기능을 마쳤을 때, 井戸의 보강부재로서 재사용되어 그 역할을 다하였다. 木簡의 서사재료인 板材는 몇 번씩 이용된 후 최종적으로 폐기되었던 것이다. 木簡의 life cycle을 생각한다면 매우 흥미로운 사례라고 생각된다.

또 이들 木簡 전체의 내용을 고려하면 藤原宮에서 出土된 弘仁 元年(810)銘의 초기 장원 木簡과 매우 비슷하다. 이렇기 때문에 이들 木簡도 마찬가지로 9세기의 초기 장원과 관련된 記錄簡이라고 평가하는 것이 가능하지 않을까.

IV. 나오며

지금까지 埼玉県 川口市 三ッ和 유적에서 출토된 목간과 이와 유사한 목간을 검토함으로써 지방사회에 있던 쌀의 出納簿에 대해서 살펴보았다. 9세기 중반으로 추정되는 이 목간에는 쌀의 출납을 기록하고 있어 당시 쌀에 대한 통제가 이루어지고 있음을 알 수 있게 되었다. 게다가 이와 유사한 목간으로 藤原宮에서 출토된 목간에서는 초기 莊園을 살펴볼 수 있는 목간이 발견된 바 있어 埼玉県 川口市 三ッ和 유적도 이와 유사한 성격을 가진 출납 장부일 가능성이 높다는 것을 확인했다. 이는 앞으로 더 많은 자료를 통해 해결해야 하는 과제로 생각된다.

투고일: 2017. 4. 30   심사개시일: 2017. 5. 11   심사완료일: 2017. 5. 31

---

3) 三上喜孝, 2014 「일본 출토 고대 목간 −지방에서의 의례와 목간−」, 『木簡과 文字』 12.

참/고/문/헌

木簡学会編, 2003, 『日本古代木簡選』.

三上喜孝, 2013, 「出挙の運用」, 『日本古代の文字と地方社会』, 吉川弘文館.

三上喜孝, 2014, 「일본 출토 고대 목간 −지방에서의 의례와 목간−」, 『木簡과 文字』 12.

〈Abstract〉

Ancient wooden documents in Japan discovered recently

Mikami yoshitaka

This study aims to introduce by selecting what is particularly noteworthy among Mokkan products excavated from Japan recently. At this time, this study introduces Mokkan excavated from Mitsuwa ruins of Kawaguchi-shi, Saitama Prefecture that was disclosed to the public according to 『Study on Mokkan』 Vol. 38(2016) and at the same time, examines similar Mokkan products and consider the account books on rice in local communities.

Mitsuwa ruins of Kawaguchi-shi, Saitama Prefecture is a complex site from the late Jomon period to Edo period. In the 27th investigation of 2013, 54 Mokkan products were excavated from the wells of the Heian Period.

Four mokkan products were recorded by converting the bottom side of the large-sized wooden Sikseongu that was originally known as woodworking(曲物, まげもの). To look at the solvent for mokkan, it was finally reused as reinforced material for wells. These mokkan products are important data because they are helpful for understanding what life cycle mokkan have as member of frame-work between recordings in ancient local communities.

The contents can be guessed based on the account books recording the payment and acceptance of rice. It is thought that (1) is a record of payment of rice during farmer's slack season and (2) is a record of payment of rice in spring. As (1) has a calendar record for the first year of Insu (851), the era of mokkan can be seen as the mid 9th century. The most similar thing to these mokkan stuff can be taken as recording of mokkan of the initial manor with inscription in the first year of Hongin (810) excavated from Deungwon palace. Thus it is thought that mokkan excavated from Mitsuwa ruins is likely to be the account book of rice associated with the initial manor in middle of 9th century at the site.

▶Key words: woodworking(曲物, まげもの), interest income(payment), recording of mokkan, the initial manor

휘/보

학회소식, 정기발표회, 신년휘호, 자료교환

학회소식, 정기발표회, 신년휘호, 자료교환

1. 학회소식

1) 제27차 운영회의

* 일시 및 장소 : 2017년 1월 4일(금) 국립고궁박물관 고궁뜨락

* 신구임원 인사

* 정기발표회 및 하계워크샵 주제 논의

2) 제10회 정기총회

* 일시 및 장소 : 2017년 1월 4일(금) 국립중앙박물관 제1강의실

* 제6기 임원 소개

* 2017년 연간계획 수립

* 2015~2016년 결산보고

3) 2017년 해외현장조사

* 일시 및 장소 : 2017년 2월 6일~10일, 日本 高崎, 埼玉, 長野, 糸魚川, 高岡, 能登

* 참석인원 : 김경남, 김민수, 김병준, 김양동, 김영심, 김창석, 김희연, 박성종, 서근우, 서영교, 오택현, 윤선태, 이영호, 정승혜, 정지은, 정현숙, 주보돈, 지미미, 최연식, 최홍조 (ㄱㄴㄷ순)

「石碑文化の伝播示す」
韓国木簡学会が高評価

上野三碑
「世界の記憶」候補

古代の日本と韓国の関わりを調査するため、韓国の学者らでつくる韓国木簡学会が6日、国連教育科学文化機関（ユネスコ）の「世界の記憶」の登録を目指す高崎市の「上野三碑」の多胡碑と金井沢碑を視察した。学会は、韓国の石碑と碑の形や刻まれた文字の文体に共通する点があるとし、「大陸発祥の石碑文化がどのように東方に伝わったか示せる貴重な史料」と高く評価した。

金井沢碑を視察する韓国木簡学会員

古代の木簡や石碑に刻まれた古代文字の解析や研究を行う団体で、早稲田大教授の李成市会長ら20人が来県。県立女子大の熊倉浩靖教授や上智大の瀬間正之教授、同市、県文化振興課の案内や解説を受けた。

李会長は、金井沢碑は新羅時代の石碑と作り方から石碑時代の石碑と似ているとし、「古代の韓国と日本が深い関係で結ばれていたことがわかる。なぜ共通性が生まれたのか研究したい」と話した。

また、外交問題を抱える両国関係について、「東アジア地域では隣国を媒介に文明を受容してきた歴史があり、非常に重要だ。古代の韓国と日本がパートナーである」と訴えた。

熊倉教授は「両国の文化には共通点が多く、強い関心を示してくれた」。国際的な視点を示した。

上野三碑を視察、調査
韓国木簡学会
6日 古代の交流、価値確認

古代の日本と韓国の関わりを調査するため、韓国の学者らでつくる韓国木簡学会が2月6日、国連教育科学機関（ユネスコ）の「世界の記憶」の登録を目指す「上野三碑」（山上碑、多胡碑、金井沢碑）を視察する。朝鮮半島の文化や人との研究交流を受けた三碑について県内の研究者から説明を受け、東アジアの人と文化の交流を示す石碑群について、国際的な共同研究に発展する可能性があり、県関係者とは三碑の魅力発信につながるとして視察の成果に期待を寄せている。

木簡からも同様の書き方が見られるといい、古代語の専門家による視察により、新たな発見も期待されている。

学会の新会長に今年就任した早稲田大の李成市教授は学会の国際化を目標に掲げており、瀬間教授は「上野三碑は最適の共同研究材料。日韓関係にきしみが生じる中、外交問題を超えて、学術的な面から交流が深まってほしい」と期待している。

県文化振興課は「上野三碑の含める本県の東国文化の価値を本格化させる意向を示し、三碑を日本や中国との共同研究を本格化させる意向を示し、石碑文化などでつながるまな形で協力していきたい」としている。

開催 6日
八王子丘陵ファン

太田、桐生両市にまたがる八王子丘陵を舞台にした「2017上州八王子丘陵ファントレイル in OTA」（太田青年会議所主催）が6月4日、太田市の八王子山公園（北部運動公園）を発着点に行われる。過去2回は6月に実施したが、今回は10月に変更し定員を100人増やした。大会プロデューサーを務める…

甘い香り ほのか
安中・寒紅梅

安中市西上秋間の群馬フラワーハイランド（中山折代表）で、約600本の寒紅梅が咲き始め、来園者がピンクの花を眺めながら、ほのかな甘い香りを楽しんでいる＝写真。

中山代表によると、寒紅梅は10日ごろに開花が始まり、園内を徐々に色づかせている。気温の上昇とともに花びらの赤みが増し、香りが高まるといい、3月下旬まで楽しめそう。

山の斜面に広がる5万平方㍍の同園は約50種の草花が植えられ、今の季節はロウバイやスイセンなども楽しめる。来園者には梅の枝をプレゼントしている。

（スマホで動画が見られます 初めて見る人はこちら）

公共施設の管理
社会変化に対応
高崎市が計画素案

公共施設の老朽化や少子高齢化による社会構造の変化などに対応するため、高崎市は市公共施設等総合管理計画の素案をまとめた。期間は2025年度までの10年間。施設の安全性を確保した上で長寿命化を図る…

災害時
県防…

県防災会議（会長・大沢正明知事）は24日、災害発生時に他県からの支援を円滑に受け入れるための…

2. 정기발표회

1) 제25회 정기발표회
* 일시 : 2017년 1월 4일(금) 오후 1:30~6:00
* 장소 : 국립중앙박물관 제1강의실
* 주최 : 한국목간학회 · 국립중앙박물관 고고역사부

* 1부 연구발표 − 사회 : 김재홍(국민대)
  윤용구(인천도시공사), 宋元版 三國志「東夷傳」研究
  윤선태(동국대학교), 〈신라촌락문서〉 '妻'의 書體
* 2부 신년휘호 − 사회 : 최연식(동국대)
  무곡 최석화
* 3부 연구발표 − 사회 : 이병호(국립미륵사지유물전시관)
  최장미(국립가야문화재연구소), 함안성산산성 출토 목간 소개
  박찬문(불교문화재연구소), 삼척 흥전리 사지 출토 고승비편 소개
  조미영(원광대학교), 화엄사 〈화엄석경〉의 조성시기와 저본에 관하여

2) 제26회 정기발표회
* 일시 : 2017년 4월 21일(금) 오후 1시~6시
* 장소 : 동국대학교 다향관 세미나실
* 주최 : 한국목간학회 · 동국역사문화연구소
* 후원 : 동북아역사재단

* 1부 연구발표 − 사회 : 최연식(동국대)
  발표1 : 김병준(서울대), 중국 초기 비석의 형태 변화에 대한 검토
  토론1 : 윤용구(인천도시개발공사)
  발표2 : 고광의(동북아역사재단), 고구려 초기 비석의 형태와 형식에 대한 검토
  토론2 : 안정준(경희대)
  발표3 : 엄기표(단국대), 신라 초기비의 형태와 형식에 대한 검토
  토론3 : 하병엄(부산박물관)

* 2부 연구발표 − 사회 : 윤선태(동국대)
  발표4 : Phạm Lê Huy(베트남 하노이국립대학), 베트남 고비의 형태와 형식에 대한 검토

토론4 : 정재균(성균관대)

발표5 : 前澤和之(日本 上野三碑世界記憶遺産登録推進協議会委員), 일본 초기비의 형태와 형식
에 대한 검토

토론5 : 김재홍(국민대)

3. 신년휘호

    * 2016년 1월 4일

    * 무곡 최석화

4. 자료교환

日本木簡學會와의 資料交換

* 日本木簡學會 『木簡研究』 수령 (2016년 3월)
* 韓國木簡學會 『木簡과 文字』 17호 일본 발송 (2017년 2월)

부/록

학회 회칙, 간행예규, 연구윤리규정

학회 회칙

제 1 장 총칙

제 1 조 (명칭)   본회는 한국목간학회(韓國木簡學會, The Korean Society for the Study of Wooden Documents)라 한다.

제 2 조 (목적)   본회는 목간을 비롯한 금석문, 고문서 등 문자자료와 기타 문자유물을 중심으로 한 연구 및 학술조사를 통하여 한국의 목간학 발전에 이바지함을 목적으로 한다.

제 3 조 (사업)   본회는 목적에 부합하는 다음의 사업을 한다.
1. 연구발표회
2. 학보 및 기타 간행물 발간
3. 유적·유물의 답사 및 조사 연구
4. 국내외 여러 학회들과의 공동 학술연구 및 교류
5. 기타 위의 각 사항의 사업을 수행하기 위해 필요한 사업

제 4 조 (회원의 구분과 자격)
① 본회의 회원은 본회의 목적에 동의하여 회비를 납부하는 개인 또는 기관으로서 연구회원, 일반회원 및 학생회원으로 구분하며, 따로 명예회원, 특별회원을 둘 수 있다.
② 연구회원은 평의원 2인 이상의 추천을 받아 평의원회에서 심의, 인준한다.
③ 일반회원은 연구회원과 학생회원이 아닌 사람과 기관 및 단체로 한다.
④ 학생회원은 대학생과 대학원생으로 한다.
⑤ 명예회원은 본회의 발전에 크게 기여한 회원 또는 개인 중에서 운영위원회에서 추천하여 평의원회에서 인준을 받은 사람으로 한다.
⑥ 특별회원은 본회의 활동과 운영에 크게 기여한 개인 또는 기관 중에서 운영위원회에서 추천하여 평의원회에서 인준을 받은 사람으로 한다.

제 5 조 (회원징계)　　회원으로서 본회의 명예를 손상시키거나 회칙을 준수하지 않았을 경우 평의원회의 심의와 총회의 의결에 따라 자격정지, 제명 등의 징계를 할 수 있다.

제 2 장　조직 및 기능

제 6 조 (조직)　　본회는 총회·평의원회·운영위원회·편집위원회를 두며, 필요한 경우 별도의 위원회를 구성할 수 있다.

제 7 조 (총회)
　　① 총회는 정기총회와 임시총회로 나누며, 정기총회는 2년에 1회 정기적으로 개최하고 임시총회는 필요한 때에 소집할 수 있다.
　　② 총회는 회장이나 평의원회의 의결로 소집한다.
　　③ 총회는 평의원회에서 심의한 학회의 회칙, 운영예규의 개정 및 사업과 재정 등에 관한 보고를 받고 이를 의결한다.
　　④ 총회는 평의원회에서 추천한 회장, 평의원, 감사를 인준한다. 단 회장의 인준이 거부되었을 때는 평의원회에서 재추천하도록 결정하거나 총회에서 직접 선출한다.

제 8 조 (평의원회)
　　① 평의원은 연구회원 중 평의원회의 추천을 받아 총회에서 인준한 자로 한다.
　　② 평의원회는 회장을 포함한 평의원으로 구성한다.
　　③ 평의원회는 회장 또는 평의원 4분의 1 이상의 요구로써 소집한다.
　　④ 평의원회는 아래의 사항을 추천, 심의, 의결한다.
　　　　1. 회장, 평의원, 감사, 편집위원의 추천
　　　　2. 회칙개정안, 운영예규의 심의
　　　　3. 학회의 재정과 사업수행의 심의
　　　　4. 연구회원, 명예회원, 특별회원의 인준
　　　　5. 회원의 자격정지, 제명 등의 징계를 심의

제 9 조 (운영위원회)
　　① 운영위원회는 회장과 회장이 지명하는 부회장, 총무·연구·편집·섭외이사 등 20명 내외로 구성하고, 실무를 담당할 간사를 둔다.
　　② 운영위원회는 평의원회에서 심의·의결한 사항을 집행하며, 학회의 제반 운영업무를 담당한다.
　　③ 부회장은 회장을 도와 학회의 업무를 총괄 지원하며, 회장 유고시에는 회장의 권한을 대행한다.

④ 총무이사는 학회의 통상 업무를 담당, 집행한다.

⑤ 연구이사는 연구발표회 및 각종 학술대회의 기획을 전담한다.

⑥ 편집이사는 편집위원을 겸하며, 학보 및 기타 간행물의 출간을 전담한다.

⑦ 섭외이사는 학술조사를 위해 자료소장기관과의 섭외업무를 전담한다.

제 10 조 (편집위원회)　편집위원회는 학보 발간 및 기타 간행물의 출간에 관한 제반사항을 담당하며, 그 구성은 따로 본회의 운영예규에 정한다.

제 11 조 (기타 위원회)　기타 위원회의 구성과 활동은 회장이 결정하며, 그 내용을 평의원회에 보고한다.

제 12 조 (임원)

① 회장은 본회를 대표하고 총회와 각급회의를 주재하며, 임기는 2년으로 한다.

② 평의원은 제 8 조의 사항을 담임하며, 임기는 종신으로 한다.

③ 감사는 평의원회에 출석하고, 본회의 업무 및 재정을 감사하여 총회에 보고하며, 그 임기는 2년으로 한다.

④ 임원의 임기는 1월 1일부터 시작한다.

⑤ 임원이 유고로 업무를 수행할 수 없게 된 때에는 평의원회에서 보궐 임원을 선출하고 다음 총회에서 인준을 받으며, 그 임기는 전임자의 잔여임기가 1년 미만인 경우는 잔여임기에 규정임기 2년을 더한 기간으로 하고, 잔여임기가 1년 이상인 경우는 잔여기간으로 한다.

제 13 조 (의결)

① 총회에서의 인준과 의결은 출석 회원의 과반수로 한다.

② 평의원회는 평의원 4분의 1 이상의 출석으로 성립하며, 의결은 출석한 평의원 과반수의 찬성으로 한다.

제 3 장 출판물의 발간

제 14 조 (출판물)

① 본회는 매년 6월 30일과 12월 31일에 학보를 발간하고, 그 명칭은 "목간과 문자"(한문 "木簡과 文字", 영문 "Wooden documents and Inscriptions Studies")로 한다.

② 본회는 학보 이외에 본회의 목적에 부합하는 출판물을 발간할 수 있다.

③ 본회가 발간하는 학보를 포함한 모든 출판물의 저작권은 본 학회에 속한다.

제 15 조 (학보 게재 논문 등의 선정과 심사)

① 학보에는 회원의 논문 및 본회의 목적에 부합하는 주제의 글을 게재함을 원칙으로 한다.

② 논문 등 학보 게재물은 편집위원회에서 선정한다.

③ 논문 등 학보 게재물의 선정 기준과 절차는 따로 본회의 운영예규에 정한다.

제 4 장 재정

제 16 조 (재원)   본회의 재원은 회비 및 기타 수입으로 한다.

제 17 조 (회계연도)   본회의 회계연도 기준일은 1월 1일로 한다.

제 5 장 기타

제 18 조 (운영예규)   본 회칙에 명시하지 않은 운영에 필요한 사항은 따로 운영예규에 정한다.

제 19 조 (기타사항)   본 회칙에 규정되지 않은 사항은 일반관례에 따른다

부칙

1. 본 회칙은 2007년 1월 9일부터 시행한다.

2. 본 회칙은 2009년 1월 9일부터 시행한다.

3. 본 회칙은 2012년 1월 18일부터 시행한다.

4. 본 회칙은 2015년 10월 31일부터 시행한다.

편집위원회에 관한 규정

제 1 장 총칙

제 1 조 (명칭)   본 규정은 '편집위원회에 관한 규정'이라 한다.

제 2 조 (목적)   본 규정은 한국목간학회 편집위원회의 조직 및 편집 활동 전반에 관한 세부 사항을 규정하는 것을 목적으로 한다.

제 2 장 조직 및 권한

제 3 조 (구성)   편집위원회는 회칙에 따라 구성한다.

제 4 조 (편집위원의 임명)   편집위원은 세부 전공 분야 및 연구 업적을 감안하여 평의원회에서 추천하며, 회장이 임명한다.

제 5 조 (편집위원장의 선출)   편집위원장은 편집위원 전원의 무기명 비밀투표 방식으로 편집위원 중에서 선출한다.

제 6 조 (편집위원장의 권한)   편집위원장은 편집회의의 의장이 되며, 학회지의 편집 및 출판 활동 전반에 대하여 권한을 갖는다.

제 7 조 (편집위원의 자격)   편집위원은 다음과 같은 조건을 갖춘자로 한다.
1. 박사학위를 소지한 자.
2. 대학의 전임교수로서 5년 이상의 경력을 갖추었거나, 이와 동등한 연구 경력을 갖춘자.
3. 역사학·고고학·보존과학·국어학 또는 이와 관련된 분야에서 연구 업적이 뛰어나고 학계의 명망과 인격을 두루 갖춘자.

4. 다른 학회의 임원이나 편집위원으로 과다하게 중복되지 않은 자.

제 8 조 (편집위원의 임기) 편집위원의 임기는 2년으로 하되, 연임할 수 있다.

제 9 조 (편집자문위원) 학회지 및 기타 간행물의 편집 및 출판 활동과 관련하여 필요시 국내외의 편집자문위원을 둘 수 있다.

제 10 조 (편집간사) 학회지를 비롯한 제반 출판 활동 업무를 원활히 하기 위하여 편집간사 약간 명을 둘 수 있다.

제 3 장 임무와 활동

제 11 조 (편집위원회의 임무와 활동) 편집위원회의 임무와 활동 내용은 다음과 같다.
1. 학회지의 간행과 관련된 제반 업무.
2. 학술 단행본의 발행과 관련된 제반 업무.
3. 기타 편집 및 발행과 관련된 제반 활동.

제 12 조 (편집간사의 임무) 편집간사는 편집위원회의 업무와 활동을 보조하며, 편집과 관련된 회계의 실무를 담당한다.

제 13 조 (학회지의 발간일) 학회지는 1년에 2회 발행하며, 그 발행일자는 6월 30일과 12월 31일로 한다.

제 4 장 편집회의

제 14 조 (편집회의의 소집) 편집회의는 편집위원장이 수시로 소집하되, 필요한 경우에는 3인 이상의 편집위원이 발의하여 회장의 동의를 얻어 편집회의를 소집할 수 있다. 또한 심사위원의 추천 및 선정 등에 필요한 경우에는 전자우편을 통한 의견 수렴으로 편집회의를 대신할 수 있다.

제 15 조 (편집회의의 성립) 편집회의는 편집위원장을 포함한 편집위원 과반수의 출석으로 성립된다.

제 16 조 (편집회의의 의결) 편집회의의 제반 안건은 출석 위원 과반수의 찬성으로 의결하되, 찬반 동수인 경우에는 편집위원장이 결정한다.

제 17 조 (편집회의의 의장)   편집위원장은 편집회의의 의장이 된다. 편집위원장이 참석하지 아니한 경우에는 편집위원 중의 연장자가 의장이 된다.

제 18 조 (편집회의의 활동)   편집회의는 학회지의 발행, 논문의 심사 및 편집, 기타 제반 출판과 관련된 사항에 대하여 논의하고 결정한다.

부칙
제1조 이 규정은 운영위원회의 의결을 거쳐 2007년 11월 24일부터 시행한다.
제2조 이 규정은 운영위원회의 의결을 거쳐 2009년 1월 9일부터 시행한다.
제3조 이 규정은 운영위원회의 의결을 거쳐 2012년 1월 18일부터 시행한다.

학회지 논문의 투고와 심사에 관한 규정

제 1 장 총칙

제 1 조 (명칭) 본 규정은 '학회지 논문의 투고와 심사에 관한 규정'이라 한다.

제 2 조 (목적) 본 규정은 한국목간학회의 학회지인『목간과 문자』에 수록할 논문의 투고와 심사에 관한 절차를 정하고 관련 업무를 명시함에 목적을 둔다.

제 2 장 원고의 투고

제 3 조 (투고 자격) 논문의 투고 자격은 회칙에 따르되, 당해 연도 회비를 납부한 자에 한한다.

제 4 조 (투고의 조건) 본 학회에서 발표한 논문에 한하여 투고하는 것을 원칙으로 한다.

제 5 조 (원고의 분량) 원고의 분량은 학회지에 인쇄된 것을 기준으로 각종의 자료를 포함하여 30면 내외로 하되, 자료의 영인을 붙이는 경우에는 면수 계산에서 제외한다.

제 6 조 (원고의 작성 방식) 원고의 작성 방식과 요령 등에 관하여는 별도의 내규를 정하여 시행한다.

제 7 조(원고의 언어) 원고는 한국어로 작성함을 원칙으로 하되, 외국어로 작성된 원고의 게재 여부는 편집회의에서 정한다.

제 8 조 (제목과 필자명) 논문 제목과 필자명은 영문으로 附記하여야 한다.

제 9 조 (국문초록과 핵심어) 논문을 투고할 때에는 국문과 외국어로 된 초록과 핵심어를 덧붙여야 한다. 요약문과 핵심어의 작성 요령은 다음과 같다.

1. 국문초록은 논문의 내용과 논지를 잘 간추려 작성하되, 외국어 요약문은 영어, 중국어, 일어 중의 하나로 작성한다.
2. 국문초록의 분량은 200자 원고지 5매 내외로 한다.
3. 핵심어는 논문의 주제 및 내용을 대표할 만한 단어를 뽑아서 요약문 뒤에 행을 바꾸어 제시한다.

제 10 조 (논문의 주제 및 내용 조건)   논문의 주제 및 내용은 다음에 부합하여야 한다.
1. 국내외의 출토 문자 자료에 대한 연구 논문
2. 국내외의 출토 문자 자료에 대한 소개 또는 보고 논문
3. 국내외의 출토 문자 자료에 대한 역주 또는 서평 논문

제 11 조 (논문의 제출처)   심사용 논문은 편집이사에게 제출한다.

제 3 장   원고의 심사

제 1 절 : 심사자

제 12 조 (심사자의 자격)   심사자는 논문의 주제 및 내용과 관련된 분야에서 박사학위를 소지한 자를 원칙으로 하되, 본 학회의 회원 가입 여부에 구애받지 아니한다.

제 13 조 (심사자의 수)   심사자는 논문 한 편당 2인 이상 5인 이내로 한다.

제 14 조 (심사 의뢰)   편집위원장은 편집회의에서 추천·의결한 바에 따라 심사자를 선정하여 심사를 의뢰하도록 한다. 편집회의에서의 심사자 추천은 2배수로 하고, 편집회의의 의결을 거쳐 선정한다.

제 15 조 (심사자에 대한 이의)   편집위원장은 심사자 위촉 사항에 대하여 대외비로 회장에게 보고하며, 회장은 편집위원장에게 이의를 제기할 수 있다. 심사자 위촉에 대한 이의에 대하여는 편집회의를 거쳐 편집위원장이 심사자를 변경할 수 있다. 다만, 편집회의 결과 원래의 위촉자가 재선정되었을 경우 편집위원장은 회장에게 그 사실을 구두로 통지하며, 통지된 사항에 대하여 회장은 이의를 제기할 수 없다.

제 2 절 : 익명성과 비밀 유지

제 16 조 (익명성과 비밀 유지 조건)   심사용 원고는 반드시 익명으로 하며, 심사에 관한 제반 사항은 편집위원장 책임하에 반드시 대외비로 하여야 한다.

제 17 조 (익명성과 비밀 유지 조건의 위배에 대한 조치)   위 제16조의 조건을 위배함으로 인해 심사자에게 중대한 피해를 입혔을 경우에는 편집위원 3인 이상의 발의로써 편집위원장의 동의 없이도 편집회의를 소집할 수 있으며, 다음 각 호에 따라 위배한 자에 따라 사안별로 조치한다. 또한 해당 심사자에게는 편집위원장 명의로 지체없이 사과문을 심사자에게 등기 우송하여야 한다. 편집위원장 명의를 사용하지 못할 경우에는 편집위원 전원이 연명하여 사과문을 등기 우송하여야 한다. 익명성과 비밀 유지 조건에 대한 위배 사실이 학회의 명예를 손상한 경우에는 편집위원 3인의 발의만으로써도 해당 편집위원장 및 편집위원에 대한 징계를 회장에게 요청할 수 있으며, 이 경우 그 처리 결과를 학회지에 공지하여야 한다.

1. 편집위원장이 위배한 경우에는 편집위원장을 교체한다.
2. 편집위원이 위배한 경우에는 편집위원직을 박탈한다.
3. 임원을 겸한 편집위원의 경우에는 회장에게 교체하도록 요청한다.
4. 편집간사 또는 편집보조가 위배한 경우에는 편집위원장이 당사자를 해임한다.

제 18 조 (편집위원의 논문에 대한 심사)   편집위원이 투고한 논문을 심사할 때에는 해당 편집위원을 궐석시킨 후에 심사자를 선정하여야 하며, 회장에게도 심사자의 신원을 밝히지 않는 것을 원칙으로 한다.

제 3 절 : 심사 절차

제 19 조 (논문심사서의 구성 요건)   논문심사서에는 '심사 소견', 그리고 '수정 및 지적사항'을 적는 난이 포함되어야 한다.

제 20 조 (심사 소견과 영역별 평가)   심사자는 심사 논문에 대하여 영역별 평가를 감안하여 종합판정을 한다. 심사 소견에는 영역별 평가와 종합판정에 대한 근거 및 의견을 총괄적으로 기술함을 원칙으로 한다.

제 21 조 (수정 및 지적사항)   '수정 및 지적사항'란에는 심사용 논문의 면수 및 수정 내용 등을 구체적으로 지시하여야 한다.

제 22 조 (심사 결과의 전달)   편집간사는 편집위원장의 지시를 받아 투고자에게 심사자의 논문심사서와 심사용 논문을 전자우편 또는 일반우편으로 전달하되, 심사자의 신원이 드러나지 않도록 각별히 유의하여야 한다. 논문 심사서 중 심사자의 인적 사항은 편집회의에서도 공개하지 않는다.

제 23 조 (수정된 원고의 접수)   투고자는 논문심사서를 수령한 후 소정 기일 내에 원고를 수정하여 편집위원장에게 송부하여야 한다. 기한을 넘겨 접수된 수정 원고는 학회지의 다음 호에 접수된 투고 논

문과 동일한 심사 절차를 밟되, 논문심사료는 부과하지 않는다.

제 4 절 : 심사의 기준과 게재 여부 결정

제 24 조 (심사 결과의 종류)　심사 결과는 '종합판정'과 '영역별 평가'로 나누어 시행한다.

제 25 조 (종합판정과 등급)　종합판정은 ①게재 가, ②수정후 재심사, ③게재 불가 중의 하나로 한다.

제 26 조 (영역별 평가)　영역별 평가 기준은 다음과 같다.
1. 학계에의 기여도
2. 연구 내용 및 방법론의 참신성
3. 논지 전개의 타당성
4. 논문 구성의 완결성
5. 문장 표현의 정확성

제 27 조 (게재 여부의 결정 기준)　심사용 논문의 학회지 게재 여부는 심사자의 종합판정에 의거하여 이들을 합산하여 시행한다. 게재 여부의 결정은 최종 수정된 원고를 대상으로 한다.

제 28 조 (게재 여부 결정의 조건)　게재 여부 결정의 조건은 다음과 같다.
1. 심사자의 2분의 1 이상이 위 제25조의 '①게재 가'로 판정한 경우에는 게재한다.
2. 심사자의 2분의 1 이상이 위 제25조의 '③게재 불가'로 판정한 경우에는 게재를 불허한다.

제 29 조 (게재 여부에 대한 논의)　위 제28조의 경우가 아닌 논문에 대하여는 편집회의의 토의를 거친 후에 게재 여부를 확정하되, 이 때에는 영역별 평가를 참조한다.

제 30 조 (논문 게재 여부의 통보)　편집위원장은 논문 게재 여부에 대한 최종 확정 결과를 투고자에게 통보하여야 한다.

제 5 절 : 이의 신청

제 31 조 (이의 신청)　투고자는 심사와 논문 게재 여부에 대하여 이의를 신청할 수 있다. 이 때에는 200자 원고지 5매 내외의 이의신청서를 작성하여 심사 결과 통보일 15일 이내에 편집위원장에게 송부하여야 하며, 편집위원장은 이의 신청 접수일로부터 15일 이내에 이에 대한 처리 절차를 완료하여야 한다.

제 32 조 (이의 신청의 처리)   이의 신청을 한 투고자의 논문에 대해서는 편집회의에서 토의를 거쳐 이의 신청의 수락 여부를 의결한다. 수락한 이의 신청에 대한 조치 방법은 편집회의에서 결정한다.

제 4 장 게재 논문의 사후 심사 및 조치

제 1 절 : 게재 논문의 사후 심사

제 33 조 (사후 심사)   학회지에 게재된 논문에 대하여는 사후 심사를 할 수 있다.

제 34 조 (사후 심사 요건)   사후 심사는 편집위원회의 자체 판단 또는 접수된 사후심사요청서의 검토 결과, 대상 논문이 그 논문이 수록된 본 학회지 발행일자 이전의 간행물 또는 타인의 저작권에 귀속시킬 만한 연구 내용을 현저한 정도로 표절 또는 중복 게재한 것으로 의심되는 경우에 한한다.

제 35 조 (사후심사요청서의 접수)   게재 논문의 표절 또는 중복 게재와 관련하여 사후 심사를 요청하는 사후심사요청서를 편집위원장 또는 편집위원회에 접수할 수 있다. 이 경우 사후심사요청서는 밀봉하고 겉봉에 '사후심사요청'임을 명기하되, 발신자의 신원을 겉봉에 노출시키지 않음을 원칙으로 한다.

제 36 조 (사후심사요청서의 개봉)   사후심사요청서는 편집위원장 또는 편집위원장이 위촉한 편집위원이 개봉한다.

제 37 조 (사후심사요청서의 요건)   사후심사요청서는 표절 또는 중복 게재로 의심되는 내용을 구체적으로 밝혀야 한다.

제 2 절 : 사후 심사의 절차와 방법

제 38 조 (사후 심사를 위한 편집위원회 소집)   게재 논문의 표절 또는 중복 게재에 관한 사실 여부를 심의하고 사후 심사자의 선정을 비롯한 제반 사항을 의결하기 위해 편집위원장은 편집위원회를 소집할 수 있다.

제 39 조 (질의서의 우송)   편집위원회의 심의 결과 표절이나 중복 게재의 개연성이 있다고 판단된 논문에 대해서는 그 진위 여부에 대해 편집위원장 명의로 해당 논문의 필자에게 질의서를 우송한다.

제 40 조 (답변서의 제출)   위 제39조의 질의서에 대해 해당 논문 필자는 질의서 수령 후 30일 이내

편집위원장 또는 편집위원회에 답변서를 제출하여야 한다. 이 기한 내에 답변서가 없을 경우엔 질의서의 내용을 인정한 것으로 판단한다.

제 3 절 : 사후 심사 결과의 조치

제 41 조 (사후 심사 확정을 위한 편집위원회 소집) 편집위원장은 답변서를 접수한 날 또는 마감 기한으로부터 15일 이내에 사후 심사 결과를 확정하기 위한 편집위원회를 소집한다.

제 42 조 (심사 결과의 통보) 편집위원장은 편집위원회에서 확정한 사후 심사 결과를 7일 이내에 사후 심사를 요청한 이 및 관련 당사자에게 통보하여야 한다.

제 43 조 (표절 및 중복 게재에 대한 조치) 편집위원회에서 표절 또는 중복 게재로 확정된 경우에는 회장에게 지체 없이 보고하고, 회장은 운영위원회를 소집하여 다음 각 호와 같은 조치를 집행할 수 있다.
 1. 차호 학회지에 그 사실 관계 및 조치 사항들을 기록한다.
 2. 학회지 전자판에서 해당 논문을 삭제하고, 학회논문임을 취소한다.
 3. 해당 논문 필자에 대하여 제명 조치하고, 향후 5년간 재입회할 수 없도록 한다.
 4. 관련 사실을 한국연구재단에 보고한다.

제 4 절 : 제보자의 보호

제 44 조 (제보자의 보호) 표절 및 중복 게재에 관한 이의 및 논의를 제기하거나 사후 심사를 요청한 사람에 대해서는 신원을 절대적으로 밝히지 않고 익명성을 보장하여야 한다.

제 45 조 (제보자 보호 규정의 위배에 대한 조치) 위 제44조의 규정을 위배한 이에 대한 조치는 위 제17조에 준하여 시행한다.

부칙
제1조(시행일자) 본 규정은 2007년 11월 24일부터 시행한다.
제2조(시행일자) 본 규정은 2009년 1월 9일부터 시행한다.
제3조(시행일자) 본 규정은 2015년 10월 31일부터 시행한다.

학회지 논문의 투고와 원고 작성 요령에 관한 내규

제 1 조 (목적)   이 내규는 본 한국목간학회의 회칙 및 관련 규정에 따라 학회지에 게재하는 논문의 투고와 원고 작성 요령에 대하여 명시하는 것을 목적으로 한다.

제 2 조 (논문의 종류)   학회지에 게재되는 논문은 심사 논문과 기획 논문으로 나뉜다. 심사 논문은 본 학회의 학회지 논문의 투고와 심사에 관한 규정에 따른 심사 절차를 거쳐 게재된 논문을 가리키며, 기획 논문은 편집위원회에서 기획하여 특정의 연구자에게 집필을 위촉한 논문을 가리킨다.

제 3 조 (기획 논문의 집필자)   기획 논문의 집필자는 본 학회의 회원 여부에 구애받지 아니한다.

제 4 조 (기획 논문의 심사)   기획 논문에 대하여도 심사 논문과 동일한 절차의 심사를 시행하는 것을 원칙으로 하되, 편집위원회의 의결을 거쳐 심사를 면제할 수 있다.

제 5 조 (투고 기한)   논문의 투고 기한은 매년 4월 말과 10월 말로 한다.

제 6 조 (수록호)   4월 말까지 투고된 논문은 심사 과정을 거쳐 같은 해의 6월 30일에 발행하는 학회지에 수록하며, 10월 말까지 투고된 논문은 같은 해의 12월 31일에 간행하는 학회지에 수록하는 것을 원칙으로 한다.

제 7 조 (수록 예정일자의 변경 통보)   위 제6조의 예정 기일을 넘겨 논문의 심사 및 게재가 이루어질 경우 편집위원장은 투고자에게 그 사실을 통보해 주어야 한다.

제 8 조 (게재료)   논문 게재의 확정시에는 일반 논문 5만원, 연구비 수혜 논문 30만원의 게재료를 납부하여야 한다.

제 9 조 (초과 게재료)   학회지에 게재하는 논문의 분량이 인쇄본을 기준으로 30면을 넘을 경우에는

1면 당 1만원의 초과 게재료를 부과할 수 있다.

　제 10 조 (원고료)　학회지에 게재되는 논문에 대하여는 소정의 원고료를 필자에게 지불할 수 있다. 원고료에 관한 사항은 운영위원회에서 결정한다.

　제 11 조 (익명성 유지 조건)　심사용 논문에서는 졸고 및 졸저 등 투고자의 신원을 드러내는 표현을 쓸 수 없다.

　제 12 조 (컴퓨터 작성)　논문의 원고는 컴퓨터로 작성함을 원칙으로 하며, 문장편집기 프로그램은 「훈글」을 사용할 것을 권장한다.

　제 13 조 (제출물)　원고 제출시에는 입력한 PC용 파일과 출력지 1부를 함께 송부하여야 한다.

　제 14 조 (투고자의 성명 삭제)　편집간사는 심사자에게 심사용 논문을 송부할 때 반드시 투고자의 성명과 기타 투고자의 신원을 알 수 있는 표현 등을 삭제하여야 한다.

　제 15 조 (출토 문자 자료의 표기 범례 등 기타)　출토 문자 자료의 표기 범례를 비롯하여 위에서 정하지 않은 학회지 논문의 투고와 원고 작성 요령 및 용어 사용 등에 관한 사항들은 일반적인 관행에 따르거나 편집위원회에서 결정한다.

　부칙
　제1조(시행일자) 이 내규는 2007년 11월 24일부터 시행한다.
　제2조(시행일자) 이 내규는 2009년 1월 9일부터 시행한다.
　제3조(시행일자) 이 내규는 2012년 1월 18일부터 시행한다.
　제4조(시행일자) 이 내규는 2015년 10월 31일부터 시행한다.

韓國木簡學會 研究倫理 規定

제 1 장 총칙

제 1 조 (명칭) 이 규정은 '한국목간학회 연구윤리 규정'이라 한다.
제 2 조 (목적) 이 규정은 한국목간학회 회칙 및 편집위원회 규정에 따른 연구윤리 등에 관한 세부사항을 규정하는 것을 목적으로 한다.

제 2 장 저자가 지켜야 할 연구윤리

제 3 조 (표절 금지) 저자는 자신이 행하지 않은 연구나 주장의 일부분을 자신의 연구 결과이거나 주장인 것처럼 논문이나 저술에 제시하지 않는다.

제 4 조 (업적 인정)
  1. 저자는 자신이 실제로 행하거나 공헌한 연구에 대해서만 저자로서의 책임을 지며, 또한 업적으로 인정받는다.
  2. 논문이나 기타 출판 업적의 저자나 역자가 여러 명일 때 그 순서는 상대적 지위에 관계없이 연구에 기여한 정도에 따라 정확하게 반영하여야 한다. 단순히 어떤 직책에 있다고 해서 저자가 되거나 제1저자로서의 업적을 인정받는 것은 정당화될 수 없다. 반면, 연구나 저술(번역)에 기여했음에도 공동저자(역자)나 공동연구자로 기록되지 않는 것 또한 정당화될 수 없다. 연구나 저술(번역)에 대한 작은 기여는 각주, 서문, 사의 등에서 적절하게 고마움을 표시한다.

제 5 조 (중복 게재 금지) 저자는 이전에 출판된 자신의 연구물(게재 예정이거나 심사 중인 연구물 포함)을 새로운 연구물인 것처럼 투고하지 말아야 한다.

제 6 조 (인용 및 참고 표시)
  1. 공개된 학술 자료를 인용할 경우에는 정확하게 기술하도록 노력해야 하고, 상식에 속하는 자료

가 아닌 한 반드시 그 출처를 명확히 밝혀야 한다. 논문이나 연구계획서의 평가 시 또는 개인적인 접촉을 통해서 얻은 자료의 경우에는 그 정보를 제공한 연구자의 동의를 받은 후에만 인용할 수 있다.

2. 다른 사람의 글을 인용하거나 아이디어를 차용(참고)할 경우에는 반드시 註[각주(후주)]를 통해 인용 여부 및 참고 여부를 밝혀야 하며, 이러한 표기를 통해 어떤 부분이 선행연구의 결과이고 어떤 부분이 본인의 독창적인 생각·주장·해석인지를 독자가 알 수 있도록 해야 한다.

제 7 조 (논문의 수정)　저자는 논문의 평가 과정에서 제시된 편집위원과 심사위원의 의견을 가능한 한 수용하여 논문에 반영되도록 노력하여야 하고, 이들의 의견에 동의하지 않을 경우에는 그 근거와 이유를 상세하게 적어서 편집위원(회)에게 알려야 한다.

제 3 장 편집위원이 지켜야 할 연구윤리

제 8 조 (책임 범위)　편집위원은 투고된 논문의 게재 여부를 결정하는 모든 책임을 진다.

제 9 조 (논문에 대한 태도)　편집위원은 학술지 게재를 위해 투고된 논문을 저자의 성별, 나이, 소속 기관은 물론이고 어떤 선입견이나 사적인 친분과도 무관하게 오로지 논문의 질적 수준과 투고 규정에 근거하여 공평하게 취급하여야 한다.

제 10 조 (심사 의뢰)　편집위원은 투고된 논문의 평가를 해당 분야의 전문적 지식과 공정한 판단 능력을 지닌 심사위원에게 의뢰해야 한다. 심사 의뢰 시에는 저자와 지나치게 친분이 있거나 지나치게 적대적인 심사위원을 피함으로써 가능한 한 객관적인 평가가 이루어질 수 있도록 노력한다. 단, 같은 논문에 대한 평가가 심사위원 간에 현저하게 차이가 날 경우에는 해당 분야 제3의 전문가에게 자문을 받을 수 있다.

제 11 조 (비밀 유지)　편집위원은 투고된 논문의 게재가 결정될 때까지는 심사자 이외의 사람에게 저자에 대한 사항이나 논문의 내용을 공개하면 안 된다.

제 4 장 심사위원이 지켜야 할 연구윤리

제 12조 (성실 심사)　심사위원은 학술지의 편집위원(회)이 의뢰하는 논문을 심사규정이 정한 기간 내에 성실하게 평가하고 평가 결과를 편집위원(회)에게 통보해 주어야 한다. 만약 자신이 논문의 내용을 평가하기에 적임자가 아니라고 판단될 경우에는 편집위원(회)에게 지체 없이 그 사실을 통보한다.

제 13 조 (공정 심사)   심사위원은 논문을 개인적인 학술적 신념이나 저자와의 사적인 친분 관계를 떠나 객관적 기준에 의해 공정하게 평가하여야 한다. 충분한 근거를 명시하지 않은 채 논문을 탈락시키거나, 심사자 본인의 관점이나 해석과 상충된다는 이유로 논문을 탈락시켜서는 안 되며, 심사 대상 논문을 제대로 읽지 않은 채 평가해서도 안 된다.

제 14 조 (평가근거의 명시)   심사위원은 전문 지식인으로서의 저자의 인격과 독립성을 존중하여야 한다. 평가 의견서에는 논문에 대한 자신의 판단을 밝히되, 보완이 필요하다고 생각되는 부분에 대해서는 그 이유도 함께 상세하게 설명해야 한다.

제 15 조 (비밀 유지)   심사위원은 심사 대상 논문에 대한 비밀을 지켜야 한다. 논문 평가를 위해 특별히 조언을 구하는 경우가 아니라면 논문을 다른 사람에게 보여주거나 논문 내용을 놓고 다른 사람과 논의하는 것도 바람직하지 않다. 또한 논문이 게재된 학술지가 출판되기 전에 저자의 동의 없이 논문의 내용을 인용해서는 안 된다.

제 5 장 윤리규정 시행 지침

제 16 조 (윤리규정 서약)   한국목간학회의 신규 회원은 본 윤리규정을 준수하기로 서약해야 한다. 기존 회원은 윤리규정의 발효 시 윤리규정을 준수하기로 서약한 것으로 간주한다.

제 17 조 (윤리규정 위반 보고)   회원은 다른 회원이 윤리규정을 위반한 것을 인지할 경우 그 회원으로 하여금 윤리규정을 환기시킴으로써 문제를 바로잡도록 노력해야 한다. 그러나 문제가 바로잡히지 않거나 명백한 윤리규정 위반 사례가 드러날 경우에는 학회 윤리위원회에 보고할 수 있다. 윤리위원회는 윤리규정 위반 문제를 학회에 보고한 회원의 신원을 외부에 공개해서는 안 된다.

제 18 조 (윤리위원회 구성)   윤리위원회는 회원 5인 이상으로 구성되며, 위원은 평의원회의 추천을 받아 회장이 임명한다.

제 19 조 (윤리위원회의 권한)   윤리위원회는 윤리규정 위반으로 보고된 사안에 대하여 제보자, 피조사자, 증인, 참고인 및 증거자료 등을 통하여 폭넓게 조사를 실시한 후, 윤리규정 위반이 사실로 판정된 경우에는 회장에게 적절한 제재조치를 건의할 수 있다.
단, 사안이 학회지 게재 논문의 표절 또는 중복 게재와 관련된 경우에는 '학회지 논문의 투고와 심사에 관한 규정'에 따라 편집위원회에 조사를 의뢰하고 사후 조치를 취한다.

제 20 조 (윤리위원회의 조사 및 심의)　윤리규정 위반으로 보고된 회원은 윤리위원회에서 행하는 조사에 협조해야 한다. 이 조사에 협조하지 않는 것은 그 자체로 윤리규정 위반이 된다.

제 21 조 (소명 기회의 보장)　윤리규정 위반으로 보고된 회원에게는 충분한 소명 기회를 주어야 한다.

제 22 조 (조사 대상자에 대한 비밀 보호)　윤리규정 위반에 대해 학회의 최종적인 징계 결정이 내려질 때까지 윤리위원은 해당 회원의 신원을 외부에 공개해서는 안 된다.

제 23 조 (징계의 절차 및 내용)　윤리위원회의 징계 건의가 있을 경우, 회장은 이사회를 소집하여 징계 여부 및 징계 내용을 최종적으로 결정한다. 윤리규정을 위반했다고 판정된 회원에 대해서는 경고, 회원자격정지 내지 박탈 등의 징계를 할 수 있으며, 이 조처를 다른 기관이나 개인에게 알릴 수 있다.

제 6 장 보칙

제 24 조 (규정의 개정)
　1. 편집위원장 또는 편집위원 3인 이상이 규정의 개정을 發議할 수 있다.
　2. 재적 편집위원 3분의 2 이상의 찬성으로 개정하며, 총회의 인준을 얻어야 효력이 발생한다.

제 25 조 (보칙)　이 규정에 정해지지 않은 사항은 학회의 관례에 따른다.

부칙
제1조(시행일자) 이 규정은 2007년 11월 24일부터 시행한다.

Wooden Documents and Inscriptions Studies No. 18.   June. 2017

[Contents]

The Korean Society for the Study of Wooden Documents

木蘭과 文字 연구 17

엮은이 | 한국목간학회
펴낸이 | 최병식
펴낸날 | 2017년 8월 8일
펴낸곳 | 주류성출판사
　　　　서울시 서초구 강남대로 435
　　　　전화 | 02-3481-1024 / 전송 | 02-3482-0656
　　　　www.juluesung.co.kr
　　　　e-mail | juluesung@daum.net

책　값 | 20,000원
ISBN　978-89-6246-322-4　94910
세트　978-89-6246-006-3　94910